Jürgen Höller

Mit System zum Erfolg

Jürgen Höller

Mit System zum Erfolg

11 neue Strategien für Manager

ECON

Die Deutsche Bibliothek – CIP-Einheitsaufnahme

Höller, Jürgen: Mit System zum Erfolg: 11 neue Strategien für Manager /
Jürgen Höller. – Düsseldorf: ECON, 1996
ISBN 3-430-14769-7

Lektorat: H. Dieter Wirtz, Mönchengladbach. Gesetzt aus der Century und
Frutiger, Linotype. Satz: Heinrich Fanslau GmbH, Düsseldorf. Papier:
Papierfabrik Schleipen GmbH, Bad Dürkheim. Druck und Bindearbeiten:
F. Pustet, Regensburg. Printed in Germany. ISBN 3-430-14769-7

Für das beste Team der Welt:
Meine Mitarbeiter!

Inhalt

Vorwort

Deutschland befindet sich wieder im Aufschwung – nach der schlimmsten Rezession seit dem Zweiten Weltkrieg. Haben Sie ab Ende 1991 aufmerksam die Nachrichten in den verschiedensten Medien verfolgt, so erhielten Sie den Eindruck, Deutschland sei ein »sinkendes Schiff«. Deutschland sei der »größte Freizeitpark«, wir hätten die höchsten Arbeitskosten der Welt, Abgaben und Steuern stiegen ständig, die Innovationsfähigkeit der deutschen Wirtschaft sinke immer mehr, die Rezession habe die deutschen Unternehmen fest im Griff usw.

Im meinem Buch *Sicher zum Spitzenerfolg** befaßte ich mich in einigen Kapiteln auch mit dem Thema »Krise = Chance«. Darin beschrieb ich, daß auf jeden Boom eine Rezession, auf jeden Aufschwung ein Abschwung erfolgt. Ich hielt sogar den Zeitrahmen fest (als Größendimension) und sagte praktisch voraus, daß auch diese Rezession, so schlimm sie sein mag und so negativ sie in den Medien auch dargestellt wird, spätestens nach drei Jahren wieder verschwunden ist – und 1994 folgte der nächste Aufschwung, allen Pessimisten und negativen Meinungsmachern in Deutschland zum Trotz.

Doch die Rezession, die Krise, war eigentlich viel zu kurz

---

* Dieses Buch ergänzt die beiden Bücher »Sicher zum Spitzenerfolg« und »Alles ist möglich«, beide im ECON Verlag, Düsseldorf, erschienen. Es ist zwar keine Voraussetzung, aber es empfiehlt sich, diese beiden Veröffentlichungen ebenfalls zu lesen, um die Ganzheitlichkeit des Jürgen-Höller-Erfolgssystems erfassen zu können.

und viel zu harmlos. Denn durch ein bißchen ›Kratzen‹ an der Oberfläche konnten die allermeisten Betriebe ihre Erträge wieder deutlich steigern. Es wurden die alten Rezepte hervorgekramt: Kosten sparen, Kassen dichtmachen, Personal abbauen usw. All diese Maßnahmen sind natürlich in einem bestimmten Rahmen gut und wichtig, bauen sie doch unnötigen Ballast ab. Oftmals jedoch sind diese Strategien wirklich nur kurzfristig angelegt und verhindern eigentlich die grundlegende Wandlung, die nötig wäre, um im ›Global game‹ weiter ganz oben mitspielen zu können.

Doch ich möchte mich nicht meinen negativ denkenden Kollegen anschließen, die Deutschland in der Zukunft bereits ins Mittelmaß sinken sehen. Natürlich gibt es Probleme, natürlich haben wir in einigen Bereichen einen Rückstand – doch es gibt auch jede Menge Chancen, es gibt auch viele Firmen, die bereits einen grundlegenden Wandel zu ihrem zukünftigen Erfolg umgesetzt, einige sogar schon vollzogen haben. In diesem Buch beschreibe ich Ihnen elf, zum Teil provokante Managementstrategien unter dem fordernden Begriff *Revolution* (der natürlich Erwartungen und Ansprüche weckt). Diese Strategien sind keine theoretischen, nur auf dem Papier existierenden Theorien, sondern werden von vielen Firmen mit großem Erfolg eingesetzt. Allerdings setzen nur die wenigsten Firmen einen Großteil der Strategien in ihrem Unternehmen *wirklich* ein, und wenn sie die Strategien umsetzen, dann geschieht dies oft noch meist unbewußt. Die INLINE Unternehmensberatung, 1989 von mir gegründet, hat seitdem ca. 1200 Unternehmen in ganz Europa dauerhaft betreut – mit dem Ergebnis, daß in den letzten Jahren die beratenen Unternehmen ihren durchschnittlichen Umsatz um jeweils 30 Prozent steigern konnten – pro Jahr!

Wenn ich Ihnen diese Zahlen hier im Vorwort nenne, dann nicht unbedingt, um mich oder INLINE zu »beweihräuchern«, sondern um Ihnen zu verdeutlichen, daß die hier beschriebenen Revolutionsstrategien wirklich in der Praxis funktionieren. (Sie wissen ja, wie viele Unternehmensberater arbeiten. Zum Beispiel so: Sie geben einem Berater den Auftrag, die Uhrzeit festzustellen. Der Berater läßt sich von Ihnen die Uhr geben, liest die Uhrzeit ab und schreibt einen Bericht darüber. Zum Schluß kassiert er sein Honorar – und behält die Uhr!) Ich weiß, daß viele Leser nach Durcharbeitung des Buches wieder folgende Aussagen treffen werden:

- »Hört sich in der Theorie alles gut an, aber in der Praxis ist es meist doch ganz anders!«
- »Funktioniert bestimmt bei dem einen oder anderen Betrieb, aber bei uns...?«
- »Wir sind schon 30 Jahre erfolgreich in unserem Markt tätig, und jetzt kommt der daher und will uns erzählen, wie wir unseren Betrieb in Zukunft führen sollen.«
- »Wenn das so leicht funktionieren würde, wären doch schon andere darauf gekommen!«
- »Das können wir in unserer Branche (unserem Land, Gebiet, Einzugsgebiet) nicht umsetzen!«
- »Es läuft doch im Vergleich zu anderen Betrieben noch ganz gut bei uns, warum sollen wir denn unbedingt etwas ändern?«
- »Liest sich ja ganz gut, aber...!«

Sie können mich gerne mit solchen und anderen ›Killer-Phrasen‹ angreifen, Sie werden von mir keine Verteidigung oder Erwiderung hören. Ich stelle Ihnen in diesem Buch die Strategien vor, mit denen mittlerweile Tausende von Unternehmen erfolgreich arbeiten. Ich stelle Ihnen Möglichkeiten vor, mit denen Sie Ihren Betrieb möglicherweise von vorne nach hinten umkrempeln müssen, und es ist mir bewußt, daß für viele Firmen eine große Gefahr darin liegen würde. Wenn Ihr Unternehmen in den letzten Jahren phantastische Quantensprünge mit anderen Strategien erzielt haben sollte – dann behalten Sie diese bei! Doch wenn Sie das Gefühl haben, der Markt ist härter geworden, wenn es Ihnen nicht gelingt, mit den alten Methoden und Strategien erfolgreich zu sein, wenn Ihnen die Erträge und/oder die Umsätze immer mehr wegbrechen – was sollte Sie davon abhalten, neue Wege zu gehen? Ich möchte Ihnen folgendes Zitat von Hermann Hesse mit auf Ihren Weg durch die elf Revolutionsstrategien geben:

> **Um das Mögliche zu erreichen, muß das Unmögliche immer wieder versucht werden!**

Dieses Buch ist übrigens kein Lesebuch oder Gutenachtlektüre, sondern ein Arbeitsbuch. Bitte halten Sie deshalb einen Stift und zwei farbige Textmarker bereit, um die wichtigsten Passagen zu unterstreichen, Ihre Gedanken zu vermerken und auf einen Blatt Papier die Ideen (die Ihnen hoffentlich kommen werden) gleich zu notieren und für Ihren Betrieb umzuarbeiten.

Noch ein Wort zum Schreibstil dieses Buches: Meist ist es doch so: Ein Buch bzw. ein Artikel weist, je komplizierter er geschrieben ist, weniger Substantielles auf. Seien Sie deshalb nicht überrascht, wenn dieses Buch leicht zu lesen ist – ohne jegliches wirtschaftswissenschaftliche Fachchinesisch.

Vielleicht glaubt der eine oder andere Leser, er hätte ›keine Zeit‹, um dieses Buch in Ruhe durchzuarbeiten. Solche Menschen kommen mir vor wie der Arbeiter, der im Wald Baumstämme in kleinere Teile zersägt. Ein Spaziergänger bleibt bei dem Mann stehen, beobachtet ihn eine Zeitlang und fragt ihn schließlich, warum er denn nicht das Sägeblatt auswechseln würde, es sei doch schon ganz stumpf. Daraufhin antwortet ihm der Waldarbeiter: »Mein lieber Herr, Sie sehen doch, wie viele Stämme ich heute noch sägen muß – da habe ich dafür wirklich keine Zeit!«

1. Kapitel
›Die Anders-als-gewohnt‹-Strategie

> **Die Segel bestimmen den Kurs und nicht der Wind!**

Kennen Sie den Ausspruch:»Der Fisch fängt am Kopf zu
stinken an.« Doch wissen Sie auch, was damit gemeint ist?
In meinem ersten Buch *Sicher zum Spitzenerfolg* habe ich
im Kapitel»Magnet im Bauch« dieses Phänomen ausführlich beschrieben. Jeder Mensch zieht genau das an, was er
denkt – und so bewegen sich in seinem Umfeld genau die
Menschen, die sich (im großen und ganzen) so verhalten, wie
er sich verhält (jeder hat die Kunden und Mitarbeiter, die er
›verdient‹). Jeder ver-ursacht seinen Erfolg also durch sein
Denken. Aus der Bibel kennen wir den Spruch:»Wie ein
Mensch denkt, so ist er!« Doch wie denken Sie? Sie werden
nun natürlich antworten:»Ich denke positiv, optimistisch,
erfolgreich, zukunftsorientiert, kreativ, innovativ...« – genau wie nahezu 100 Prozent aller Menschen diese Frage
ebenso beantworten. Der Mensch hat immer eine relativ
positive Meinung von sich selbst – anders wäre ja das Leben
gar nicht zu ertragen. Keiner erkennt also seine Schwächen,
seine Fehler, seine Unzulänglichkeiten. Selbst Al Capone,
der legendäre Gangsterkönig aus Chicago, gab einmal bei
einem Interview zu Protokoll:»Ein Leben lang habe ich
mich abgemüht und versucht, den Menschen ein wenig
Spaß und Freude zu bereiten. Zum Dank dafür werde ich
nun geächtet und verfolgt!«
Sie sehen also, daß Sie vermutlich eine Einschätzung von
sich selbst besitzen, die lediglich Ihrer subjektiven Wahr-

nehmung entspricht. Wenn Sie jedoch wirklich positiv, flexibel, kreativ und zukunftsorientiert sind – haben Sie dann auch in den letzten drei Jahren wahre ›Quantensprünge‹ in Ihrem Leben und in Ihrem Unternehmen erzielt? (Unter ›Quantensprünge‹ verstehe ich beispielsweise das Ergebnis der Firma adidas, die den Umsatz 1994 um ca. 26 Prozent, das Betriebsergebnis von über 30 Millionen minus auf ca. 150 Millionen Mark Gewinn gesteigert hat und 1995 nochmals einen Umsatzsprung von ca. 15 Prozent geplant hat – bei gleichzeitiger Verfünffachung des Werbeetats auf 300 Millionen Mark.)

Denn genau diese Quantensprünge müssen heute verwirklicht werden, um auch morgen noch im Wettbewerb bestehen zu können. Japan und die USA hatten große Vorsprünge im Bereich der Produktivität. Nun haben die deutschen Unternehmen in den letzten Jahren einige Maßnahmen umgesetzt und kräftig aufgeholt. In vielen Wirtschaftszeitungen wurden Interviews führender Manager gedruckt, in dem sich diese stolz auf die Schultern klopften, in dem Bewußtsein: »Wir haben den Abstand zu den führenden Wettbewerbern aus Japan und den USA stark verringert!« Doch genau darum geht es: Wir verringern den Abstand – sind aber immer noch im Rückstand! Hier hilft auf Dauer auch kein KVP oder Kaizen-Prozeß, sondern hier helfen nur große Sprünge, und diese großen Sprünge sind nur durchführbar, wenn sie die Spitze des Unternehmens im Geiste bereits vorgedacht hat.

Stellen Sie sich einen großen Eimer vor, in dem eine Kolonie Flöhe angesiedelt ist. Damit die Flöhe nun nicht aus dem Eimer springen können, wird der Eimer mit einer Glasplatte abgedeckt. Sie können nun sehen, wie die Flöhe immer wieder in die Höhe springen und sich dabei an der Glasplatte den Kopf anschlagen!

Auf die Dauer bekommen die Flöhe davon natürlich heftige Kopfschmerzen. Sie springen nicht mehr ganz so oft und nicht mehr ganz so hoch. Schließlich gewöhnen sie sich an, nicht mehr hochzuspringen. Nach etwa einem Monat hat sich die Sprungfreudigkeit der Flöhe auf etwa eine halbe Eimerhöhe reduziert.

Nimmt man dann anschließend die Glasplatte weg, werden Sie feststellen, daß keiner der Flöhe mehr aus dem Eimer springt. Es gibt ja auch schon lange keinen Grund mehr dafür, so hochzuspringen. Nun bringen Sie ein kleines Feuer unter dem (feuerfesten) Eimer an. Derart ›motiviert‹, fangen die Flöhe wieder an, höher zu springen, und zwar auf die Gefahr hin, sich den Kopf anzustoßen – und gelangen so wieder in die Freiheit!

So weit zu den Flöhen. Doch wann nehmen Sie Ihre ›Glasplatte‹ ab? Wann sind Sie bereit, die Grenzen Ihres eigenen Denkens, die Grenzen Ihres Bewußtseins zu erweitern? Oder sind Sie etwa der Meinung, Sie würden keine Begrenzungen, keine festgefahrenen ›Programme‹ besitzen? Nun gut, dann führen Sie bitte folgende Aufgabe durch: Wie bei dem berühmten psychologischen Test aus dem Kinofilm werde ich Ihnen nun viermal einen Begriff nennen, und Sie antworten darauf, was Ihnen zu diesem Begriff einfällt. Antworten Sie spontan, ohne nachzudenken, und schreiben Sie nur den ersten Begriff auf, der Ihnen einfällt. Alles verstanden? Sie lesen das Wort, und *ohne nachzudenken* schreiben Sie ganz *spontan* den Begriff auf, der Ihnen einfällt:

Farbe:	
Blume:	
Musikinstrument:	
Werkzeug:	

Haben Sie den Test durchgeführt? Gut, lesen Sie bitte auf Seite 18 nach, was dort als Antwort steht, und kehren dann wieder zurück, um weiterzulesen.

Nun, was meinen Sie: Habe ich nicht gute ›hellseherische‹ Fähigkeiten? Mit einer Wahrscheinlichkeit von über 90 Prozent habe ich mindestens drei, wahrscheinlich sogar vier Ihrer Antworten vorausgesagt, nicht wahr? Wenn eine Ihrer Antworten abweicht, dann nur deshalb, weil Sie, aus welchen Gründen auch immer, in diesem Bereich eine andere Speicherung in Ihrem Unterbewußtsein besitzen. Vielleicht haben Sie als Kind Flöte oder Klavier gelernt und dann bei Musikinstrument natürlich auch ›Flöte‹ oder ›Klavier‹ geschrieben. Vielleicht haben Sie ein Hobby, bei dem Sie häufig einen Schraubenzieher verwenden, und dann werden Sie wohl dieses Wort notiert haben. Doch die meisten Leser werden genau die vier Wörter spontan aufgeschrieben haben, die auf Seite 18 nachzulesen sind.

Ist es nicht erstaunlich, wie wir Menschen in festgefahrenen Denkstrukturen verhaftet sind? Wenn Sie sich einmal mit dem Geist des Menschen, seinem Bewußtsein und Unterbewußtsein beschäftigen, dann werden Sie noch viel mehr faszinierende Erkenntnisse gewinnen. (Mehr zum Thema Unterbewußtsein, gespeicherte Programme und Möglichkeiten, hier selbst positiv einzugreifen, erfahren Sie in meinem Buch *Alles ist möglich*.)

Wenn Sie aber bei diesen Dingen so ›verkrustet‹ in Ihren alten Programmen sind – glauben Sie, dies wäre in Ihrem Unternehmen anders? Auch hier haben Sie Denkstrukturen und Programme angelegt, die Sie so gut wie nie verlassen (können). Der erste Schritt dazu ist jedoch die Selbsterkenntnis. Wer die Erkenntnis nicht hat, daß er oft aufgrund seiner subjektiven Erfahrungen und Speicherungen in seinem Unterbewußtsein entscheidet, der wird sich immer im Recht glauben, der wird alles, was er nicht schon selbst abgespeichert hat, ablehnen und kritisieren.

Sie wollen eine Revolution in Ihrem Unternehmen auslösen? Dann bedeutet die erste Strategie ganz einfach: *Seien
Sie ein Revolutionär!* Doch sind Sie tatsächlich revolutionär? Sind Sie die Lokomotive, die den Zug hinter sich herzieht, oder sind Sie eher der Bremser?
Ein Revolutionär muß in der Lage sein, Menschen zu motivieren und begeistern zu können. Ein Revolutionär benötigt
vor allem die Fähigkeit, mit sich und anderen Menschen gut
umgehen zu können. Je höher Sie auf der Karriereleiter
steigen wollen, desto wichtiger ist Ihre Persönlichkeit und
desto mehr nimmt die Bedeutung Ihres Fachwissens ab.
Fachwissen ist wichtig, und gerade zu Beginn einer Karriere kann auf den unteren Sprossen der Leiter Ihr Fachwissen
für Ihren Aufstieg entscheidend sein. Doch sobald Sie eine
Führungsposition innehaben, sobald Sie also Menschen
›führen‹ müssen, gewinnt Ihre Persönlichkeit deutlich an
Gewicht. Und sollten Sie dem Top-Management Ihres Unternehmens angehören, dann ist Fachwissen nur noch zu
einem geringen Prozentsatz wichtig.

> **Ein Revolutionär benötigt vor allem Charisma!**

Ich habe nichts gegen Manager. Viele von ihnen leisten hervorragende Arbeit. Doch meiner Meinung nach ist das ›Füh-
rungskräftesystem‹ in Deutschland in einer Strukturkrise.
Da werden 26jährige Burschen von der Universität geholt,
werden in ein Trainingsprogramm eingebunden, machen
vielleicht noch ihren Doktor und haben dadurch bereits die
besten Voraussetzungen für eine Karriere geschaffen. Oft
scheint es so, als ob nicht die Leistung in deutschen Unternehmen zählt, sondern der Titel!
Und wie geht es dann mit den jungen Managern weiter?
Sie haben ihren ersten Führungsposten, und hier beginnen
bereits die Probleme. Viele Manager sitzen dann in ihrem

›goldenen Käfig‹, führen unzählige Konferenzen und Besprechungen durch, erstellen tolle betriebswirtschaftliche Strategien – doch den Markt haben sie schon längst aus den Augen verloren. Wann haben Sie das letzte Mal für mehrere Tage, Wochen oder sogar Monate Ihr Büro verlassen und Ihre Mitarbeiter, Kunden und Lieferanten aufgesucht?

Auflösung zum Test von Seite 15	
Farbe:	Rot
Blume:	Rose
Musikinstrument:	Geige
Werkzeug:	Hammer

Doch auch die erfolgreichen Manager haben größte Probleme mit ihrer Unflexibilität. Aufgrund ihres Erfolges hat sich das Programm entwickelt: »Wir haben nun den und den Erfolg erzielt, da werden wir wohl wissen, mit welchen Methoden und Strategien wir erfolgreich sein können.« Doch gerade im Erfolg liegt oft die Gefahr für den kommenden Mißerfolg. Denn die Zeiten haben sich gewandelt. Die Geschwindigkeit, mit der ständig neue Herausforderungen auftreten, nimmt immer stärker zu, und bereits heute bleiben dabei viele Unternehmen und Menschen auf der Strecke. Lernen Sie deshalb das ›Entlernen‹. Stellen Sie alles in Frage, was existiert. Alles, was gut ist, ist nur aus Ihrer subjektiven Einschätzung heraus gut. Alles, was erfolgreich ist, ist nur aufgrund Ihrer subjektiven Einschätzung heraus erfolgreich. Alles, was ›nicht funktioniert‹, funktioniert nur aus Ihrer subjektiven Einschätzung heraus ›nicht‹. Stellen Sie alles in Frage, den Mißerfolg, aber auch den Erfolg! Entlernen Sie. Stellen Sie jede Strategie, jeden Arbeitsplatz, jede Methode, jedes eingeführte Ritual in Frage.

> **Methoden und Strategien, die gestern noch erfolgreich waren, können heute nur noch bedingt richtig sein und sind morgen vielleicht der Grund für Mißerfolg!**

Doch gerade das Entlernen in Unternehmen, die Überwindung der Betriebsblindheit, ist eine der schwierigsten Aufgaben. Bei einem Experiment wohnten vier Affen in einem gemeinsamen Raum. Der Raum hatte eine hohe Stange, an dessen Ende täglich frische Bananen aufgehängt wurden. Der erste Affe kletterte nun die Stange hoch, um sich eine der leckeren Früchte zu holen. Kurz bevor er am Ziel war, erhielt er eine kalte, kräftige Dusche, erschrak dabei und verließ fluchtartig die Stange, ohne sich eine Banane geholt zu haben. Dieses Spiel wiederholte sich dann mehrmals. Jeder Affe probierte einige Male, ans Ziel zu gelangen, ohne jeden Erfolg. Irgendwann gaben die Affen es dann auf, die Stange hochzuklettern. Daraufhin tauschten die Wissenschaftler einen der Affen gegen einen neuen Affen aus, der natürlich nichts von den Problemen mit der Stange wußte. Sofort begann er die Stange hochzuklettern, wurde jedoch von den übrigen Affen lautstark daran gehindert. Im Laufe der Zeit wurde ein Affe nach dem anderen ausgetauscht, bis sich schließlich vier Affen im Raum befanden, die selber noch niemals hochgeklettert waren und keine negativen Erfahrungen hatten. Trotzdem versuchte keiner der Affen, jemals die Stange hochzuklettern. Auch als die Dusche schließlich abmontiert wurde, kam kein Affe auf die Idee, nach den Bananen zu greifen.

Dieses Experiment läßt sich ohne weiteres auch auf Unternehmen übertragen. Wie oft kommt es vor, daß Arbeiten ausgeführt werden, weil sie schon immer so ausgeführt wurden, und niemand kommt auf die Idee, an diesen Paradigmen zu rütteln. Doch wer in der Zukunft den Spitzenerfolg ernten möchte, der muß Systeme in seinem Unternehmen integrieren, mit deren Hilfe das Unternehmen ständig entlernen kann.

In diesem Buch warten noch zehn weitere ungewöhnliche, vielleicht revolutionäre Strategien auf Sie – da ist es notwendig, daß Sie sich von Anfang an mit dem ›Möglichkeitsdenken‹ beschäftigen. Bewerten Sie nicht sofort jede Idee, jedes Beispiel. Beziehen Sie es nicht sofort auf Ihr Unternehmen. Lassen Sie einfach das Buch auf sich wirken, und Sie werden feststellen: Die Strategien bauen aufeinander auf. Am Ende des Buches werden Sie wieder eine Logik erkennen, die zusammenpaßt. Jedes einzelne Kapitel dieses Buches ist wie ein Puzzleteil – die Lösung des Bildes erhalten Sie erst am Schluß. Doch Sie müssen mit offenem Herzen und mit einem ›offenen Geist‹ in die Zukunft gehen.

> **Um *ungewöhnliche* Resultate zu erzielen, müssen Sie zu *ungewöhnlichen* Methoden greifen!**

Mittelmaß gibt es genug. Was wir in Deutschland benötigen, sind Pioniere, sind Visionäre, sind Menschen, die nicht zögern und zaudern, sondern voller Hoffnung, voller Optimismus in die Zukunft sehen. Doch sehen allein nützt nichts – Sie müssen handeln. 90 Prozent aller Unternehmen hat die gerade zurückliegende Rezession hart getroffen – waren Sie ebenfalls davon betroffen? Wenn ja, dann ist dies ›ganz normal‹. Alles, was ›die Masse‹ unternimmt, was sie für Wert- und Moralvorstellungen erhebt, ist ›normal‹. Alles, was sich am Anfang und Ende dieser Bewertungsskala befindet, ist ›unnormal‹. Ich möchte Sie mit diesem Buch dazu anleiten,

ein ›unnormaler‹ Mensch zu sein. Ich möchte, daß Sie ungewöhnliche Methoden ergreifen. Ich möchte, daß Sie lernen, alles zu vergessen, was bis heute richtig war – denn in die Zukunft kann keiner von uns sehen. Und oftmals sind die Erfahrungen der Vergangenheit der größte Verhinderer für den Erfolg in der Zukunft. Und wenn Sie dieses Buch zu Ende gelesen haben und die eine oder andere Strategie in Ihrem Unternehmen umsetzen – dann legen Sie bereits nach der Umsetzung alles wieder auf den Prüfstand und beginnen mit dem Prozeß von vorne.
Verhalten Sie sich also unnormal, verhalten Sie sich vor allen Dingen antizyklisch.

Spitzenmanager handeln
anders als gewohnt!

In der jetzigen Phase der Rezession haben fast alle Unternehmen Kosten gespart. Es wurden die Kassen dichtgemacht. Weniger Etat für Werbung, weniger für die Aus- und Fortbildung der Mitarbeiter, Entlassungen usw. 90 Prozent der Unternehmen haben dennoch – *trotz all der ergriffenen Maßnahmen* – die Rezession gespürt. 10 Prozent der deutschen Unternehmen haben jedoch – *gerade während der Rezession* – ihren Erfolg und damit ihre Erträge ausgeweitet. Was haben diese Unternehmen anders gemacht? Nun, neben vielen anderen Dingen haben sie sich meist immer antizyklisch verhalten. Die erfolgreichen Firmen haben keine Panikstimmung in ihrem Unternehmen erzeugt:

• Sie haben keine Mitarbeiterentlassungen in Aussicht gestellt und dadurch die Kreativität und Innovationsfreudigkeit der Mitarbeiter beeinträchtigt.
• Sie haben den Werbeetat nicht gesenkt, sondern sie haben ihn gesteigert (adidas hat ihn verfünffacht!).

- Sie haben die Aus- und Fortbildung nicht gesenkt, sondern diesen Etat deutlich gesteigert! (Als ich vor einigen Jahren empfahl, 2 bis 3 Prozent des Umsatzes in die Aus- und Fortbildung zu investieren, wurde ich von vielen »Experten« kritisiert – heute ist ein solcher Etat ganz normal.)

In schlechten Zeiten in Werbung investieren

»Wo andere bremsen, geben wir Gas«, umschreibt Dieter Ringer, der den Werbeetat von McDonald's betreut, das Motto der Marketingstrategien von McDonald's. Damit grenzen sie sich gegenüber solchen Unternehmen ab, die in wirtschaftlich schwierigen Zeiten die Werbeausgaben kürzen. McDonald's geht antizyklisch vor und setzt gerade dann auf die Kraft der Werbung, wenn die äußeren Umstände nicht so günstig sind. Dahinter steht die Überzeugung, daß nur derjenige unternehmerischen Erfolg haben kann, der auch den Mut zum Risiko hat. Ringer: »Es reicht nicht aus, die Ideen eines anderen zu kopieren. Jeder muß seine eigenen Stärken entwickeln.« Trotz des großen Erfolges und der guten Zahlen denkt McDonald's immer darüber nach, ob man wirklich gut ist, ob alles erreicht wurde, was zu erreichen ist.

Erfolgreiche Menschen sind ungewöhnliche Menschen. Erfolgreiche Menschen sind Menschen, die einfach Dinge anders tun als gewohnt. Und nun überprüfen Sie nochmals Ihre Funktionen in Ihrem Unternehmen. Sind Sie tatsächlich der Revolutionär, der alles in Frage stellt, der alles auf den Prüfstand hebt – oder haben Sie vielleicht sogar eher Angst davor?

Wer eine Revolution in Gang setzen will, der muß selber ein Revolutionär sein.

Sie müssen das Signal für eine Revolution in Ihrem Unternehmen geben. Möchten Sie in zwei Jahren eine Ertragssteigerung um 80 Prozent erreichen? Dann dürfen Sie nicht weitermachen wie bisher, sondern müssen eine Revolution ausrufen. Schaffen Sie das richtige Klima dafür.

Das richtige Klima schaffen Sie jedoch nur, wenn Sie selber mit gutem Beispiel vorangehen. Bei jeder Revolution gärt es zwar im Volk – doch ausgelöst wird sie erst durch den Führer, den Revolutionär. Gehen Sie mit gutem Beispiel voran. Revolutionieren Sie zunächst einmal Dinge in Ihrer eigenen Position, bei Ihrer eigenen Person. Dies können ganz banale Dinge sein: Lösen Sie etwa Ihren angestammten, reservierten Parkplatz auf und stellen ihn zur Disposition; schließen Sie etwa die Haustüre der Kantine, die ausschließlich für Ihre Manager betrieben wird – Sie können Ihre Mahlzeiten auch ›normal‹ in der allgemeinen Kantine zu sich nehmen; lassen Sie etwa Ihre Manager nur noch Flüge in der Economy class buchen – und eine Bahncard zweiter Klasse tut's auch. Ich weiß nicht, was in Ihrem Unternehmen für Möglichkeiten existieren, doch ich bin mir absolut sicher, es fallen Ihnen zahlreiche Beispiele ein. Beginnen Sie damit – und Sie werden eine Signalwirkung für die dann folgenden, viel wichtigeren Bereiche setzen.

Dies gilt im übrigen auch für Ihr Privatleben: Wann hat sich dort das letzte Mal *wirklich* etwas verändert? Oder läuft alles Woche für Woche genauso ab wie gewohnt?

- Wann hat sich in Ihrer Wohnung etwas grundlegend geändert?
- Haben Sie eine neue Brille?
- Tragen Sie andere Kleider, Krawatten usw.?
- Verändern Sie ab und zu Ihre Frisur?
- Haben Sie andere Hobbys, Vorlieben?
- Besuchen Sie andere Lokale?
- Haben Sie etwas »Neues« dazugelernt?

Je weniger sich bei Ihnen verändert, desto starrer, unflexibler, unbeweglicher ist Ihr Verhalten, Ihre Einstellung. Und so wie Sie privat sind, verhalten Sie sich auch im Geschäft (und umgekehrt).

Die Führungskräfte der Unternehmen entscheiden durch ihr Denken und ihr Verhalten letztendlich über den Erfolg. Der erste Schritt besteht darin, sich Problemen zu stellen und sie anzupacken. Es nützt gar nichts, dieses Buch über Revolutionsmanagement zu lesen und die eine oder andere Idee ganz nett zu finden – und dann nicht umzusetzen. Befreien Sie sich von den Ketten und Fesseln, welche die führenden Mitarbeiter und damit das ganze Unternehmen umschließen und lähmen. Mag sein, daß die erste gelöste Fessel noch nicht viel bewirkt, doch mit jeder Fessel, die Sie lösen, werden Sie flexibler, werden Sie freier.

Ich habe Ihnen durch die zwei Beispiele mit den Flöhen und den vier Begriffen verdeutlicht, daß wir abhängig sind von unseren alten Erfahrungen, von unseren gespeicherten Programmen. Doch diese Erkenntnis allein wird noch nichts verändern – Sie müssen ins *Handeln* kommen. Nachfolgend erhalten Sie eine Vielzahl von Beispielen, durch die Sie es erreichen, Ihr Gehirn ›durcheinanderzuwirbeln‹ und dadurch kreativer und innovativer zu sein:

① *Besuchen Sie Seminare.* Aber nicht nur zu fachlichen oder betriebswirtschaftlichen Themen, sondern vor allen Dingen in den Bereichen Persönlichkeitsentfaltung, Umgang mit Menschen usw. Investieren Sie hier Zeit und Geld – mit jedem Seminar, selbst mit einem schlechten, werden Sie Erkenntnisse erhalten, die Sie wieder ein kleines Stück weiterbringen.

② *Lesen Sie.* »Wer nicht liest, ist noch dümmer als ein Mensch, der nicht lesen kann.« Dieser Spruch trifft den Nagel auf den Kopf. Doch gerade im Bereich des Lesens gilt das, was ich im Vorwort geschrieben habe: Die meisten Menschen haben keine Zeit. Keine Zeit für mehr Erfolg? Die Frage ist doch nicht, ob Sie Zeit haben (Sie haben täglich 24 Stunden zur Verfügung), sondern *für was* Sie Ihre Zeit investieren. Sind Sie bereit, wirklich *ein Prozent*, ein ›armseliges‹ Prozent Ihrer Zeit zu investieren? Machen Sie es sich deshalb zur Gewohnheit, täglich mindestens fünfzehn Minuten mit einem guten Buch zu arbeiten. Arbeiten heißt dabei, nicht abends vor dem Schlafen noch ein paar Seiten zu lesen (und sich dann gar nicht mehr an den Inhalt zu erinnern), sondern vielleicht eine Viertelstunde der kostbaren Mittags- oder Frühstückspause zu investieren. Eine Viertelstunde täglich in Lesen investiert bedeutet, daß Sie dadurch jährlich ca. zwanzig bis dreißig Bücher lesen. Wenn Sie dann am Wochenende nochmals ein bis zwei Stunden in ein Buch investieren, kommen Sie auf diese Weise auf ca. dreißig bis vierzig Bücher pro Jahr – macht in zwanzig Jahren bereits sechs- bis achthundert Bücher! Lesen Sie aber nicht nur Managementliteratur, Bücher über Betriebswirtschaft usw., sondern alles, was Ihnen interessant erscheint. Beschäftigen Sie sich auch mit Religionen, mit der Persönlichkeit, mit esoterischen Themen, mit Umweltschutz usw. – Mit der Literaturliste am Ende dieses Buches haben Sie eine Auswahl guter Bücher, die Ihnen sicherlich fürs erste weiterhelfen wird.

③ *Raus aus dem Betrieb.* Verlassen Sie des öfteren Ihr Unternehmen. Viele Unternehmer ›kleben‹ ständig in Ihrem Unternehmen – ohne wirklich im Unternehmen zu sein (sie kleben in ihrem Büro, bekommen aber nicht mit, was tatsächlich im Unternehmen läuft). Gehen Sie raus aus Ihrem Unternehmen. Bauen Sie Netzwerke mit Kollegen auf. Treffen Sie sich regelmäßig zu einem

Erfahrungsaustausch. Veranstalten Sie diese Netzwerke immer abwechselnd in einem anderen Betrieb. Sehen Sie sich an, was in jedem Betrieb gut gemacht wird. Vergleichen Sie die Möglichkeiten und Erfahrungen – Sie werden sehen, Sie kommen mit einer Unmenge Ideen zurück.

④ *Gehen Sie raus aus Ihrer Branche.* Die besten Ideen werden Ihnen nicht innerhalb Ihrer Branche kommen, sondern außerhalb. Gehen Sie in die Natur, gehen Sie unter Menschen, sehen Sie sich die Welt an, sehen Sie sich die positiven Dinge in den verschiedensten Branchen an – und Sie werden erleben, wie diese Erfahrungen Sie auch in Ihrem eigenen Unternehmen weiterbringen (neudeutsch auch ›Benchmarking‹ genannt). – Leonardo da Vinci beispielsweise zeichnete Anfang des 16. Jahrhunderts den ersten Entwurf eines Hubschraubers – aufgrund der Beobachtung von Libellen.

⑤ *Raus aus dem Büro.* Die meisten Manager besitzen ein wunderschönes Büro. Es ist groß, es ist schön, es wird mit vielen wertvollen und persönlichen Dingen vollgestopft. Im Vorzimmer blockt eine Sekretärin alle eingehenden Telefonate und Besucher ab. All dies sorgt dafür, daß sich der Manager in seinem Büro wohler als in seinem Wohnzimmer fühlt – und deshalb hat er gar kein Bedürfnis mehr, sein Büro zu verlassen. Doch nicht im Büro spielt sich das Leben der Firma ab – sondern dort, wo sich die Menschen aufhalten, dort, wo die Mitarbeiter zusammenkommen, dort, wo produziert wird, dort, wo Menschen arbeiten, kommunizieren. Das Leben des Unternehmens findet bei seinen Kunden, bei seinen Lieferanten statt. Nehmen Sie Kontakt mit Ihren Kunden auf. (Lesen Sie hierzu Kapitel 5 ›One-Night-Stand‹ und Kapitel 10 ›Die Software-Strategie‹.)

⑥ *Nichtstun.* Tun Sie einfach einmal – *nichts!* Gehen Sie raus aus Ihrem Büro, raus aus Ihrem Unternehmen, ja, gehen Sie raus aus der Arbeit. Fahren Sie in Urlaub, legen Sie die Füße hoch, verbringen Sie Zeit mit Ihrer Familie, gehen Sie unter Menschen. Gehen Sie soviel wie möglich unter Menschen an den unterschiedlichsten Plätzen und Orten. Besuchen Sie Orte und Menschen, die Sie normalerweise nicht besuchen würden. Gehen Sie in eine Techno-Diskothek, besuchen Sie ein Streetball-Turnier, sehen Sie sich ein Rockkonzert oder ein Formel-1-Rennen an, schlendern Sie durch die Stadt, besuchen Sie einen Freizeitpark oder ein Sommerbad – Ihrer Phantasie sind hier keine Grenzen gesetzt. Sehen Sie sich einmal eine halbe Stunde MTV an (ich weiß, wie Sie jetzt Ihr Gesicht verziehen). Besuchen Sie mit Ihren Kindern Disneyland, haben Sie Spaß, sind Sie einfach wieder ein Kind. *Tun Sie tausend Sachen, die verrückt sind* – denn genau darum geht es: Sie sollen all Ihre bisherigen Programme und Erfahrungen ver-rücken! Sie müssen etwas verändern, Sie müssen Ihrem Geist die Möglichkeit geben, neue Eindrücke zu erhalten – damit Sie aus diesem Chaos, diesen vielfältigen Eindrücken dann Neues entstehen lassen können. Halten Sie mich für verrückt? Ganz im Gegenteil: Es ist erwiesen, daß über 80 Prozent der guten Ideen nicht am Arbeitsplatz und während der Arbeitszeit entstehen, sondern irgendwo außerhalb. Gönnen Sie sich zwischendurch einmal ein paar Tage Ruhe, lassen Sie Ihrem Unterbewußtsein die Möglichkeit, Ihnen Ideen und Visionen einzugeben. Alles ist bereits in Ihnen – Sie müssen nur die Fähigkeit besitzen, auf Ihre Intuition, auf Ihre innere Stimme zu hören. Sie halten es immer noch für verrückt? Ich werde Ihnen in den nächsten Kapiteln dazu einige Beispiele geben...

⑦ *Üben Sie Kreativität.* Es ist erschreckend, Manager bei einer kreativen Tätigkeit zu erleben – gefangen von ihren Systemen und Strategien, zu 99 Prozent linkshirnlastig (die linke Gehirnhälfte ist zuständig für die Logik und das lineare Denken, für Zahlen, Strategien, während die rechte Gehirnhälfte die kreative ist, diejenige, die für Bilder, Innovationen, für Neues zuständig ist). Doch so, wie Sie gelernt haben, Auto zu fahren (zumindest zu einem gewissen Teil...) oder gelernt haben, Ski zu fahren, Fahrrad zu fahren und zu schwimmen, genauso können Sie wieder lernen, kreativ zu sein. Allerdings benötigen Sie dafür etwas Übung. (Ein Tip hierfür ist das 1994 erschienene Buch *Innovations- und Ideen-Management* von Günther und Metta Beyer.) Es gibt viele Kreativitätsmodelle, die nur darauf warten, daß Sie sie einsetzen. Beginnen Sie möglichst schnell damit – denn die Geschwindigkeit läßt Ihnen keine Zeit mehr, lange zu überlegen...

Hat Sie das erste Kapitel amüsiert – oder vielleicht erschüttert? Nun gut, warten Sie mal ab, was in den nächsten Kapiteln noch so auf Sie wartet...! Doch ob Sie nun die Strategie des ersten Kapitels glauben oder nicht – viele Ihrer Unternehmerkollegen und -mitbewerber setzen sie bereits in der Praxis mit großem Erfolg um. Für die Welt ist es unbedeutend, ob Sie sich verändern und weiterentwickeln. Die Dinosaurier sind nicht ausgestorben, weil sie etwa zu schwach gewesen sind, sie sind ausgestorben, weil sie sich nicht verändert, sich nicht an die Entwicklung angepaßt haben. Doch wie viele Dinosaurier gibt es in den deutschen Unternehmen, die – groß, mächtig und erfolgreich – gar nicht mehr in der Lage sind zu erkennen, mitten in der größten Umwälzung der Menschheitsgeschichte zu stehen. Haben Sie Mut, ›heilige Kühe‹ zu schlachten. Sind Sie bereit, auch Fehler zuzugeben. Sind Sie bereit dazu, Methoden und Strategien aus der Vergangenheit zu ändern. – Der unvergessene Konrad Adenauer hielt einmal eine Bundestagsrede. Herbert Wehner machte einen seiner gefürchteten Zwischenrufe, in dem er feststellte, daß Adenauer vor einiger Zeit noch genau das Gegenteil erzählt habe. Adenauer konterte darauf mit dem unvergessenen Ausspruch: »Auch Sie können mich nicht daran hindern, dazuzulernen!«

> »Die besten Reformer, die die Welt kennt, sind diejenigen, die bei sich selbst zuerst anfangen.«
> *George Bernard Shaw*

Sind Sie noch in der Lage, dazuzulernen? Sind Sie in der Lage, Fehler zuzugeben (wobei die Frage ist, ob Fehler wirklich Fehler waren), sind Sie noch in der Lage, Veränderungen herbeizuführen? Je schlechter es Ihnen geht, desto eher sind Sie wahrscheinlich bereit, Dinge umzuwerfen und neue Methoden anzuwenden. Je besser es Ihnen geht, desto schwieriger fällt es Ihnen. Doch:

> **Unternehmer kommt von unternehmen und nicht von unterlassen!**

Nichts auf der Welt ändert sich, außer wir ändern uns! Doch meist müssen wir immer erst ›gegen die Wand laufen‹, uns den Kopf stoßen, ehe wir zur Besinnung kommen. Allerdings wird es auch Unternehmer geben, die immer wieder mit dem Kopf gegen die Wand laufen und glauben, irgendwann müßte doch die Wand nachgeben. Albert Einstein sagte einmal, daß die Vorstellungskraft wichtiger sei als Wissen. Können Sie sich noch eine großartige Zukunft vorstellen? Sind Sie der Kapitän, der beim Auftauchen eines Eisberges noch blitzschnell das Ruder herumreißt und dem

Eisberg ausweicht, oder sind Sie jemand, der erst überlegt, darüber nachdenkt, wie er in der Vergangenheit in so einem Fall gehandelt hat – um letztlich auf den Eisberg aufzulaufen?

Leitthesen zu Kapitel 1

① Die Segel bestimmen den Kurs und nicht der Wind!
② »Der Fisch fängt am Kopf zu stinken an!«
③ Wer revolutionäre ›Quantensprünge‹ in seinem Unternehmen verwirklichen will, muß selber ein Revolutionär sein!
④ Methoden und Strategien, die gestern noch erfolgreich waren, können heute nur noch bedingt richtig sein und sind morgen vielleicht der Grund für Mißerfolg!
⑤ Um *ungewöhnliche* Resultate zu erzielen, müssen Sie zu *ungewöhnlichen* Methoden greifen!
⑥ Erfolgreiche Unternehmer handeln anders als gewohnt!
⑦ Programmieren Sie neue, ungewöhnliche Dinge in Ihrem Unterbewußtsein!
⑧ »Die besten Reformer, die die Welt kennt, sind diejenigen, die bei sich selbst zuerst anfangen!«
⑨ Unternehmer kommt von unternehmen und nicht von unterlassen!

2. Kapitel
Die Kolumbus-Strategie

> »Glaube an Grenzen – und sie gehören dir!«
> *Richard Bach, »Die Möwe Jonathan«*

Als sich Christoph Kolumbus 1492 aufmachte, einen neuen Seeweg nach Indien zu entdecken, herrschte bei vielen noch das alte Weltbild vor, wonach die Erde eine Scheibe sei, und nicht wenige waren sich sicher, Kolumbus werde mit seinen Schiffen ›abstürzen‹, wenn er den Rand der Scheibe erreicht habe. Nun, Kolumbus stürzte nicht ab, sondern entdeckte Amerika und war dadurch mitverantwortlich dafür, daß sich unser Weltbild grundlegend veränderte.

Auch Kopernikus wurde als ›Verrückter‹ bezeichnet und verfolgt, weil er die Theorie aufstellte, daß sich die Erde um die Sonne dreht und nicht umgekehrt. Heute ist dies für uns ganz normal, und jedes Kind lernt dies bereits in den ersten Schuljahren. Oder denken Sie beispielsweise an das Fliegen. Noch vor hundert Jahren wurden die wenigen Menschen, die sich mit der Idee des Fliegens beschäftigten, als ›Verrückte‹ und ›Spinner‹ bezeichnet. Doch die Menschen hielten an ihrer Idee fest, sie forschten, sie experimentierten – und heute ist es für uns ganz ›normal‹, in Frankfurt in den Flieger zu steigen und sieben Stunden später im Tausende Kilometer entfernten New York auszusteigen.

Und genau diese Einstellung ist es, aus der auch die heutigen ›Helden der Wirtschaft‹ geschnitzt sind. Die wirklich erfolgreichen, überragenden Unternehmer waren immer die Menschen, die an ihre Ideen, Träume und Visionen glaubten – und diese auch in die Tat umsetzten! Doch wie handeln die meisten Führungskräfte und Unternehmer heute? Da gibt es eine Vielzahl von Managementtechniken – von TQM (Total Quality Management) über KVP (Kontinuierlicher Verbesserungsprozeß), Re-Engineering, Benchmarking bis hin zu Lean Management und Lean Production. Und die Führungskräfte klopfen sich selber begeistert auf die Schultern, wenn es ihnen gelungen ist, den Umsatz im letzten Jahr wieder um 1,8 und den Gewinn um 2,1 Prozent zu steigern. Ich möchte diese Leistungen nicht schmälern, will auch nicht dieses ›Denken‹ bewerten, doch kann es wirklich ein erstrebenswertes Ziel sein, einen Zehnjahresplan aufzustellen, in dem jährliche Wachstumsquoten von durchschnittlich zwei bis drei Prozent fest eingeplant sind?

Wo bleibt der Pioniergeist, wo bleiben die ›verrückten‹ Ideen, die den durchschlagenden Erfolg bringen? Ein junger Mann in Jeans, T-Shirt und Turnschuhen revolutionierte mit seinen Ideen den gesamten Computermarkt – Bill Gates! Heute ist der junge Mann mit einem geschätzten Privatvermögen von rund 20 Milliarden Mark der reichste Mann der Welt – und hat immer noch Ideen und Visionen. Ein Beispiel aus seinem unermeßlichen Schatz an Zukunftsvisionen: Es könnte sein, daß in naher Zukunft in den Wohnungen und Häusern keine Fotos und Gemälde mehr an den Wänden hängen, sondern Flachbildschirme. Über einen Anschluß an den Home-PC können dann per Datenübertragung beliebige Bilder eingespeist werden. Wie wirkt die Vorstellung auf Sie, sich über die Woche an Werken Picassos, am Wochenende an denen von Rubens zu erfreuen? Bill Gates jedenfalls glaubt an diese Vision und hat sich vorsorglich bereits die Rechte an ca. 400 000 Bildern und Gemälden gesichert (und wird in seinem neuen Wohnpalast diese Technik gleich einsetzen).

Solche Erfolgsgeschichten haben in Deutschland eher Seltenheitswert. Ausnahme ist etwa die Braunschweiger Miro

Computer-Products AG von Michael Kühn und Rolf Richter. Die Inhaber begannen nach dem Studium in zwei kleinen Büros mit der Entwicklung von Programmen für Computergrafik. Dreizehn Jahre später sind sie europäischer Marktführer in Multimedia-Lösungen. Mit ihren Stärken – beispielsweise hochwertige Monitore und eine neuartige Software, die Grafik, Video, Musik, Anrufbeantworter, Fax und Telefon auf einer einzigen Einsteckkarte für Personalcomputer integrieren – vervielfachten sie seit Gründung ihres Unternehmens den Erfolg. 1994 haben sie den Umsatz gegenüber dem Vorjahr um 89 Prozent auf 235 Millionen Mark, den Gewinn um mehr als 100 Prozent gesteigert. Mitinhaber Kühn hat nun ein neues Ziel auserkoren: die USA. Die Niedersachsen gründeten in Silicon Valley, dem amerikanischen Computerkreativzentrum in Kalifornien, eine Niederlassung. Ziel ist es, dort frühzeitig Markttrends aufzuspüren. Kühns Einstellung dabei: »Während andere noch über Konzepte nachdenken, präsentieren wir schon Produkte.«

Doch dies ist, wie gesagt, eher die Ausnahme in Deutschland. Die Innovationsschwäche könnte fatale Folgen haben. Roland Berger erklärte in der *Wirtschaftswoche* Nr. 18 vom 27. April 1995: »Die Industrie droht, zwischen die Mühlsteine der Hochtechnologieländer Japan und USA sowie der Niedriglohnländer andererseits zu geraten.«

Auf der einen Seite läuft die deutsche Industrie beim Rennen um die Märkte von morgen hinterher. In den Bereichen Informationstechnologie, Telekommunikation, Energietechnik, Biotechnologie und Medizintechnik wird der Abstand zwischen den führenden Ländern (meist USA und Japan) und Deutschland immer größer. Lediglich in der Umwelttechnik ist Deutschland 1995 mit einem Anteil am Weltmarkt von ca. 20 Prozent (bei einem Gesamtjahresumsatzvolumen von 300 Milliarden Mark) noch führend.

Auf der anderen Seite wird der Druck für die deutsche Industrie bei Produkten mittlerer Technik (zum Beispiel Maschinenbau) durch die Konkurrenz der Niedriglohnländer immer größer. In Deutschland kostet eine Arbeitsstunde ca. 44 Mark, in China 60 Pfennig. In zehn Jahren kostet in China die Arbeitsstunde vielleicht zwei Mark (bei dann möglicherweise gleicher Arbeitsqualität und Produktivität in diesem Segment).

Nein, was Deutschland benötigt, ist der Mut zu neuen Innovationen – und ist vor allen Dingen der Mut, diese dann auch zu vermarkten, sie zu verkaufen.

Nehmen Sie zum Beispiel Anita Roddick, die 1976 den ersten Body Shop in Brighton, England, eröffnete. Betrug die erste Tageseinnahme nur ca. 500 Mark, hatte das mittlerweile an der Börse notierte Unternehmen 1992 einen Wert von mehr als 1,5 Milliarden Mark. Anita Roddick hatte die Idee, ein Kosmetikeinzelhandelsgeschäft zu eröffnen, das sich auf Naturprodukte spezialisiert (unter anderem vertreibt Body Shop ausschließlich Produkte, bei deren Entwicklung auf Tierversuche verzichtet wurde). Mit dieser in der Kosmetikbranche wirklich neuen Idee erzielte Anita Roddick 1991, also fünfzehn Jahre später, bereits einen Umsatz von fast 400 Millionen und eine Umsatzrendite von ca. 10 Prozent, also 40 Millionen Mark.

> **»Wenn du ›es‹ träumen kannst, dann kannst du ›es‹ auch erreichen!«**

Dieses Zitat stammt von Walt Disney – und wer könnte besser als er den Inhalt dieses Kapitels unterstreichen? Er hatte keinen Job, von seinen Eltern erhielt er keine Unterstützung, seine Freundin hatte einen anderen geheiratet – das einzige, was er konnte, war zeichnen! Er eröffnete im Alter von zwanzig Jahren sein erstes Zeichenbüro, war zweimal mit seinem Unternehmen pleite und errichtete dennoch eines der bekanntesten Unternehmen der Welt. Walt Disney hat es stets verstanden, seine Visionen und Träume in die Tat umzusetzen – oft gegen den erbitterten Widerstand der Menschen in seiner Umgebung. Er war das Paradebeispiel eines Visionärs unter den Unternehmern. Ihn interessierte weder die Ertragssituation noch Kostensenkungsmaßnahmen – einzig und allein die Verwirklichung seiner Vision war sein Antriebsmotor. Und hatte er eine Vision in die Tat umgesetzt, dann wartete bereits die nächste auf ihn, die er verwirklichte. Als er mit seinen Zeichentrickfilmen und Comic-Heften äußerst erfolgreich war und ein materiell sorgenfreies Leben führte, riskierte er alles, was er besaß, und eröffnete in Anaheim bei Los Angeles den ersten Disney-Freizeitpark. Heute beträgt der aktiennotierte Wert der Disney-Company mehr als 20 Milliarden, und mit einem einzigen Trickfilm, wie etwa dem *König der Löwen*, erzielte der Disney-Konzern 500 Millionen Dollar Einnahmen.

Doch hier kommen wir nun zu einem nicht geringen Problem bei der Umsetzung von Visionen: Es birgt ein großes Risiko (vergleiche hierzu auch Kapitel 6, ›Die Risiko-Strategie‹), denn es ist weitaus angenehmer, den eingefahrenen, bereits erfolgreichen Weg weiterzugehen, als eine völlig neue Richtung einzuschlagen. Die neue Richtung birgt das große Risiko, möglicherweise einen vernichtenden ›Flop‹ zu landen. Bei kleinen ›Trippelschritten‹ auf dem breiten bekannten Weg kann eigentlich nicht viel passieren – so zumindest die Einstellung der meisten Manager.

Die Wirklichkeit widerspricht dem jedoch: Der amerikanische Gigant IBM mußte innerhalb eines Jahres einen Ertragseinbruch von acht Milliarden verbuchen. Es gibt also auch für die erfolgreichsten Firmen keine Sicherheit mehr. Ein ›Erdrutsch‹ kündigt sich nicht immer langfristig mit ersten Warnungen an, sondern urplötzlich, ohne jede Vorhersage ist das Desaster da.

Doch immer noch klammern sich viele Manager an das alte Denken. Sie planen vorsichtig kleinste Veränderungen und wundern sich dann, wenn ihre Mitbewerber sie überholen und um Längen voraus sind. Natürlich birgt jede Vision, jede absolute Neuheit die Gefahr eines Flops – jedoch kann auch die bisherige ›Vorsicht-Strategie‹ zum Mißerfolg führen. Doch würde es sich nicht lohnen, einmal über ›echte‹ Visionen überhaupt nachzudenken?

Anfang der achtziger Jahre befand sich die Schweizer Uhrenindustrie in der absoluten Krise. Über drei Viertel aller Schweizer Uhrenmacher mußten entlassen werden. Der ehemalige Marktanteil von 60 Prozent war auf 10 Prozent gefallen. Und warum? Weil die Schweizer Uhrenhersteller nicht in der Lage waren, eine neue Vision, eine neue Idee in die Tat umzusetzen. Denn der Grund für den Niedergang war die Einführung der Quarzuhr – welche die Schweizer abgelehnt und versäumt hatten. Erst Nicolas Hayek setzte mit der Einführung der ›Swatch‹ dem Niedergang ein Ende. Die Swatch wurde mehrere hundertmillionenmal verkauft und sorgte für einen neuerlichen Aufschwung dieser Branche in der Schweiz (nicht nur bei der Swatch, sondern auch bei anderen Uhrenmarken wie Rado, Etison, Omega usw.). Heute ist die Schweizer Uhrenindustrie wieder unangefochtener Weltmarktführer. Dieser Erfolg der Swatch begründete sich nicht in einer kleinen Verbesserung, in einem kostengünstigeren Produzieren – sie war das Ergebnis einer *Vision*. Es wurde eine völlig neue Uhr auf den Markt gebracht, der die meisten ›Experten‹ keine Chance gaben. Natürlich hätte die Swatch auch ein riesiger Flop werden können, natürlich hätte es schiefgehen können – aber es hat nun einmal funktioniert und entwickelte sich zu einem ›Geniestreich‹.

Alles ist möglich

»Tut mir leid, wir können Ihr geplantes Unternehmen leider nicht finanzieren. Die Anzahl der Menschen, die überhaupt lesen können, tendiert gen Null. Wo jedoch keine Zielgruppe ist, läßt sich auch nichts verkaufen und schon gar nicht ein Kredit zurückzahlen!«
Damalige Geldgeber sinngemäß zu Johannes Gutenberg, als er für seine Druckerei Kapital benötigte.

Sehen wir uns doch einmal die Computerindustrie an. Hier arbeiten viele junge Menschen – das Durchschnittsalter bei den kreativen Teams mag vielleicht gerade einmal bei dreißig Jahren liegen. In diesen kleinen, oft winzigen Kreativteams gibt es so gut wie keine Hierarchien, festgelegte Strukturen und Abläufe. Es läuft oftmals sehr chaotisch ab – die beste Voraussetzung für Kreativität und um neue Visionen und Ideen zu entwickeln. 1986 trat beispielsweise die Firma Nintendo an die Öffentlichkeit – und beherrscht mittlerweile einen 75-Prozent-Anteil des Multimilliardendollarmarktes im Sektor Videospiele. Hätten Sie seinerzeit daran geglaubt, daß sich mit diesen ›Spinnereien‹ zwei Milliarden Mark Gewinn pro Jahr erzielen lassen? Kennen Sie überhaupt eine Firma, die innerhalb so weniger Jahre einen Jahresumsatz von fast zehn Milliarden Mark erzielt hat? Nun, die Verantwortlichen bei Nintendo haben an ihre Vision geglaubt. Sie brachten etwas auf den Markt, was zwar nicht völlig neu war (es gab ja immerhin schon die Firma Atari, die jedoch lieber ihre geschäftlichen Aktivitäten auf andere Bereiche der Unterhaltungselektronik ausweitete – eine bedauerliche Fehleinschätzung), aber sie haben doch dieses Genre revolutioniert. Der nächste Gameboy hat übrigens eine Speicherkapazität, die genausogroß ist wie der Rechner des US-Verteidigungsministeriums vor sechzehn Jahren . . .

> **»Wer zum Teufel will schon Schauspieler reden hören?«**
> *Harry Warner, Warner Brothers Filmproduktion, 1927*

> **»Was soll unsere Gesellschaft mit einem elektrischen Spielzeug anfangen?«**
> *Western Union als Begründung, warum sie die Rechte am Telefon nicht haben wollte, 1878*

> **»Alles, was man erfinden kann, ist schon erfunden worden.«**
> *Charles Duell, Direktor des Patentamtes der USA, 1899*

> **»Man kann keine Flugmaschinen bauen, die schwerer sind als Luft.«**
> *Lord Kelvin, Vorsitzender der Königlich Britischen Akademie der Naturwissenschaften, 1895*

> **»Es gibt nicht den geringsten Anhaltspunkt dafür, daß wir je in der Lage sein werden, Kernenergie zu gewinnen. Dazu müßte man das Atom zertrümmern können.«**
> *Albert Einstein, 1932*

Alles, was früher einmal unmöglich war, ist heute normal. 1910 gab es noch keine Vitamintabletten, Kühlschränke, Radios, interkontinentale Telefonverbindungen, Verkehrsampeln, Produkte aus Kunststoff, Neonröhren – und keine Investmentfonds und Finanzberater...

1935 gab es noch keine Fluggesellschaften, keine Kopiergeräte, keine Klimaanlagen, keine Tiefkühlkost, keine Transistorgeräte, keine Atomenergie, keine Lasertechnologie – und kein Fernsehen...

Ist es nicht erstaunlich, was in diesem Jahrhundert alles entdeckt, erfunden, erforscht und umgesetzt wurde? Noch vor 25 Jahren gab es keinen Videorecorder, keinen PC, keinen Walkman, keine Telefaxgeräte, keine CD-Player. Hätte man die Menschen früher zu all diesen Dingen befragt, die überwiegende Mehrheit hätte nicht an deren Verwirklichung geglaubt. *Doch alles ist möglich* – wenn der menschliche Geist auf die Möglichkeit und Verwirklichung von Visionen, von großen »Zukunftsprojekten« eingestimmt ist. Welche Zukunftsprojekte planen Sie momentan? Oder sind Sie derzeit damit beschäftigt, im Etatplan für nächstes Jahr die Kosten um ein halbes Prozent zu senken?

Viele Menschen glauben jedoch, sie seien zu alt, hätten zuwenig Mittel, zuwenig Beziehungen usw., um ihre Visionen und Ideen umsetzen zu können. Nun, sollten Sie zu diesen Menschen gehören, so möchte ich Ihnen die Geschichte eines Mannes namens Ray Kroc erzählen. Er war Vertreter eines Milchmixmaschinenherstellers in Kalifornien. Einer seiner Kunden hatte gerade ein völlig neuartiges Restaurant eröffnet, nämlich ein Restaurant mit Selbstbedienungscharakter, das preiswertes Essen anbot (Fast food). Er erkannte mit 54 (in einem Alter, in dem sich viele andere bereits auf die Rente vorbereiten) die Chance und arbeitete an seiner Vision. Kroc gründete zusammen mit den Inhabern des Restaurants, den Gebrüdern McDonald, die McDonald's Franchise Corporation. In den ersten Jahren verdiente er keinen Pfennig und bestritt seinen Lebensunterhalt als eigener Franchise-Nehmer seiner Firma – und 1985 entfielen in den Vereinigten Staaten 17 Prozent aller Restaurantbesuche auf McDonald's-Filialen. Mittlerweile ist McDonald's der größte Fleischeinkäufer in den USA, werden 7,5 Prozent der amerikanischen Speisekartoffelernte von McDonald's zu Pommes frites verarbeitet, 5 Prozent aller für den amerikanischen Markt produzierten Coca-Colas von McDonald's verkauft (würde McDonald's zum Coke-Mitbewerber Pepsi wechseln, hätte Pepsi in den USA fast uneinholbar die Führungsposition inne). Und 1982 überholte McDonald's die amerikanische Warenhauskette Sears und ist der größte Immobilienbesitzer der Welt. Dreißig Jahre nachdem Ray Kroc das erste Lokal der Gebrüder McDonald betreten hatte, war er Milliardär.

Wollen Sie immer noch den Vorwand ›zu alt‹ oder ›zuwenig Betriebsmittel‹ oder ›zuwenig Beziehungen‹ als Ausrede heranziehen, nur, um ja keine Vision in die Tat umsetzen zu müssen? Natürlich ist es nicht einfach, visionär zu denken und zu handeln. Ja, wahrscheinlich werden große Schwierigkeiten auftreten, die Sie an der Verwirklichung hindern wollen. Doch sind Sie sich sicher, daß der andere Weg tatsächlich leichter für Sie ist? Können Sie sicher sein, daß Sie durch vorsichtiges Taktieren, durch einen minimalen Willen zur Veränderung tatsächlich erfolgreicher sind in der Zukunft? Der Markt wird immer chaotischer. Die Zeiten werden immer schneller. Die Geschwindigkeit im Wettbewerb nimmt unaufhörlich zu. Vor dreißig Jahren hatten Sie eine Idee – und vielleicht kam zehn oder fünfzehn Jahre später ein Mitbewerber, der Sie mehr schlecht als recht kopierte. Wie sieht es dagegen heute aus? Sie haben eine Idee, Sie sind der erste auf dem Markt – und schon morgen werden Sie von einem Dutzend Mitbewerbern, alten und neuen, kopiert, teilweise sogar besser und billiger! Sie haben deshalb keine Zeit mehr, sich auf Ihrem Erfolg auszuruhen, an alten Erfahrungen als für die Ewigkeit gültigen Regeln festzuhalten – Sie müssen permanent und jeden Tag alles in Frage stellen, überwerfen und neue Ideen und Visionen in Angriff nehmen. Es mag sein, daß Sie diese Vorstellung erschreckt, mag sein, daß Sie sie ablehnen und als ›Spinnereien‹ bezeichnen – doch die Realität ist nun einmal so!

> **McDonald's ist auch überzeugt: Es ist wichtig, daß abends die Kasse stimmt, doch über das Tagesgeschäft darf man die Visionen nicht vergessen. Man muß sich also auch Gedanken darüber machen, wo das Unternehmen in zehn Jahren stehen soll!**
> *Dieter Ringer, Management-Supervisor bei der Werbeagentur Heye und Partner, die seit 23 Jahren den Etat von McDonald's betreut, in einem Interview mit der Zeitschrift »acquisa« (1/95)*

Ich kann Ihnen nicht versprechen, ob Sie durch die Entwicklung und Umsetzung einer wirklich neuen Idee tatsächlich erfolgreicher sind. Mit Sicherheit warten viele Mühen, Anstrengungen und Probleme auf Sie. Doch warum sollte es bei Ihnen anders sein als bei den Visionären in früheren Zeiten? Alfred Krupp arbeitete wie besessen daran, das Geheimnis der Gußstahlerzeugung zu finden. Jahrelang mußte er mit finanziellen Engpässen leben. Vom Erfolg seiner Pläne war er jedoch so überzeugt, daß er sein Tafelsilber verkaufte, um die Löhne bezahlen zu können. Vierzig Jahre später erzielte das größte Gußstahlwerk der Welt einen Umsatz von 47 Millionen Mark.

> **»Jeder Mensch mit einer neuen Idee ist so lange ein Spinner, bis er Erfolg hat.«**
> *Mark Twain*

Schaffen Sie Visionen, denn Visionen sind der Stoff, aus dem die Träume sind. Sie benötigen Visionen, um sich und Ihren Mitarbeitern ein Ziel zu geben. Ein Ziel, für das es sich lohnt, alle Mühen und Anstrengungen auf sich zu nehmen. Ein Ziel, das bisher noch niemand erreicht hat.

> »Wenn du ein Schiff bauen willst, dann rufe nicht die Menschen zusammen, um Holz zu sammeln, Aufgaben zu verteilen und die Arbeit einzuteilen, sondern lehre sie die Sehnsucht nach dem großen weiten Meer!«
> *Antoine de Saint-Exupéry*

Geben Sie Ihrem Unternehmen eine Vision vor. Geben Sie Ihren Mitarbeitern ein Ziel, für das es sich lohnt, kreativ und innovativ zu sein. Der wahre revolutionäre Manager von heute gibt keine Anweisungen, wie dieses oder jenes ausgeführt wird – er vermittelt seinen Mitarbeitern einen Fixstern, der ihnen bei ihrer täglichen Arbeit immer den Weg zeigt. Natürlich mag es sein, daß dann und wann der Fixstern von ein paar Wolken verdeckt wird – doch wenn sich diese nach einer kurzen Zeit verzogen haben, wird der Fixstern wieder dasein und die Richtung weisen.

Wenn Sie sich entschließen, diese Revolution auch tatsächlich in Angriff zu nehmen, dann hören Sie nicht auf all die Zögerer, Zauderer, Pessimisten und negativ denkenden Menschen, die Ihnen diese Vision wieder ausreden wollen. Ein berühmter Redner sagte einmal: »Als meine Freunde mir immer wieder sagten, daß aus mir nie ein großer Redner werden würde, beschloß ich, etwas zu tun: Ich machte mich auf und suchte mir neue Freunde …«

Viele Menschen lassen sich viel zu stark von anderen beeinflussen. Natürlich ist es wichtig, sich Rat einzuholen, sich zu erkundigen, auf die Meinung anderer zu hören. Doch die Entscheidung müssen immer noch Sie treffen. Niemand, kein Meinungsforschungsinstitut, kein Trendforscher, kann in die Zukunft sehen. Die Zukunft gestalten Sie selbst – durch Ihre Handlung im Heute. Doch was schwebt Ihnen heute vor? Ein geplanter Anstieg des Gewinns um 3,4 Prozent innerhalb der nächsten drei Jahre? Sie sollten nicht soviel den anderen Menschen vertrauen, sondern vielleicht einmal sich selbst,

Ihrer inneren Stimme, Ihrer Intuition. Wenn Sie einen For-mel-1-Wagen fahren möchten, müssen Sie nicht unbedingt die Ratschläge eines Kleinwagenfahrers befolgen. Gehen Sie Ihren eigenen Weg – und haben Sie Mut, auch einmal unge-wöhnliche Dinge anzupacken. Der Wettbewerb ist zu hart und zu groß, als daß durch ›Kleindenken‹ noch wesentliche Fortschritte möglich wären.

Viele Manager kommen mir vor wie Goldsucher, die da nach Gold bohren, wo andere vor ihnen waren. Vielleicht finden sie ja noch einigen Goldstaub oder kleinere Nuggets – doch das richtige Gold befindet sich in neuen, unbekannten Claims. Suchen Sie die neuen Claims, seien Sie bereit, das Risiko einzugehen, vielleicht nichts zu finden – oder aber den Haupttreffer!

Wenn es Ihnen gelingt, mit irgendeinem Produkt Erster zu sein, dann haben Sie die Grundvoraussetzung dafür geschaf-fen, den richtigen Erfolg zu ernten. Wir werden zwar gleich noch darauf eingehen, daß es neben der ›Erfindung‹ auch noch auf die ›Vermarktung‹ ankommt – aber der erste in einem Be-reich (Branche, Zielgruppe) hat einen unschätzbaren Vorteil.

> **»Wie hieß der erste Mensch, der in einem Flugzeug über den Atlantik flog? Ist doch klar: Charles Lindbergh. Und wie hieß der zweite Mensch, der im Alleinflug von Amerika nach Europa flog? Nicht ganz so einfach, er hieß Bert Hinkler. Bert war ein besserer Pilot als Charlie. Er flog schneller, und er verbrauchte weniger Sprit. Aber wer kennt schon Bert Hinkler? Das erste Gebot im Marketing lautet deshalb: Seien Sie Erster!«**
> *Entnommen aus dem Buch »Die 22 unumstößlichen Gebote im Marketing« von Al Ries und Jack Trout*

Vollbringen Sie etwas wirklich Neues, etwas absolut Unge-wöhnliches – und Sie legen damit den Grundstein zu einem außergewöhnlichen Erfolg. Natürlich kommt es nicht nur darauf an, Erster zu sein, sondern genauso wichtig (manchmal sogar wichtiger) ist es, diese Sache auch entsprechend zu vermarkten. Die Japaner haben von den großen Industrienationen die wenigsten ›echten‹ Erfindungen gemacht – aber sie haben die Erfindungen am besten vermarktet. Die Japaner haben weder das Fax noch das Video, noch die CD erfunden – aber sie haben verstanden, diese Erfindungen am besten und schnellsten zu vermarkten. Wir werden hierauf im Kapitel 6 (›Die Risiko-Strategie‹) noch ausführlichst eingehen.

Viele Manager verstehen oftmals den Unterschied zwischen einer Vision, also einer echten Neuheit, und einem Quantensprung nicht. Da wir im nächsten Kapitel (›Die Big-Point-Strategie‹) noch auf die Quantensprünge eingehen werden, möchte ich nur folgendes Beispiel zur Verdeutlichung des Unterschiedes zwischen einer echten Vision und einem Quantensprung anführen: Wenn ein Automobilhersteller ein ›normales‹ Automobil auf den Markt bringt, das in der Lage ist, mit drei Litern Normalbenzin adäquate Leistungen zu erzielen, dann würde dies einen echten ›Quantensprung‹ bedeuten. Wenn jedoch ein Hersteller ein Auto auf den Markt bringt, das gleichzeitig fliegen kann, dann wäre dies eine Vision. Vielleicht mag Ihnen dieses Beispiel etwas weit hergeholt sein, doch alles, was heute existiert, war zuerst einmal nur als Idee vorhanden (genauso ›unmöglich‹ war das Autofahren überhaupt, war das Fliegen, war es, mit einer Rakete auf den Mond zu gelangen).

Beschließen möchte ich dieses Kapitel mit einem wunderschönen Zitat aus dem faszinierenden Buch *Die Möwe Jonathan:*

> **»Du mußt schon dasein, bevor du angekommen bist!«**

Leitthesen zu Kapitel 2

① Glaube an Grenzen, und sie gehören dir!
② Wenn du es träumen kannst, kannst du es auch erreichen!
③ Alles ist möglich!
④ »Jeder Mensch mit einer neuen Idee ist so lange ein Spinner, bis er Erfolg hat!«
⑤ »Seien Sie Erster!«
⑥ »Du mußt schon dasein, bevor du angekommen bist!«

3. Kapitel
Die Big-Point-Strategie

> »Kaizen mit fünf bis sechs Prozent Verbesserungen pro Jahr ist out. Was wir heute benötigen, sind Quantensprünge mit vierzig bis fünfzig Prozent Verbesserungen pro Jahr!«
> *Ignacio Lopéz*

Lopéz, Einkaufsvorstand der Volkswagen AG, sparte damit immerhin bei General Motors, seinem vorherigen Arbeitgeber (und späteren erbitterten Gegner), eine Milliarde Dollar im ersten Jahr seiner Tätigkeit. Das sind die Arten von ›Big Points‹, die ich meine. Es spricht natürlich nichts gegen Kaizen, gegen eine Verbesserung von ein paar Prozent hier und ein paar Prozent da – doch was Sie wirklich voranbringt, was sich wirklich als Erfolgskatalysator erweist, das sind die ›Big Points‹, das sind die Quantensprünge.
Wenn ich an Kaizen und die Big-Point-Strategie denke, dann fällt mir immer folgendes Bild ein: Im Winter sitzen an einem zugefrorenen See zwei Männer und angeln. Beide haben sich gründlich vorbereitet, haben alle erforderlichen Mittel dabei – und sind voller Erwartung auf das Kommende. Während jedoch der eine Angler ein Loch von ca. zehn Zentimetern Durchmesser in das Eis geschlagen hat, beträgt der Durchmesser des zweiten Loches fast einen Meter. Das ist der Unterschied zwischen Kaizen und Quantensprung: Mit welcher Erwartungshaltung, mit welchen Zielen gehen Sie Ihren Verbesserungsprozeß an?
Nicht, daß Sie denken, ich hätte etwas gegen Kaizen und

KVP. Ganz im Gegenteil. Im nächsten Kapitel werde ich noch einmal einige grundlegende Methoden dieser Strategie erläutern – aber die großen Erfolge erreichen Sie nur durch große Sprünge. Doch gerade in Deutschland scheinen mir viele Manager gar nicht mehr den Mut zu haben, diese ›Big Points‹ in Angriff zu nehmen. In einer Zeit der Rezession ist es ja geradezu widernatürlich, zu einem 20prozentigen Umsatzsprung innerhalb der nächsten zwölf Monate anzusetzen, nicht wahr? Und so verbessern wir denn, entwickeln ein bißchen hier, sparen da ein bißchen – ohne im Prinzip grundsätzlich wirklich etwas bewegt zu haben.

In China und anderen asiatischen Entwicklungsländern kostet 1995 eine Arbeitsstunde vielleicht 60 Pfennig. In Deutschland kostet eine Arbeitsstunde ca. 44 Mark. Natürlich werden Sie nun kontern und mir erklären, daß dafür die deutschen Arbeitskräfte besser qualifiziert sind, eine höhere Produktivität besitzen usw. Und ich gebe Ihnen recht: Stimmt! Stimmt aber auch wieder nicht: In zehn Jahren kostet in China eine Arbeitsstunde dann vielleicht zwei Mark, aber die Arbeiter werden die gleiche Qualität abliefern wie ihre Kollegen in Japan, in den USA oder in Deutschland. Sie sehen also, es bleibt uns nichts anderes übrig, als Quantensprünge in den verschiedensten Bereichen umzusetzen.

Es geht nicht mehr darum, einen ›Ball‹ zu gewinnen, es geht um die wirklichen ›Big Points‹. Zu was für Ergebnisse bringt uns denn der Kontinuierliche Verbesserungsprozeß (KVP)? 1993 kamen in den USA 64 neue Spaghettisaucen in die Regale der Supermärkte. Es sei die Frage erlaubt, ob die amerikanischen Mitbürger wirklich 64 neue Spaghettisaucen benötigen. Die Antwort lautet: Nein! Denn im gleichen Zeitraum sind 61 aus den Regalen verschwunden (davon der überwiegende Anteil von den gerade neu eingeführten Saucen). Und nun glauben Sie mal nur nicht, daß diese neu eingeführten Spaghettisaucen nicht alle den KVP-Prozeß durchlaufen haben. Da sind Marktforschungsinstitute beauftragt worden, es wurden Kundenumfragen durchgeführt, Trend-gurus eingeschaltet, die Controlling-Abteilung hat zusammen mit den Entwicklern die kostengünstigste Herstellung entwickelt usw. Und sicherlich war auch bei jeder einzelnen Nudelsauce ein kleiner Verbesserungsprozeß die Grundlage der Neueinführung – dennoch ohne großen Erfolg. Noch immer kaufen die allermeisten amerikanischen Haushalte bei den zwei oder drei Marktführern, deren Marktanteil sich durch die Neueinführung kaum veränderte.

Machen Sie sich diesen Vorgang bitte nochmals deutlich bewußt: Die Firmen entwickeln ihr Produkt weiter, sparen an Herstellungskosten, lassen für die Verpackung ein teures Design entwerfen, investieren in mehr oder weniger teure Einführungskampagnen, teilweise werden eigene Fertigungsbereiche dafür neu geschaffen – und neun von zehn der Lebensmittel-»Innovationen« setzen sich nicht durch und verschwinden wieder vom Markt, während die Lebensmittelhändler gleichzeitig darüber klagen, daß keine »echten« Innovationen mehr in die Regale der Supermärkte kommen würden. O herrlicher, o wundervoller, o alles heilender KVP-Prozeß!

Kaizen, KVP und all die anderen Managementtechniken haben durchaus ihre Berechtigung und Bedeutung. Sie sind ein sinn- und wirkungsvolles Instrument zur Weiterentwicklung eines Unternehmens. Doch oftmals habe ich den Eindruck, daß ein gemäßigter, in Regeln ablaufender KVP-Prozeß einfach ein Garant für ein bequemes Leben der Manager ist. Es ist doch ach so bequem, jährliche Produktivitätssteigerungen von 3 bis 5 Prozent in Angriff zu nehmen – im Gegensatz zu den Quantensprüngen von 30 oder 40 Prozent. Einen solchen ›Big Point‹ vollbrachte zum Beispiel die Firma ABB (neu entstandene Firma aus der Fusion der beiden Firmen Asea und Brown, Boveri & Cie). Die Anzahl der Mitarbeiter der Hauptverwaltung wurde innerhalb eines Jahres von 6000 auf 150 Personen vermindert!

Ein anderes Unternehmen produzierte eine pneumatische Pumpe in neun Monaten für 60 000 Dollar Herstellungskosten – heute in 24 Stunden für 2000 Dollar. *Das sind ›Big Points‹!* Sie sollten sich Jules Vernes' Gesetz als Unternehmensmaxime zum Ziel setzen: Um einen guten Science-fiction-Roman schreiben zu können, so meinte er sinngemäß, ist die Leistungsfähigkeit der zur Zeit weltbesten Maschinen einfach zu verdreifachen. Wer Jules Vernes Romane und die heutige Wirklichkeit vergleicht, wird feststellen, daß die meisten Dinge, die er in seinen Science-fiction-Romanen mit Hilfe dieser Strategie beschrieben hat, tatsächlich viel früher eingetreten sind, als er selbst glaubte – und er war ein Romanschreiber, ein Phantast, ein ›Märchenerzähler‹. Haben Sie schon einmal darüber nachgedacht, daß das Gesetz von Jules Verne auch in Ihrem Unternehmen zu durchschlagenden Erfolgen führen könnte? Wer hätte noch vor fünf Jahren geglaubt, daß wir heute ein Ericsson-Handy im Jackett herumtragen, das gerade einmal 12 Zentimeter hoch, 4,4 Zentimeter breit und 2 Zentimeter dick ist? Ericsson hat an diese Möglichkeit geglaubt, hat diesen ›Big Point‹ durchgesetzt und ist sicherlich nicht das Unternehmen, das am schlechtesten mit seinen Handys verdient! Das gleiche gilt auch für den Walkman. Zuerst hatten wir die Stereoanlagen zu Hause, dann kamen die tragbaren Geräte, die schließlich immer kleiner wurden, ehe dann Sony diesen ›Big Point‹ setzte und mit dem Walkman weltbekannt wurde (wobei heute noch nicht ganz klar ist, ob Sony den Walkman auch tatsächlich erfunden hat, da ja immer noch ein Deutscher mit Sony vor Gericht darüber streitet). Aber selbst wenn Sony nicht der Erfinder war, sie haben diesen ›Big Point‹ umgesetzt und vermarktet – und darauf kommt es letztendlich immer an.

> **Alles, was heute existiert, war zuerst
> einmal nur eine Idee.**

... existierte nur im Geist eines kreativen Menschen. Die einzige Frage für Ihre erfolgreiche Unternehmenszukunft lautet deshalb: Was für eine Idee haben Sie heute in Ihrem Kopf? Ist Ihre Denke auf einen ›Big Point‹, auf einen Quantensprung, ausgelegt, oder beschäftigen Sie sich ausschließlich mit zweiprozentigen Verbesserungstrippelschritten? Die Entwicklung eines neuen Automobils dauert heute ca. dreieinhalb Jahre, beginnend ab dem Zeitpunkt des Entschlusses, ein neues Modell auf den Markt zu bringen. Warum ist es nicht möglich, ein neues Automobil in neun Monaten zu entwickeln? Das wäre ein ›Big Point‹, ein Quantensprung...

Es ist erst dreißig Jahre her, als damalige Limousinen knapp zwanzig Liter Benzin auf 100 Kilometer verbraucht haben. Heute gibt es Limousinen mit ganz guter PS-Motorisierung, die gerade einmal zehn Liter verbrauchen, einige Kleinwagen gerade einmal sechs Liter. Ein toller Prozeß, eine tolle Entwicklung. Doch haben die Automobilhersteller schon wirklich einmal zum ›Big Point‹ angesetzt, ein Modell auf den Markt zu bringen, das noch keine drei Liter verbraucht und das trotzdem noch über eine relativ gute Motorleistung und entsprechendem Komfort verfügt? Ich weiß, das ist unmöglich, das gibt es nicht, das wird es auch nie geben – doch auch das Handy, das Fliegen, das Autofahren, das Telefonieren und die Elektrizität waren einmal unmöglich!

Konnte ich Sie mit diesem Kapitel dazu motivieren, einmal wirklich große Ziele für Ihr Unternehmen ins Auge zu fassen? Na gut, dann packen Sie es an. Wie wäre es denn, einen der folgenden ›Big Points‹ in Angriff zu nehmen?

- Daß sich Ihre Lagerhaltung in einem Jahr um 50 und im darauffolgenden Jahr nochmals um 50 Prozent reduziert, insgesamt also *um 75 Prozent*!
- Daß Sie Ihre Kosten innerhalb des nächsten Jahres um 20 und im darauffolgenden Jahr nochmals um 20 Prozent senken, insgesamt also *um 30 Prozent*!

- Daß Sie Ihren Arbeitsraum im ersten Jahr um 40, im zweiten nochmals um 30 Prozent verringern, insgesamt also *um fast 60 Prozent!*
- Daß Sie im Personalbereich im ersten Jahr 30 und im zweiten Jahr nochmal 30 Prozent Kosten einsparen, insgesamt also *um 50 Prozent!* (Aber Achtung: In Kapitel 10, ›Die Software-Strategie‹, werde ich noch eindrucksvoll darauf hinweisen, daß ich absolut nichts davon halte, Mitarbeiter einzusparen und zu entlassen. Denn dies wäre der völlig falsche Weg und würde zwar kurzfristig Erfolge bringen, letztendlich aber durch eine Demotivierung des gesamten Teams langfristig eher schaden!)
- Daß Sie Ihren Umsatz innerhalb eines Jahres um 50 und im zweiten Jahr nochmals um 50 Prozent steigern.

Ja, tut mir leid, aber das sind die ›Big Points‹, die ich meine. Keine kleinen Verbesserungen, nicht das Ziel, in fünf Jahren seinen Umsatz um 15 Prozent zu steigern, nein, Quantensprünge! Beispiele von Firmen, die diese ›Big Points‹ erfolgreich erzielten, gibt es genügend, und einige habe ich bisher schon aufgezählt. Auch bei meiner Firma, der INLINE Unternehmensberatung, setzen wir uns diese Quantensprünge immer wieder zum Ziel. Unser Minimalziel an Umsatzwachstum beträgt jährlich mindestens 40 Prozent – bisher sind wir noch nie unter der 50-Prozent-Marke geblieben. Natürlich setzen wir diese Strategie auch bei den von uns beratenen Unternehmen um. Verwundert es Sie, wenn diese ebenfalls – durchschnittlich – einen jährlichen Umsatzzuwachs von 30 Prozent zu verzeichnen haben?
Ich verhehle dabei nicht, daß ich ein Anhänger des Wachstums, ein Anhänger der Expansion bin. Viele Unternehmensberater sehen den Sinn ihrer Tätigkeit darin, in ein Unternehmen zu gehen, eine Analyse zu erstellen mit dem Ziel, möglichst schnell 30 Prozent Personal abzubauen.

Doch das, was wir denken, also unser Ziel, weist uns dann auch den Weg. Warum setzen wir uns nicht das Ziel, bei *gleichbleibenden* Kosten den Umsatz innerhalb von zwei Jahren um 50 Prozent zu steigern? Das würde eine ungeheure Produktivitätsverbesserung bedeuten, ohne daß Mitarbeiter entlassen werden oder das gesamte Team demotiviert wird und sich letztlich langfristig tiefe Folgen für das Unternehmen einstellen. Doch dazu an späterer Stelle mehr.

Um die Big-Point-Strategie als Revolution auszurufen, muß die ›Lokomotive‹, also die Führungskraft, ebenfalls wieder als Revolutionär vorangehen. Wie sieht nun der Alltag eines Managers normalerweise aus: Er verbringt 80 Prozent seiner Zeit in seinem Büro oder mit Besprechungen. Er besucht langweilige Verbandstreffen und Kongresse, bei denen immer die gleichen langweiligen, rückständigen ›Betonköpfe‹ anwesend sind. Doch die erfolgreichen Unternehmer sind niemals diejenigen, die sich in ihrem Büro ›vergraben‹, sondern diejenigen, die ›raus‹gehen. Ihre Maxime sollte also sein, ab sofort 80 Prozent Ihrer Zeit bei den Mitarbeitern und bei den Kunden zu verbringen. Denn dort erhalten Sie die Eindrücke und Ideen, die letztendlich einen Quantensprung bei Ihnen auslösen könnten. Doch womit verbringen Sie Ihre Zeit? In der Regel kümmert sich ein Manager um alles, um jede Kleinigkeit, mischt sich überall ungefragt in laufende Projekte ein – nur etwas bewegen, etwas ›Neues‹ in Gang setzen tut er nicht! Hören Sie auf, sich um alle möglichen unwichtigen Dinge zu kümmern – der Laden läuft auch ohne Sie ganz gut.

Möchten Sie einen Rat, wie Sie zu Quantensprüngen ansetzen? Gut: Nehmen Sie sich zunächst vier Wochen Zeit, sich mit möglichst vielen Ihrer Mitarbeitern zu unterhalten. Gehen Sie in die Produktion, gehen Sie zu Ihren Mitarbeitern in der Verwaltung, fragen Sie Ihre Sekretärinnen – und vor allen Dingen: Fragen Sie Ihre Außendienstler. Anschließend nehmen Sie sich weitere vier Wochen Zeit und unterhalten sich mit Ihren Kunden. Wenn dies vorüber ist, nehmen Sie sich weitere vier Wochen Zeit, in denen Sie sich zurückziehen, einfach einige Seminare besuchen, ein paar neue Bücher lesen usw. Und dann nehmen Sie sich noch einmal vier Wochen Zeit und machen sich in Ruhe Gedanken über die Zukunft Ihres Unternehmens. Was ist Ihre Vision, was könnten die ›Big Points‹ für Ihren Betrieb sein, was müssen Sie veranlassen, um dies umzusetzen? Und wenn Sie dann Ihre Vision und Ihre ›Big Points‹ gefunden haben, dann hören Sie auf Ihr Gefühl: Sind Sie begeistert, sind Sie voller Energie, sprudeln Sie über, möchten Sie am liebsten jedem Ihrer Mitarbeiter von den neuen Zielen erzählen? Wenn ja, dann ist es soweit, dann machen Sie sich ans Werk und geben Ihre Vision den Mitarbeitern weiter.

Sie mögen mich nun für verrückt halten, Sie mögen der Meinung sein, das wäre absolut theoretisches ›Geplapper‹ und in der Praxis nicht umsetzbar – doch haben Sie es schon einmal probiert, haben Sie diese Strategie schon einmal umgesetzt? Wenn wir den Tagesablauf der Führungskräfte der von uns beratenen Unternehmen analysieren, so kommt als Ergebnis heraus, daß 80 Prozent der gearbeiteten Zeit (in der Regel 60 bis 70 Stunden) in eigentlich völlig unwichtige Arbeiten und Aufgaben investiert werden. Für die wirklich wichtigen Aufgaben hingegen bleibt kaum Zeit. Aber was ist denn ›wirklich‹ wichtig für die Zukunft des Unternehmens? Kleine Verbesserungen, kleine Fortschritte erzielen Ihre Mitarbeiter, erzielt Ihr Unternehmen doch ganz allein – da müssen Sie nicht ständig anwesend sein und zu allem Ihren ›Senf‹ dazugeben. Ein Unternehmer sollte ein Visionär sein, ein Unternehmer sollte die Lokomotive sein, die das ganze Unternehmen hinter sich herzieht. Management by Visionen – diese Strategie ist arg strapaziert, sie wurde immer wieder behandelt, aber nur die wenigsten Unternehmen setzen sie wirklich um.

Die heimischen Märkte werden immer enger, es wird immer schwieriger, Zuwächse zu erzielen – doch auf der ganzen Welt warten neue, interessante Zukunftsmärkte. Was tun Sie dafür, um auf diesen Zukunftsmärkten dabeizusein? Sie haben sich schon damit beschäftigt, Sie haben schon erste Schritte unternommen, Sie sind dabei, erste vorsichtige Gespräche zu führen? Nun, erwarten Sie dafür Glückwünsche? Riesige Märkte warten auf Sie – und Sie machen sich Gedanken, erste, vorsichtige Kontakte zu knüpfen. Ihr Ziel, Ihre Vision sollte sein, auf diesen Märkten die Nummer eins zu werden! In Indien warten fast eine Milliarde Menschen auf Sie, davon ca. 200 Millionen mit gutem Einkommen, die geradezu versessen sind auf Ihre Produkte. In China öffnet sich gerade ein 1,2-Milliarden-Markt – auch davon werden in zehn Jahren 200 Millionen in der Lage sein, Konsum- und Luxusgüter zu erwerben. Auf was warten Sie also noch?

Einige Firmen haben dies bereits erkannt und arbeiten mit Hochdruck daran, diese neuen Märkte zu erobern. Nehmen wir als Beispiel die Softdrink-Branche und hier die beiden Giganten Coca-Cola und Pepsi-Cola. In Osteuropa etwa erwartet Coca-Cola ein Marktpotential von 630 Millionen Kisten pro Jahr. Deshalb startete das Unternehmen die Strategie ›Jump Start‹ und investierte innerhalb von achtzehn Monaten über 400 Millionen Dollar. Ziel ist es, insgesamt eine Milliarde Dollar in neue Produktionsbetriebe, Servicestationen und Marketingkampagnen zu investieren. Oder nehmen wir Rußland: Zur Zeit werden dort insgesamt 400 Millionen Kisten Cola pro Jahr konsumiert. Eine Studie hat ergeben, daß hier (einmal angenommen, die Russen würden beim Cola-Konsum amerikanisches Niveau erreichen) ein Potential von 4,5 Milliarden Kisten pro Jahr möglich ist. Doch all dies ist noch gar nichts gegen des ›Reich der Mitte‹, gegen China. Hier hat Coca-Cola soeben 500 Millionen Dollar, der Konkurrent Pepsi 350 Millionen Dollar investiert. Würde der Pro-Kopf-Verbrauch in China das Niveau Australiens erreichen, könnten zehn Milliarden Kisten zusätzlich verkauft werden. Coca-Cola-Chef Roberto Goizueta, ein geborener Kubaner, erklärte bereits euphorisch, daß dies den Coca-Cola-Umsatz glatt verdoppeln würde.

Goizueta hat seit seinem Amtsantritt 1983 den Coke-Umsatz auf 14 Milliarden Dollar gesteigert, und der Gewinn stieg in derselben Zeitspanne proportional noch ungleich höher: von 0,5 auf 2,2 Milliarden Dollar – wollen Sie noch mehr Beweise für die Big-Point-Strategie, für die Wahrhaftigkeit von Quantensprüngen? Auch die Zahlen von Pepsi sind nicht von schlechten Eltern: Bei 25 Milliarden Dollar Umsatz im Jahr 1993 wurde immerhin ein Gewinn von 1,5 Milliarden eingefahren.

Vor acht Jahren noch lautete eine Regel, daß erfolgreiche Unternehmen bestrebt sein sollten, 20 Prozent ihres Umsatzes im Ausland zu erzielen. Ich möchte nun heute die Prämisse aufstellen, daß erfolgreiche Unternehmen der Zukunft das Ziel haben sollten, 80 Prozent ihres Umsatzes im Ausland zu erzielen (wäre das nicht eine weitere Idee für einen ›Big Point‹?). Unsere Welt wird immer globaler, immer vernetzter. Dies hat dazu geführt, daß die Welt immer ›kleiner‹ wird, daß es keine abgeschotteten Märkte mehr gibt. Wer deshalb in Zukunft eine Führungsrolle in seinem Bereich spielen möchte, der *muß* seinen Auslandsumsatzanteil drastisch erhöhen. In Deutschland sind wir – aufgrund der Vereinigungseuphorie – etwas ins Hintertreffen geraten. Alle Firmen haben sich darauf konzentriert, in Ostdeutschland zu investieren, dort ihre ›Claims‹ abzustecken, und dabei vergessen, daß auch noch in anderen Gebieten der Erde (vor allem in Asien) lukrative Zukunftsmärkte warten.

Doch Quantensprünge sind nicht nur für Großunternehmen, sondern auch – und gerade – für kleinere Unternehmen möglich. Gerade kleinere Unternehmen haben oft die

Flexibilität, die flachen Hierarchien, die notwendig sind, um schnell Entscheidungen zu treffen und rasche Umsetzungen vorzunehmen.

> **Nicht die Großen fressen die Kleinen,**
> **sondern die Schnellen die Langsamen!**

Kleine und mittlere Betriebe können immer schneller reagieren als die großen ›Elefanten‹. Im letzten Jahr hatte ich Kontakt zu Hans R. Lutz. Er hatte als Inhaber eines kleinen Elektrofachgeschäftes begonnen, ›startete‹ jedoch ab 1983 ›so richtig durch‹. Gut zehn Jahre später hat sich aus seinem kleinen örtlichen Elektrogeschäft ein Unternehmen mit zehn Millionen Mark Jahresumsatz entwickelt, das von Hans R. Lutz professionell nach den neuesten Erkenntnissen der Managementtechniken geleitet wird. 1992 wurde sein Unternehmen zum ›Handwerksunternehmen des Jahres‹ gewählt. Kein Wunder, das Hans R. Lutz heute als Berater und Seminarleiter ein gefragter Mann ist, der sein Know-how an Kollegen der Handwerksbranche mit Erfolg weitergibt. Oder nehmen wir Norbert Neumann, den ich auf einem Seminar kennenlernte. Mit 49 Jahren wechselte er noch einmal in der Software-Branche. Bis dahin hatte er eine gut dotierte Stellung in einem anderen Computer-Unternehmen. Er verfolgte jedoch das Ziel, einen echten ›Big Point‹ umzusetzen. Seine Vorstellung war es, Büros komplett von Papier zu ›befreien‹ – und diesen ›Big Point‹ setzte er in die Realität um. Knapp drei Jahre später erzielte er mit dem Software-Unternehmen Filenet 30 Millionen Jahresumsatz.
Wenn Sie mich fragen, wie ich mir heute ein optimales Unternehmen vorstelle, dann würde ich Ihnen folgende Strategie empfehlen:

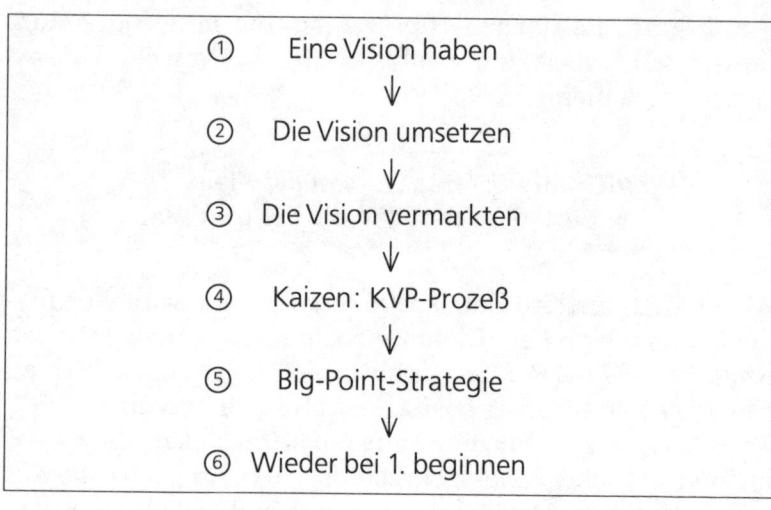

Zunächst einmal benötigen Sie eine Vision. Was wollen Sie umsetzen, was es heute noch nicht gibt? Diese Vision müssen Sie dann umsetzen und vor allem *vermarkten* (zum Thema ›Vermarkten‹ noch mehr Informationen in Kapitel 6, ›Die Risiko-Strategie‹). Haben Sie Ihre Vision dann umgesetzt, sind Ihre Produkte auf dem Markt erhältlich, dann werden blitzartig Mitbewerber auftauchen, die Sie kopieren (oder auf Neumanagerdeutsch: Benchmarking). Deshalb setzen Sie hier den Kaizen-(KVP-)Prozeß an: Sie verbessern Ihr Produkt, Sie reduzieren die Kosten usw. Doch es ist nur eine Frage der Zeit, ehe irgendeiner der Mitbewerber Sie überflügeln wird. Deshalb müssen Sie zu diesem Zeitpunkt zu einem ›Big Point‹, zu einem Quantensprung, ansetzen. Dann? Nun, dann wird der Prozeß von vorne losgehen, dann benötigen Sie wieder eine Vision – oder Ihr Vorsprung wird in kurzer Zeit schmelzen.

Doch problematisch wird die ganze Angelegenheit dann, wenn Sie mit Ihrer Vision, mit Ihrem ›Big Point‹, erfolgreich sind – trotz der vielen Mitbewerber. Ihre Gewinne steigern sich in kurzer Zeit dramatisch. Sie und Ihr Unternehmen sind bekannt, möglicherweise vielleicht die Nummer eins. Die Mitarbeiter sind stolz, in diesem Unternehmen arbeiten zu dürfen. Doch genau hier fangen die Probleme an. Sie werden vom Erfolg ›eingelullt‹, Sie werden schläfrig, Sie werden bequem. Sie sind erfolgreich, Sie sind die Nummer eins – was kann Ihnen da eigentlich passieren? Die Mitbewerber sind doch viel zu ›beschränkt‹, um Ihnen wirklich gefährlich werden zu können. Und ehe Sie sich versehen, wurden Sie aufgrund Ihres Erfolges zu einem trägen, bequemen, unflexiblen ›Elefanten‹. Und dann kommt vielleicht ein ›Spinner‹, der Sie entweder in einer ›Nische‹ oder mit einer völlig abwegigen Idee angreift. Doch auch dies ist für Sie noch kein Grund, aus Ihrer Lethargie aufzuschrecken, denn es handelt sich dabei ja wirklich nur um einen ›Zwerg‹, der bei weitem nicht Ihre Klasse besitzt. Doch aus ›Zwergen‹ können Giganten werden – wie die Beispiele Microsoft (Bill Gates), Apple (Steve Jobs) usw. beweisen. Und wenn Sie nun glauben, dies würde nur die Großkonzerne, die wirklichen ›Elefanten‹ wie IBM, General Motors usw. betreffen, dann irren Sie sich. Sie besitzen ein erfolgreiches Einzelhandelsgeschäft? Vielleicht eröffnet morgen in derselben Stadt, in derselben Straße ein Mitbewerber mit einer besseren Idee, mit günstigeren Preisen ein Konkurrenzunternehmen. Sie besitzen eine Sport- und Freizeitanlage, die in Ihrem Einzugsgebiet führend ist und mit der Sie ordentliche Gewinne erzielen? Vielleicht eröffnet morgen auf dem 5000 Quadratmeter Grundstück gegenüber ein ›Verrückter‹ einen Betrieb, der Ihnen in allen Bereichen Schwierigkeiten bereitet.

Es gibt heute keinerlei Sicherheit mehr für dauerhaften Erfolg. Erfolg ist flüchtig, und die Geschwindigkeit nimmt immer mehr zu. Sie können in einem Jahr mit Ihrem Produkt Marktführer sein – und im Jahr darauf finden Sie sich nicht mehr unter den Top ten. In einem Jahr sind die Leute wie verrückt auf Ihr Angebot – im Jahr darauf laufen sie zum neuen Mitbewerber über. Deshalb gibt es kein Zurücklehnen, gibt es keine Bequemlichkeiten mehr. Sie sind gezwungen, permanent und immer wieder die Herausforderung des Marktes anzunehmen – oder unterzugehen. Vielleicht mag Sie diese Vorstellung erschrecken, vielleicht löst sie aber auch neue Motivation bei Ihnen aus. Wie dem auch sei, es spielt keine Rolle, denn Tatsache ist, daß die Welt weiter an Geschwindigkeit, an Unberechenbarkeit zunehmen wird – ob Sie das nun wollen oder nicht!

> **»Man muß bei Science-fiction-Romanen die besten Maschinen von der Leistung her verdreifachen. Das größte Problem der Romanschreiber ist, daß die Wirklichkeit (Entwicklung) die Romaninhalte ständig überholt.«**
> *Jules Vernes*

Leitthesen zu Kapitel 3

① Kaizen ist die Grundvoraussetzung für Erfolg. Für Spitzenerfolg benötigen Sie jedoch Quantensprünge!

② Alles, was heute existiert, war zuerst einmal nur eine Idee!

③ Nicht die Großen fressen die Kleinen, sondern die Schnellen die Langsamen!

④ Die Erfolgsstrategie: Eine Vision haben, sie umzusetzen, sie zu vermarkten, um dann den Kaizen-Prozeß einzuleiten, die Big-Point-Strategie umzusetzen – und wieder von vorne zu beginnen!

⑤ Erfolg macht oft träge und langsam. Achten Sie auf die ›Zwerge‹.

4. Kapitel
Die Diät-Strategie

> »Arbeit läßt sich wie Gummi dehnen, um die Zeit
> auszufüllen, die für sie zur Verfügung steht.«
> *Cyril N. Parkinson*

1957 hat der britische Historiker Prof. Cyril Northcote Parkinson sein Gesetz erstmals veröffentlicht. Parkinson nahm die Auswüchse in Bürokratie und Verwaltung spitzbübisch auf die Schippe. Doch noch heute – 40 Jahre nach Veröffentlichung – versündigt sich nicht nur der Beamtenapparat dagegen, sondern auch die meisten Privatunternehmen. Mit einer gehörigen Portion Ironie veröffentlichte Parkinson zahlreiche Beispiele und Statistiken, die sein Gesetz belegten. So nahmen bei der britischen Marine von 1914 bis 1928 die Großkampfschiffe im Dienst von 62 auf 20 ab (– 67,74 %), die Seeoffiziere und Matrosen der Royal Navy von 146 000 auf 100 000 (– 31,5 %). Gleichzeitig erhöhten sich jedoch die Beamten in der Admiralität von 2000 auf 3569 (+ 78,45 %) – der Beweis für Parkinson, daß das Wachsen der Beamtenanzahl im proportional umgekehrten Verhältnis zur tatsächlich anfallenden Arbeit auftritt. Legendär sind auch seine Ausführungen zum Thema Direktoren und Kabinette. Hier beschrieb er die Tendenz, daß jeder Ausschuß die Tendenz habe zu wachsen. Dies unterstützte er mit einer Statistik des britischen Kabinetts, bei dem von 1740 bis zum Jahr 1945 die Anzahl von fünf auf zwanzig Kabinettsmitglieder gewachsen ist (das gleiche gilt übrigens auch für Deutschland). Seiner Aussage zufolge gibt es dafür allerdings keinen logisch nachvollziehbaren Grund, ausgenommen der, daß bestimmte Gruppierungen und bestimmte ›Lobbys‹ eben in solchen Ausschüssen und Kabinetten berücksichtigt werden müssen. Seiner These zufolge ist eine effektive Besprechung mit maximal acht Personen zu führen, da eine höhere Zahl automatisch zur Verhandlungsunfähigkeit führt (was sicherlich jeder, der in Sitzungen mit größerer Teilnehmerzahl schon einmal anwesend war, bestätigen kann).

Jedenfalls ist das Parkinsonsche Gesetz nach wie vor ein Klassiker im Wirtschaftsleben. Es sei jedem zum Lesen empfohlen, der nicht nur einmal ein paar schmunzelnde Augenblicke verbringen, sondern darüber hinaus vielleicht auch die eine oder andere Erkenntnis über sein Unternehmen gewinnen möchte...

Viele tausend Menschen haben Parkinsons Gesetz gelesen – verstanden und umgesetzt haben es die wenigsten! Wie anders wäre es zu erklären, daß nicht nur im Beamtenreich, sondern auch und gerade in Unternehmen immer noch ein aufgeblähter Verwaltungsapparat die Kosten in die Höhe treibt? Wie anders wäre es zu erklären, daß in vielen Unternehmen auf einen Mitarbeiter, der produktiv in der Werkshalle tätig ist, 1,2 Mitarbeiter im Verwaltungsbereich beschäftigt sind? Wie anders wäre zu erklären, daß in vielen Betrieben über 50 Prozent der Personalkosten nicht bei den produzierenden Arbeitern, sondern bei den verwaltenden Angestellten anfallen? Doch in diesem Kapitel geht es nicht nur um ein einzelnes Detail wie ein Zuviel an Mitarbeitern oder einen aufgeblähten Verwaltungsapparat, es geht darum, dem gesamten Betrieb eine ›Diät‹ zu verordnen. Denn ein langjährig erfolgreiches Unternehmen trägt immer etliche Kilo zuviel mit sich herum, wird auf diese Weise unbeweglich, unflexibel, gerät leicht ›aus der Puste‹. Im Klartext: Es ist nicht mehr fit für den Wettkampf! Deshalb möchte ich Ihnen einige Möglichkeiten aufzeigen, die Ihnen teilweise vielleicht bekannt sind, die aber dennoch in diesem Kapitel aufgrund der Wichtigkeit nochmals erläutert und zusammengefaßt werden.

4.1. Zerschlagen Sie Ihr Unternehmen!

Zunächst einmal nehmen Sie sich alle Abteilungen Ihres Unternehmens vor, und überprüfen Sie, welche Sie auslagern können (wird im nächsten Abschnitt genauestens erläutert), welche Sie gänzlich stornieren können (Sie werden überrascht sein, was alles überflüssig ist) und welche Abteilungen Sie weiterhin dringend benötigen und selbst betreiben müssen.

Nehmen Sie alle Mitarbeiter auf den Prüfstand. Dies ergibt sich automatisch, wenn Sie alle im Kapitel 4.1. erläuterten Bereiche durchforsten und Möglichkeiten der ›Diät‹ in Erwägung ziehen. Gehen Sie davon aus, daß Sie – gerade im Verwaltungsbereich – 50 Prozent zuviel Mitarbeiter ›an Bord‹ haben. Ziel der ganzen ›Diät‹ ist es also, innerhalb der nächsten zwei Jahre 50 Prozent der Mitarbeiter im Verwaltungsbereich einzusparen. *Doch Achtung:* Die ganze ›Diät‹ kann nur funktionieren, wenn sich der Körper (also die Mitarbeiter) auch daran beteiligt. Vielleicht haben Sie schon einmal selbst eine Diät durchgeführt und festgestellt, daß Ihr ›Kopf‹, also Ihr Wille, fest entschlossen ist, abzunehmen und schlanker zu werden. Doch Ihr Körper macht Ihnen immer wieder einen Strich durch die Rechnung. Es überfällt Sie der Heißhunger – und Sie können sich mit Ihrem Willen nicht dagegen wehren. Sie naschen Süßigkeiten oder ›schlagen‹ sich nach Herzenslust wieder einmal so richtig ›voll‹. Genauso ist es bei einer ›Diät‹ im Unternehmen. Sie als ›Kopf‹ können zwar einen noch so großen Willen haben – ohne die Mitarbeiter läuft nichts! Dies mag vielleicht auch eines der Geheimnisse der Japaner sein, bei denen die Mitarbeiter an der Weiterentwicklung ihres Unternehmens größtes Interesse besitzen.

> **Die Nettoersparnisse umgesetzter Verbesserungsvorschläge der Mitarbeiter in japanischen Betrieben gegenüber den deutschen Betrieben liegen ca. dreißigmal höher.**

Doch andererseits ist dies auch wieder nicht ganz so verwunderlich: Bisher haben es die japanischen Unternehmen tunlichst vermieden, die Erfolge ihrer Rationalisierungsmaßnahmen auf Kosten der Mitarbeiter auszutragen. Fast kein Mitarbeiter wurde in den Unternehmen freigesetzt, läßt man die natürliche Fluktuation davon einmal unberücksichtigt. Nein, die Japaner haben die freigesetzten Mitarbeiter in Bereichen eingesetzt, durch die eine starke Expansion möglich wurde. Natürlich ist diese Strategie nur dann erfolgreich, wenn eine ständige Expansion vollzogen wird. Doch wer sagt eigentlich, daß Unternehmen heutzutage nicht mehr expandieren können? In den siebziger Jahren veröffentlichte der Club of Rome seine These vom ›Ende des Wachstums‹. In den achtziger Jahren folgte eine Phase des längsten und stärksten wirtschaftlichen Aufschwungs in Deutschland! Vielleicht könnte es ja eine Überlegung wert sein, seine Gedanken nicht ausschließlich im Bereich ›Kosteneinsparen‹ zu investieren, sondern zumindest zu 50 Prozent in Expansionspläne.

Vielleicht können Sie Ihren Mitarbeitern das Ganze in Form eines menschlichen Herzens verdeutlichen: Die eine Hälfte des Herzens ist dafür zuständig, Kosten einzusparen, während die andere Seite des Herzens pumpt und für die Expansion zuständig ist. Unternehmen, die diese beiden natürlichen Bereiche der freien Marktwirtschaft in die Praxis umsetzen, können überdurchschnittliche Erfolge erzielen. Unternehmen, die lediglich die eine Hälfte dieses Herzens

berücksichtigen, beispielsweise nur die Kostenseite, mögen
vielleicht kurzfristige Erfolge erzielen – langfristig unterlie-
gen sie jedoch ihren Mitbewerbern, die es verstehen, das
ganze Herz zu nutzen.

Und ist es nicht auch für die Mitarbeiter ein wundervolles
Gefühl, ›unersetzlich‹ zu sein? Kann nicht ein Mitarbeiter
befreit, kreativ und völlig ohne Sorgen seine Verbesserungs-
vorschläge einbringen, wenn er die Sicherheit besitzt, seinen eigenen Arbeitsplatz oder den seines Kollegen nicht zu
vernichten? Nein, Unternehmenserfolg darf nicht auf
Kosten der Mitarbeiter gehen, sondern nur *mit* Hilfe der
Mitarbeiter und zu deren Nutzen. Was für Sinn hat denn ein
Unternehmen, wenn es zwar kurzfristige Gewinne auf dem
Papier erwirtschaftet – aber möglicherweise Hunderte oder
Tausende von Mitarbeitern in einem Zustand der Anspan-
nung, der Angst und Sorgen leben? Hat denn ein Unternehmen nicht auch einen ›Sinn‹ – und nicht nur den Zweck,
Gewinne zu erwirtschaften? Es mag an dieser Stelle schon
einmal die Frage erlaubt sein, ob nicht vielleicht sogar der
Sinn eines Unternehmens für den Gewinn (bitte beachten
Sie den ähnlichen Klang) ausschlaggebend ist und der
materielle Erfolg sich bei einem hohen Unternehmenssinn
automatisch mit einstellt. Beispiele dafür gibt es Tausende,
nicht nur in Japan, sondern weltweit.

> **Gewinn kommt von Sinn (des Unternehmens!).**

Setzen Sie alles auf den Prüfstand, und überlegen Sie, was Sie
gänzlich stornieren, was Sie auslagern und was Sie verringern
könnten. Alles, was verringert wird, trägt zu einem geringeren Aufwand bei. Ich habe bei einem Seminar einen leitenden
Mitarbeiter eines modernen Unternehmens kennengelernt,
die eine Art ›Knabbergebäck‹ in Deutschland herstellen, jedoch hauptsächlich nach Italien liefern. Dieses Unternehmen

erwirtschaftet ca. 100 Millionen Jahresumsatz – wobei das gesamte Unternehmen in der Produktion mit lediglich *sechs Mitarbeitern* auskommt! Dies nenne ich ein ›schlankes‹ Unternehmen. Es erübrigt sich wohl, darauf hinzuweisen, daß das Unternehmen eine enorme Rentabilität besitzt.

Es darf dabei keine Sache ›ausgeklammert‹ werden. Alles muß auf den Prüfstand, jeder einzelne Sachbereich muß geprüft werden. Natürlich ist dabei Kreativität gefragt. Als Einzelsache für sich betrachtet ist alles wichtig, hat alles seinen Zweck im Unternehmen – insgesamt jedoch sorgen diese vielen ›notwendigen‹ Dinge dafür, daß ein Unternehmen Übergewicht besitzt und schließlich keinen Gewinn mehr erwirtschaftet. Ein Musterbeispiel ist die Aldi-Kette. Dieses Unternehmen, innerhalb von zwei Jahrzehnten zum absoluten Marktführer aufgestiegen, ist ein Paradebeispiel für ›Schlankheit‹. Wußten Sie, daß in den Aldi-Filialen so gut wie keine Lageräume und Büroräumlichkeiten existieren?

Jede Tätigkeit muß ebenfalls auf den Prüfstand. Kennen Sie das Zitat von Seneca, der vor 2000 Jahren sagte:

> **»Jeder Mensch lädt sich künstlich zuviel auf!«**

Dieses Zitat (bitte beachten Sie, daß es vor 2000 Jahren ausgesprochen wurde!) deckt sich auch mit Parkinsons Gesetz und mit meinen eigenen Erfahrungen. Wenn es aber stimmt, daß sich Menschen künstlich zuviel aufladen, dann ergeben sich zwei Erkenntnisse:

> ① Es muß jede Menge Tätigkeiten geben, die ›künstlich‹, also überflüssig sind!
>
> ② Wenn entsprechend viele ›künstliche‹, also überflüssige, Tätigkeiten existieren und durchgeführt werden, werden dafür entsprechend viele Mitarbeiter benötigt, durch die der Verwaltungs- und Kostenapparat aufgebläht wird.

Vor einigen Jahren stellte ich eine Sekretärin aus der Schweinfurter Großindustrie bei mir ein. Sie war hervorragend ausgebildet und geschult und erledigte ihre Aufgaben im Prinzip sehr gut. Doch insgesamt war sie permanent überlastet, und eigentlich reichte die ihr zur Verfügung stehende Arbeitszeit nie aus. Als ich mit ihr zusammen einmal ihren ganzen Tätigkeitsbereich durchging, stellten wir fest, daß sehr viel ›künstliche‹ Tätigkeiten dabei (und überflüssig) waren. So führte sie beispielsweise zwei genaue Bücher im Bereich Post, ein Posteingangs- und Postausgangsbuch. Dort wurde fein säuberlich jeder Brief in Kurzform eingetragen, der bei uns eintraf, und jedes Schreiben, jeder Brief, der abgeschickt wurde. Eine hervorragende Sache. Ein hervorragendes Instrument, das einem die Sicherheit ›vorgaukelt‹, im Fall der Fälle sei jederzeit beweisbar, wann eine Unterlage bei uns abgeschickt wurde oder eintraf. Dies war die Theorie, doch wie sah die ganze Sache in der Praxis aus? Als ein Kunde bei uns anrief und sich bitterlich darüber beschwerte, daß die ihm zugesagte Unterlage nicht bei ihm eingetroffen sei, gingen wir unser Postausgangsbuch durch – und waren dann sehr erfreut, als wir ihm ›beweisen‹ konnten, daß laut unserem Postausgangsbuch die Sache bereits vor einer Woche verschickt worden war. Entweder hatte also die Post die Sache verschlampt oder sie befand sich bereits irgendwo bei ihm im Betrieb. Das Ergebnis dieses ›Beweises‹ war: Der Kunde war höchst verärgert. Es interessierte ihn einen ›feuchten Kehricht‹, warum die Sache nicht bei ihm eingetroffen war, und drohte damit, die Zusammenarbeit zu beenden. Ein Einzelfall? So oder ähnlich erging es uns des öfteren. Die Postbücher hatten also einen *Zweck* – aber einen *Sinn* erfüllten sie letztendlich nicht. Diese Tätigkeit wurde einfach komplett storniert – und in den letzten Jahren haben wir es kein einziges Mal bereut, diese ›künstliche‹ Tätigkeit aufgelöst zu haben.

Ein weiteres Beispiel aus dem Alltag vieler Unternehmen:

Es gibt eine Person (teilweise mehrere Personen, aber dazu noch mehr im nächsten Abschnitt dieses Kapitels), die für den Einkauf und die Ausgabe des Büromaterials zuständig ist. Hier wird nun ein eigenes Lager angelegt, es wird regelmäßig bestellt, es werden Büromaterial-Bestandslisten geführt, Büromaterial wird mit schriftlichem Beleg ausgegeben, die Belege werden abgelegt, es muß ein Bericht an den Vorgesetzten erstellt werden usw. Sie lachen? Leider immer noch Alltag in 80 bis 90 Prozent aller Unternehmen. Dabei wäre auch diese Tätigkeit so einfach zu ›zerschlagen‹: Man legt einmal einen Jahresetat für Büromaterial fest, es wird bestimmt, welche Personen welchen Etat für Büromaterial benötigen. Dann erhält jeder Mitarbeiter einmal jährlich einen bestimmten Betrag für Büromittel – und kauft seine benötigten Materialien selbst ein. Die Kleinabteilung ›Büromittelverwaltung‹ wird daraufhin komplett aufgelöst. Die Vorteile: Kostenersparnis durch die Rationalisierung, weniger ›Schwund‹, jeder Mitarbeiter achtet besser auf seine Mittel usw. Insgesamt eine deutliche Ersparnis für das Unternehmen – und die Mitarbeiter fühlen sich besser, weil sie Verantwortung haben und man ihnen vertraut.

Dies mögen für Sie banale Beispiele sein, aber oftmals sind es diese banalen Dinge, die sich in der Summe zu gigantischen Kosten aufblähen – und letztendlich dafür sorgen, daß ein Unternehmen ein Minus erwirtschaftet.

Der nächste Punkt ist jede Art von Organisation in Ihrem Unternehmen. Ein Unternehmen gliedert sich in der Regel in verschiedene Zyklen: Da ist zunächst einmal die Gründungsphase und die des stürmischen Wachstums. In dieser Phase bleibt meist gar keine Zeit für Organisation und Planung – es gibt dringendere Aufgaben zu bewältigen. Dies ist oft eine Phase, in der zwar vieles chaotisch abläuft – *aber meist auch eine Phase mit den höchsten Gewinnen.* Dieser Phase schließt sich dann die zweite Phase der Konsolidierung an. Es wird immer noch ein Wachstum erzielt, allerdings bereits in geregelteren Bahnen. Es beginnt nun Ordnung und Ruhe infolge der gesteigerten Organisation einzukehren. Es wird gegliedert, es wird organisiert, und es wird geplant – die Umsatzrendite (gemessen in Prozent vom Gesamtumsatz) sinkt! In der dritten Phase eines Unternehmens kommt dann das Wachstum langsam zum Stillstand. Alles läuft perfekt, alles ist wohlorganisiert, alles klappt ›wie am Schnürchen‹ – doch das Unternehmen erwirtschaftet rote Zahlen! Meist geht dies dann eine Weile so weiter, bis die Geschäftsführung entsprechend reagiert, drastische Maßnahmen ergreift oder notfalls die Führungsspitze eben gewechselt wird. Dann beginnt ein neuer Zyklus, der mit Zerschlagen, Durcheinanderbringen, mit ›Chaos‹ verbunden ist – also befindet sich das Unternehmen wieder in Phase 1.

Wenn Sie einmal Unternehmen genauer analysieren, die seit Jahrzehnten auf dem Markt sind, werden Sie genau diesen Rhythmus feststellen. Natürlich gibt es auch einige Unternehmen, denen es nicht gelingt, aus der Phase 3 auszubrechen – diese gehen dann in Konkurs. Auch gibt es einige Unternehmen, die bereits immer frühzeitig in der Phase 2 die ersten Anzeichen erkennen und wieder zur Phase 1 übergehen – dies sind dann die erfolgreichsten Unternehmen ihrer Branche. Aber 80 Prozent der Unternehmen verhalten sich so wie eben beschrieben.

Hüten Sie sich also vor einem bestens organisierten Ablauf in Ihrem Unternehmen.

> **Alles, was ›problemlos‹ läuft –
> sollten Sie durcheinanderbringen!**

Aber es ist ja ein so herrliches Gefühl, alles ›unter Kontrolle‹ zu haben. Es ist ja so wunderschön, sich in der vermeintlichen Sicherheit zu wiegen, daß das Unternehmen bestens läuft und aufgrund der eingeführten Betriebsorganisation auch weiterhin so laufen wird – ›Pustekuchen‹! Je mehr Mitarbeiter in Verwaltung, Organisation, Controlling usw. arbeiten, desto mehr Hierarchien und Zentralisierung gibt es. Je mehr Hierarchien und Zentralisierung es gibt, desto langsamer, unflexibler und unkreativer wird jedoch das gesamte Unternehmen (vergleiche hierzu auch Kapitel 4.4. ›Dezentralisieren Sie!‹) und desto mehr Kosten werden produziert.

Hierzu möchte ich nochmals ein Beispiel aus dem Bereich ›Betriebsorganisation‹ geben: Eine meiner besten Mitarbeiterinnen, Heike Frank, arbeitete zuvor bei der AOK. Die Ausgabe von Büromaterial erfolgte immer über eine bestimmte Stelle, eine Mitarbeiterin hatte das Büromaterial zur Verantwortung. Nun wurde sie von ihrem Vorgesetzten ›unter Druck‹ gesetzt, da die Ausgaben hierfür angeblich zu hoch lagen – vielleicht war es auch nur eine subjektive Empfindung, daß zuviel Büromaterial verschwendet wurde oder ›verschwunden‹ war. Wie dem auch sei, schließlich wurde eingeführt, daß das Büromaterial nur noch dann ausgegeben wurde, wenn ein schriftlicher Antrag gestellt und auf diesem begründet wurde, warum man was benötigt. Im Laufe der Zeit wurde aus dieser Tätigkeit, die zunächst einmal zwei Stunden pro Woche benötigt hatte, ein halber Tag, dann ein Tag, schließlich zwei Tage. Da aufgrund dieser zusätzlichen Belastung die Mitarbeiterin mit ihrer ›normalen‹ Tätigkeit nicht mehr klarkam, beantragte sie schließlich eine Hilfskraft – und diese wurde genehmigt!!!

Zerschlagen Sie also Ihre Organisation. Organisieren Sie laufend um. Seien Sie neugierig, und hinterfragen Sie alles im Betrieb:

- Warum wird dies so und so organisiert?
- Warum ist dies so, gibt es keine bessere Lösung?

- Wurde schon einmal darüber nachgedacht, eine bessere Lösung zu finden?
- Ist dies noch zeitgemäß?
- Weshalb tun wir dies so? (Übrigens hatte einmal jemand die Frage gestellt: »Warum werden denn alle Befehle an den Computer über die Tastatur eingegeben?« Seither gibt es die Maus.)
- Wie lange wird diese Tätigkeit schon ohne Veränderung gleich ausgeführt?

Sorgen Sie immer wieder für Unruhe, und erweisen Sie sich hier als wahrer ›Revolutionär‹. Ihre Mitarbeiter werden Sie dafür hassen – doch wenn einmal das System erkannt wird und die Erfolge sich einstellen, wird man Sie dafür lieben. Sorgen Sie für Neugierde in Ihrem Unternehmen. Auch hier müssen Sie wieder mit gutem Beispiel vorangehen. Stellen Sie ›neugierige‹ Mitarbeiter ein. Stellen Sie keine Langweiler ein, die das weiter verwalten, was schon seit Jahren oder Jahrzehnten ›problemlos‹ gelaufen ist. Stellen Sie die unbequemen, nervigen, selbständigen Mitarbeiter ein.

> **Unternehmen benötigen als Mitarbeiter auch Pioniere – und nicht nur Siedler!**

Langweilige Menschen sind langweilige Mitarbeiter und haben langweilige Ideen. Stellen Sie ›kindliche‹ Mitarbeiter ein, die viele Fragen stellen. Ein sechsjähriges Kind ist noch neugierig und hungrig nach Informationen. Dann wird ihm im Laufe der nächsten Jahre die Neugierde ausgetrieben, und dies setzt sich natürlich auch später im Unternehmen fort. »Warum ist das so, warum wird das so gemacht?« Antwort: »Das haben wir schon immer so gemacht. Das läuft super. Warum sollen wir etwas ändern?«

> **In den Großbetrieben neigt man dazu, die fleißigsten Mitarbeiter zu belohnen und die kreativen zu bestrafen.**

Lieben Sie Ihre kreativen, unbequemen und nervtötenden Mitarbeiter – denn diese sind dafür verantwortlich, daß Ihr Unternehmen auch in zehn Jahren noch existiert – und hoffentlich mit guter Ertragskraft! Prüfen Sie auch die Hierarchieebenen. Doch dazu im Kapitel 4.4. mehr.

Planungen sind *out*! Kaum ist die Planwirtschaft im Osten gescheitert, fangen die Betriebe im Westen verstärkt an, alles vorausplanen zu wollen. Doch Planungen sind nun einmal nicht das ›Nonplusultra‹ der Marktwirtschaft. Dafür ist der Markt zu chaotisch, der Wettbewerb zu massiv, die Geschwindigkeit zu schnell. Alles verändert sich – dies war zwar schon immer so, doch in den letzten zwanzig Jahren hat sich mehr verändert, als in der gesamten Menschheitsgeschichte davor. Im 18. Jahrhundert verdoppelte sich das Wissen der Menschheit alle fünfzig bis achtzig Jahre – heute ca. alle zwei Jahre. Aufgrund der immer mehr zunehmenden weltweiten Vernetzung und Kommunikation rücken die Menschen immer enger zusammen, sind Vorsprünge von immer kürzer werdender Dauer. Und dies unter der Prämisse, daß sich die gesamte Datenverarbeitung zur Zeit noch in den Windeln, vielleicht *noch nicht einmal* in den Windeln befindet. Warten wir die nächsten Jahre ab, denn die richtige Evolution der EDV hat erst begonnen!

Doch diese Geschwindigkeit hat natürlich auch Auswirkungen auf die Führung von Unternehmen. Langfristige Planungen, Fünf- oder Zehnjahrespläne (erinnert Sie das nicht wunderschön an die Zehnjahrespläne des Ostblocks?) funktionieren einfach nicht mehr. IBM hatte Hunderte von Mitarbeitern weltweit, die nichts anderes zur Aufgabe hatten, als zu planen, zu ›controllen‹ und die erfolgreiche Zu-

kunft des Konzerns festzulegen – Ergebnis war ein Ein-
bruch beim Betriebsergebnis von acht Milliarden innerhalb
eines Jahres.

> **Langfristige Planungen sind out bzw.
> verhindern sogar den Mehrerfolg!**

Natürlich geht es nicht gänzlich ohne Zahlen. Natürlich
müssen Etats erstellt werden (schon um die lieben Banken
zu beruhigen). Doch verlassen sollten Sie sich auf diese Zahlen nicht. Wobei ich die Etatplanungen noch nicht einmal
deshalb für gefährlich erachte, weil ein Unternehmen vielleicht eine kleine Gewinnsteigerung einplant und dann ein
Minus erzielt. Nein, mir geht es darum, daß sie einen drei-
bis fünfprozentigen Ertragszuwachs einplanen, dies natürlich in den Köpfen der Führungsspitze und bei allen Mitarbeitern verankert ist – und dadurch ein vielleicht möglicher
20prozentiger *Quantensprung verhindert wird*. Denn wenn
Sie sich einmal auf eine fünfprozentige Steigerung festgelegt haben, dann ist dies so tief verankert, daß viele Möglichkeiten für einen ›Quantensprung‹ übersehen werden.
(Warum auch: Aus Sicht der Mitarbeiter wurde doch das
vorgegebene Ziel erreicht.)
Sie merken vielleicht, daß ich nicht gerade ein Freund der
klassischen Betriebswirtschaftslehre bin. Doch damit stehe
ich nicht alleine, wenn ich mir beispielsweise Anita Roddick,
die Gründerin der Body Shops, ansehe. In ihrem Buch *Body
and Soul* schreibt sie:»Ein großer Vorteil, als ich mit The
Body Shop anfing, war, daß ich nie Betriebswirtschaft studiert habe.« Vom Einzelhandel hat sie nichts gelernt, be-
hauptet sie. Das sei eine Branche mit müden, langweiligen
Führungskräften, die mit langweiligen, abgeschlafften
Systemen arbeiten. Es seien oft riesige Konzerne, die vor
lauter Langeweile sterben, die aus der Trägheit der Größe

resultiert. An dieser Stelle werden sicherlich viele Leser das Buch beiseite legen und sich endgültig an die Stirn tippen. (Ich wage mal einen Tip: 80 Prozent haben Betriebswirtschaft studiert.) Doch mir geht es nicht darum, die Betriebswirtschaft vollkommen abzulehnen, sondern es geht mir darum, zu verdeutlichen, warum die Betriebswirtschaft nicht die *alleinige* Regierung in einem Unternehmen besitzen darf.

Es geht mir darum, daß die Betriebswirtschaftslehre durchaus ihre Berechtigung hat, nämlich als die eine Seite des Unternehmerherzens. Die andere Hälfte des Herzens aber, die Kreativität, die Innovation, die Leidenschaft und die Liebe zur Veränderung, ist genauso wichtig. Ideal verwirklicht wurde dies bei McDonald's. So gab es zum einen den charismatischen Gründer, Ray Kroc, und auf der anderen Seite den Zahlenkünstler Harry Sonneborn. Dank Sonneborns finanztechnischer Strategie wurde McDonald's der weltgrößte Immobilienbesitzer, durch ihn kam das große Geld. Doch auf der anderen Seite sorgte seine sture, betriebswirtschaftlich ausgerichtete Denkweise dafür, daß sich McDonald's in eine Sackgasse verirrte. Sonneborn hatte nämlich eine strikte Investitionsgrenze vorgegeben, die beim Kauf von Grundstücken auf keinen Fall überstiegen werden durfte. Da sich jedoch der Kampf um gewerbliche Grundstücke in den Stadtrandgebieten der USA immer härter gestaltete, sorgte diese unflexible Anweisung Sonneborns dafür, daß immer mehr McDonald's-Filialen an zweitklassigen Standorten eröffnet wurden. Wäre diese Strategie nicht aufgegeben worden, wäre McDonald's vielleicht heute nicht so erfolgreich. Machen wir uns deshalb nichts vor: Es wird immer einen Kampf zwischen den beiden Seiten geben. Doch momentan erscheint mir gerade in Deutschland das Pendel zu stark auf die Seite der Betriebswirtschaft auszuschlagen – und dies kann sich auf die Dauer nur negativ auswirken.

Warum ist denn Deutschland in vielen Zukunftsbranchen weit abgeschlagen? Man denke nur einmal an die gesamte Computerindustrie, an die Gentechnologie, die Unterhaltungselektronik, an die Kulturindustrie (Kinofilme). Gerade das Beispiel IBM mit seinem massiven Ertragseinbruch erschütterte mich seinerzeit gewaltig und veranlaßte mich, mir viele Gedanken über die gesamte Problematik Organisation und Planung zu machen. Damals war ich ebenfalls noch ein Anhänger genauester Statistiken und verfolgte das Ziel, über möglichst viele ermittelten Zahlenwerte ein Unternehmen zu leiten. Dies entpuppte sich jedoch als Wunschtraum. Denn wie bereits im letzten Abschnitt erwähnt, ist es so, daß ein Unternehmen, je besser es organisiert ist, oft um so schlechtere Erträge erwirtschaftet (keine Regel ohne Ausnahme). Und was sind denn schon statistische Werte? Hierzu möchte ich Hans Pestalozzi zitieren, der den Schweizer Mischkonzern Migros mit aufbaute:

Was ist der statistische Durchschnitt?

Ein Jäger schießt einmal links vorbei, einmal rechts vorbei – im Durchschnitt hat er jedoch getroffen . . .

Oder: Sie haben vor sich zwei Eimer mit Wasser. Die Temperatur des Wassers im einen Eimer beträgt 80 Grad, im anderen Eimer gerade einmal knapp über null Grad. Sie tauchen nun jeden Ihrer Füße in einen der Eimer. Im Durchschnitt haben Sie eine optimale Temperatur von 40 Grad . . .

Sie haben wahrscheinlich schon bemerkt: Ich mißtraue mittlerweile Zahlen ganz gewaltig. Zahlen, Statistiken, Berichte usw. werden von den Mitarbeitern so erstellt, daß sie den Chef zufriedenstellen. Außerdem kann jede Statistik so interpretiert werden, daß sie schließlich eine gewünschte

Aussage unterstützt. In Japan wurde einmal eine Statistik veröffentlicht, derzufolge die Füße von Schülern um so größer sind, je höher der Intelligenzquotient ist. Diese statistische Aussage wurde von den Medien als riesige Schlagzeile landesweit verbreitet. Schließlich hinterfragte man diese statistische Angabe genauer und fand heraus, daß als Grundlage dieser Untersuchung verschiedene Jahrgänge der Schulklassen untersucht wurden. Logischerweise stimmt dann wieder der statistische Wert: Je höher der IQ, desto älter die Schüler, desto größer die Füße ...

> **Es gibt drei Arten von Lügen:**
> ① **Lügen!**
> ② **Schamlose Lügen!**
> ③ **Statistiken!**
> *Mark Twain*

Planungen gibt es verschiedene. Picken wir uns einmal zum Beispiel die Marktforschung heraus. Die Marktforschung soll dazu dienen, Zukunftstrends und -tendenzen herauszufinden und zu berücksichtigen. Ja, das wäre was, herausfinden, was in der Zukunft aktuell ist. In die Zukunft sehen – doch leider funktioniert das in der Realität nicht.

Eines der besten Beispiele lieferte die amerikanische Firma Rank Xerox (Sie wissen schon, der Kopiererfinder und nach wie vor die heutige Nummer eins in diesem Sektor). Bei Einführung des Normalpapierfaxes wurde eine großangelegte Marktforschung betrieben. Das Ergebnis der umfangreichen (und kostspieligen) Studie ergab: Niemand würde das Dreifache für ein Normalpapierfax bezahlen. Xerox ignorierte dieses Marktforschungsergebnis und glaubte an die Weiterentwicklung und brachte den Normalpapierfax auf den Markt – der Rest ist Geschichte ...

Was sollen all die Marktforschungen und die Blicke in die

Zukunft? Natürlich muß man den Markt im Auge behalten, natürlich muß man sich Gedanken um die Zukunft machen – doch den wahren, wirklichen Erfolg erreicht nur der, der eine Zukunft ›erfindet‹, der die Zukunft seinem Produkt vorwegnimmt. Wer hätte dem Hula-Hoop-Reifen seinerzeit eine Chance gegeben? Die ganze Welt aber schleuderte mehr oder weniger gut den Reifen um die Hüften. Wer hätte gedacht, daß die Frisbee-Scheibe einmal aller Welt bekannt sein würde? Als der Twingo bei Renault entwickelt wurde, kam bei einer Marktanalyse heraus, daß 90 Prozent der Franzosen das Auto häßlich fanden und nur 10 Prozent gut. Renault ignorierte ebenfalls diese Marktforschungsergebnisse, baute den Twingo – und 1993 war er das am zweitbesten verkaufte Auto Frankreichs.

Bisherige Wege, das Verbraucherverhalten zu analysieren, sind höchst gefährlich geworden. Man weiß z. B., daß bei Umfragen der Befragte so reagiert, wie er meint, daß es von ihm verlangt werde. Kaufen würde er das Produkt sowieso nicht. Das hat beispielsweise dazu geführt, daß Mitarbeiter der japanischen Firma Toyota eineinhalb Jahre in amerikanischen Haushalten mitgelebt haben, bevor die erfolgreiche eigenständige Automarke Lexus in den USA vorgestellt wurde. Es ging darum, die Frage aus der Praxis heraus zu beantworten: Was erwarten die Kunden von einem Auto?

Mißtrauen Sie allen Marktforschungsergebnissen und Voraussagen. Tausende von Mitarbeitern, unzählige Computer und viele Forschungsstationen, Satelliten usw. werden eingesetzt, um das Wetter vorauszusagen. Doch wenn am Freitag in meiner Gegend für den Sonntag schönes Wetter gemeldet ist, ich mich darauf einrichte und einen Ausflug plane – dann regnet es am Sonntagvormittag in 50 Prozent aller Fälle. Wenn wir aber schon nicht in der Lage sind, das Wetter für einige Tage vorauszusagen, wieso glauben wir dann, wir könnten drei, fünf oder sogar zehn Jahre unserer Unternehmenszukunft vorausplanen? Und einen mehrjährigen Plan für das Unternehmen aufzustellen bedeutet ja, auch zu wissen, wie sich die Menschen entwickeln und verändern, wie sich der Markt verändert, wie sich die Welt verändert, wie die Wirtschaftslage sein wird usw. – ein unmögliches Unterfangen (ausgenommen davon sind jedoch Visionen).

> **Management-Aufgabe Nummer eins: Finden Sie die nichtartikulierten Bedürfnisse Ihrer Kunden heraus, und finden Sie ein Produkt, das diese erfüllt.**

Sie wollen Kosten einsparen? Dann verringern Sie doch Ihre Marktforschungsabteilung, oder kürzen Sie den Etat für fremdvergebene Aufträge. Jan Carlzon, der legendäre Vorstandsvorsitzende, der die SAS (Scandinavian Airlines System) wieder in die Gewinnzone brachte, löste zu Beginn seiner Präsidentschaft eine vierzig Mitarbeiter umfassende Marktforschungsabteilung auf. Er hatte die Marktforschung auf alle Mitarbeiter ›an der Front‹ verlagert und benötigte deshalb keine Marktanalysen mehr. Und dies ist eines der Geheimnisse, um in diesem Bereich Kosten einzusparen. Natürlich müssen Sie Informationen einholen, natürlich benötigen Sie ein Feedback, natürlich müssen Sie genauestens nachfragen, was Ihr Kunde von Ihnen und von Ihrem Produkt wünscht – aber warum benötigen Sie dafür eine eigene Abteilung? (Mehr Informationen dazu im Kapitel 10, ›Die Software-Strategie‹, zum Thema ›Ihr Außendienst ist Ihr bester Secret Service‹).

Und wie steht es mit dem Controlling? Controlling ist ein prima Instrument. Sie erhalten Feedback und können daraufhin Ihre Entscheidungen treffen. Doch wieviel Feedback, wieviel Zahlen, wieviel Controlling benötigen Sie, um Ihre Entscheidungen treffen zu können? Je mehr statistische Zahlen, je mehr Berichte usw. erstellt werden, desto mehr sind die Mitarbeiter in einem Unternehmen gezwungen (vor allem die Führungskräfte), diese Papierflut in ihrem Büro zu bewältigen. Sie beschäftigen sich mit Zahlen, machen sich Gedanken, sie entwickeln Strategien – immer in ihrem Büro! Doch je mehr Papier in einem Unternehmen existiert, desto weniger besteht die Möglichkeit, daß sich die Manager bei den Mitarbeitern und bei den Kunden aufhalten. Und *genau dort* erhalten Sie die wahren Informationen über Ihr Unternehmen.

> **90 Prozent seiner Zeit sollte eine Führungskraft bei Kunden und Mitarbeitern verbringen!**

In der japanischen Managementmethode ›Kaizen‹ wird der Bereich, in dem Arbeit verrichtet wird, also etwa die Produktion oder die Bereiche, in denen Kundenkontakte entstehen, als ›Gemba‹ bezeichnet. Und eine der Regeln im Kaizen heißt: Vergiß alle Marktforschung, Marktanalysen, Statistiken, Trendvoraussagen – wer sich im Gemba befindet, braucht keine Zahlen!

Und die Japaner haben begriffen, daß Zahlen immer nur die linke Gehirnhälfte (also diejenige, die für die Zahlen, das logische Denken, die linearen Strategien zuständig ist) ansprechen. Die rechte Gehirnhälfte, die jedoch für Kreativität, Innovation, Weiterentwicklung zuständig ist, wird dadurch vernachlässigt. Nun, wie soll sich eine Führungskraft verhalten, die dreizehn Jahre zur Schule ging, vier Jahre Betriebswirtschaftslehre studierte, noch ein, zwei Jahre Auslandsaufenthalt anschloß – und dann plötzlich in einem Unternehmen arbeitet? Fast zwanzig Jahre Beschäftigung mit der linken Gehirnhälfte, mit Zahlen, Daten, Fakten – und nun plötzlich hat man es mit Menschen zu tun. Kein Wunder, daß sich da viele Manager in ihr Büro zurückziehen und genau das machen, was sie zwanzig Jahre trainiert haben – sich mit Zahlen zu beschäftigen. Doch nicht die

Beschäftigung mit Zahlen bringt den außergewöhnlichen Erfolg, sondern die Beschäftigung mit Menschen. Gehen Sie zu Gemba, und unterhalten Sie sich mit den Mitarbeitern, und Sie werden mehr Informationen an einem einzigen Tag als sonst in einem ganzen Jahr erhalten. Nehmen Sie sich die Zeit, und kontaktieren Sie Ihre Kunden. Bitten Sie um Informationen, um Verbesserungsvorschläge – und Sie erhalten mehr Zukunftstrends als durch jede teure Marktforschung.

> **Gehen Sie in ›Gemba‹ – und Sie erhalten mehr Informationen, als Sie durch jede Marktforschung erhalten würden!**

Aber zurück zum Controlling: Hinter dem ständigen Aus- und Aufbau der Controllingabteilung steckt natürlich eine gehörige Portion *Angst*. Manager wollen immer alles unter Kontrolle halten, alles beherrschen, alles vorausplanen. Doch in unserer heutigen chaotischen Zeit, in der sich die traditionellen Märkte und Zielgruppen immer mehr auflösen, ist eine vollständige Kontrolle unmöglich. Je mehr Sie sich jedoch mit Kontrolle beschäftigen, desto weniger Denken und Energie haben Sie für Kreativität, für die Weiterentwicklung zur Verfügung.

Wolfgang Momberger, Exvorstand bei der Steigenberger Hotelkette, erzählte einmal, daß es noch vor einigen Jahren üblich war, daß eine bestimmte Anzahl von Zimmermädchen von einer Hausdame beaufsichtigt und kontrolliert wurden. Die Hausdame kontrollierte dabei die soeben geputzten Zimmer, guckte hier, kontrollierte da, entdeckte natürlich immer auch einige Bereiche, die nicht optimal geputzt wurden, und legte selbst Hand an. Insgesamt also eine logische, durchaus nachvollziehbare Organisationsform. Je mehr Fehler von der Hausdame entdeckt wurden, desto mehr verstärkte sich in ihrem Unterbewußtsein die Vorstellung: »Zimmermädchen sind schlampig, die können einfach nicht unbeaufsichtigt ein Zimmer putzen, das gäbe eine Katastrophe ohne entsprechende Kontrolle.« Schließlich zwang der Kostendruck Steigenberger dazu, in allen Bereichen ›abzuspecken‹ und schlanker zu werden. Im Rahmen dieser ›Diätmaßnahmen‹ wurde auch der Bereich Zimmerreinigung neu strukturiert. Die Hausdamen wurden aufgelöst, es gab nun pro Hotel nur noch eine Hausdame, die stichprobenartig Kontrollen machte, ansonsten aber ihre Hauptaufgabe darin sah, die Zimmermädchen über ihre Tätigkeit und Verantwortung zu informieren und entsprechend auszubilden. Die Zimmermädchen erhielten dadurch zum einen mehr Information darüber, wie wichtig ihre Stellung im Unternehmen ist, und wuchsen natürlich durch diese Verantwortung in ihrer Persönlichkeit. Allerdings werden bei schlampiger Arbeit auch schneller Konsequenzen gezogen als vorher. Heute sind die Zimmer besser gereinigt als je zuvor – nur spart Steigenberger jede Menge Personalkosten ein.

Vor drei Jahren hielt ich beim DSSV-Arbeitgeberverband in Hamburg einen Vortrag. Der unmittelbare Redner vor mir hatte das Thema ›Controlling‹ gewählt und dieses Wort anscheinend wortwörtlich in seinem Unternehmen umgesetzt. So hatte er ebenfalls Probleme mit seinem Reinigungspersonal. Es existierte eine genaue Stellen- und Aufgabenbeschreibung, aus der hervorging, wann welche Dinge zu reinigen sind. Diese regelmäßigen und unregelmäßigen Aufgaben wurden in einem Reinigungsheft festgehalten, so daß sichergestellt war, daß auch wirklich die verschiedensten Bereiche ordnungsgemäß (was heißt eigentlich ordnungsgemäß?) gereinigt werden. Da ja bekanntermaßen Reinigungspersonal unzuverlässig ist (seiner Meinung nach), gab es einen sogenannten ›Kontrolleur‹. Die Reinigungskräfte mußten im Reinigungsheft die täglich durchgeführten Arbeiten eintragen. Der Kontrolleur überprüfte nun einmal täglich, ob diese Arbeiten auch tatsächlich ausgeführt waren, und mußte ebenfalls sein Namenszeichen einmal täglich in das Heft eintragen. Mittlerweile hatte sich jedoch bei meinem Vorredner die fiktive Idee entwickelt, der Kontrolleur und das Reinigungspersonal könnten ja beide unzuverlässig sein, und deshalb setzte er einen ›Oberkontrolleur‹ ein, der dann einmal die Woche nochmals stichprobenartige Kontrollen vornahm. Mich interessierte dieses Unternehmen ungemein, und unangemeldet und anonym habe ich es einmal persönlich in Augenschein genommen. Sie möchten wissen, wie sauber es war? Nun, es war auf den ersten Blick betrachtet durchschnittlich sauber, jedoch keinesfalls so, wie man es sich als Idealzustand wünschen würde...

Dieses banale Beispiel ist für mich jedoch symptomatisch für einen Großteil der deutschen Unternehmen. In unserer ›Wahnvorstellung‹, alles gründlich zu organisieren und unter Kontrolle zu haben, wird alles perfektioniert. Da werden Marktforschungen in Auftrag gegeben, jede kleinste Zahl wird in Form von Statistiken aufbereitet und erstellt, es gibt in allen Abteilungen und allen Stellungen ein ausgeprägtes Berichtswesen. (Apropos Berichtswesen: Gibt es etwas Unsinnigeres, als einen Verkäufer jede Woche ausführliche Besuchsberichte erstellen zu lassen? Glaubt denn der Verkaufsleiter wirklich, der Verkäufer würde – selbst wenn er mangelhaft gearbeitet hätte – in diesen Berichten sich selbst schlecht darstellen? Berichte haben also nur den Zweck, dem Verkäufer seine Zeit zu stehlen, die ihm dann natürlich fehlt, um vielleicht 30 oder 40 Prozent mehr Produkte zu verkaufen.) Ferner werden Stellenbeschreibungen ständig auf den neuesten Stand gebracht, Aufgabenlisten erstellt usw. Ich kenne keinen einzigen Mitarbeiter, der aufgrund einer Stellenbeschreibung oder einer Aufgabenliste seinen Job gut ausüben würde.

Ich widerspreche hier etwas der japanischen Kaizen-Methode, die eine absolute Standardisierung, möglichst in schriftlicher Form, fordert. Natürlich müssen Arbeitsabläufe standardisiert werden. Natürlich muß es möglicherweise auch in einigen Bereichen schriftliche Aufzeichnungen geben (in welchen?), doch je mehr es derartige Standardisierungen gibt, desto unflexibler werden die Mitarbeiter. Und wir werden später noch darauf zurückkommen, daß der reine Hardware-Bereich eines Unternehmens (das Produkt) immer vergleichbarer und damit immer unwichtiger wird. Der Erfolg eines Unternehmens wird immer mehr abhängig von der Dienstleistung. Selbst reine Industriebetriebe haben einen immer größeren Anteil an Dienstleistungen – und wie wollen Sie da alles standardisieren? Hier kommt es darauf an, daß jeder Kunde bei jedem Kontakt in jedem *Moment der Wahrheit* individuell behandelt wird.

Sie werden sich nun vielleicht fragen: Wenn ich all diese Bereiche vermindern soll, wie ist denn dann die Führungsaufgabe in meinem Unternehmen in Zukunft zu sehen? Nun, ganz einfach:

Führen Sie durch Visionen!

Geben Sie Menschen kein genaues Zahlenziel vor (woher wollen Sie denn wissen, daß die fünfprozentige Steigerung nicht zu vervierfachen wäre?), sondern geben Sie den Menschen eine nicht in Zahlen zu erfassende Vision vor. Jan Carlzon schaffte dies bei der SAS mit der Unternehmensvision: »Wir werden die weltbeste Fluggesellschaft für Geschäftsreisende.« Ein Fast-food-Unternehmen erreicht dies vielleicht mit der Vision, »der Kunde erhält bei uns am schnellsten und kostengünstigsten einen Hamburger«. Beispiele dafür gibt es viele und werden im Kapitel 5 noch erläutert – das ist der Stoff, aus dem die Zukunft gemacht ist. Geben Sie Ihren

Mitarbeitern eine Vision vor, die sich jedoch nicht ausschließlich auf Zahlen bezieht. Das materielle Ergebnis wird sich automatisch verbessern, wenn es Ihnen gelingt, diese Vision in der Zukunft umzusetzen. Bei den Mövenpick-Restaurants heißt diese Vision: »Bei uns gibt es die freundlichsten Mitarbeiter und die leckersten Speisen!« Bei den Marriottes-Hotels: »We make it happen!«

Soviel zum Thema ›Zerschlagen Sie Ihr Unternehmen!‹. Nehmen Sie sich alle ›heiligen Kühe‹ vor, die es in Ihrem Unternehmen gibt. Nichts darf ungeprüft bleiben. Die Steigenberger-Hotelkette beispielsweise nahm sich die ›heilige Kuh‹ Rezeption vor. Diese gilt in jedem Hotel als eine der Hauptfaktoren des Erfolges. Natürlich wurde hier besonderer Wert darauf gelegt, ausgebildete (und damit entsprechend teure) festangestellte Mitarbeiter einzusetzen. Nachdem diese ›heilige Kuh‹ geschlachtet war, wurden zu bestimmten Zeiten auch Teilzeitkräfte eingesetzt. Außerdem wurden die Rezeptionsmitarbeiter auch in anderen Bereichen ausgebildet, so daß sie in schwachen Zeiten als ›Springer‹ fungierten. Auch diese Maßnahme trug wesentlich dazu bei, daß Steigenberger die Produktivität innerhalb weniger Monate um über 10 Prozent steigerte!

Leitthesen zu Kapitel 4.1.

① Überprüfen Sie alle Abteilungen Ihres Unternehmens, und lagern Sie alles aus, was nur irgend möglich ist!

② Gewinn kommt von Sinn (des Unternehmens)!

③ Jeder Mensch lädt sich künstlich zuviel auf!

④ Alles, was problemlos läuft, sollten Sie durcheinanderbringen!

⑤ In den Großbetrieben neigt man dazu, die intelligenten Mitarbeiter zu belohnen und die kreativen zu bestrafen.

⑥ Unternehmen benötigen als Mitarbeiter auch Pioniere – und nicht nur Siedler.

⑦ Langfristige Planungen sind out bzw. verhindern sogar den Mehrerfolg.

⑧ Management-Aufgabe Nummer eins: Finden Sie die nicht-artikulierten Bedürfnisse Ihrer Kunden heraus, und finden Sie ein Produkt, das diese erfüllt.

⑨ 80 bis 90 Prozent seiner Zeit sollte eine Führungskraft bei Kunden und Mitarbeitern verbringen!

⑩ Gehen Sie in ›Gemba‹ – und Sie erhalten mehr Informationen, als Sie durch jede Marktforschung erhalten würden!

⑪ Führen Sie durch Visionen!

4.2. Lagern Sie aus!

Werfen wir zunächst einmal einen Blick in die Historie: General Motors, größter Industriekonzern der Welt, produziert Autos. Die verschiedenen Rohstoffe und Zubehörteile werden teilweise selbst produziert, teilweise von der Zubehörindustrie geliefert. Nun stellt General Motors irgendwann fest, daß einige der Zulieferfirmen, die vielleicht sogar den größten Teil ihres Umsatzes durch General Motors erwirtschaften, enorme Profite erzielen. Was liegt also näher, als daß General Motors entweder diese Zubehörteile selber produziert, also eine eigene Fabrik gründet, oder den Lieferanten gleich aufkauft? Eigentlich nichts, und deshalb haben Tausende von Managern weltweit auch diese Strategie in die Tat umgesetzt. Teilweise zeugte es sogar von besonders guten Managerqualitäten, wenn die Fertigungstiefe eines Automobilkonzerns 60 oder 70 Prozent erreicht hatte. Doch setzen wir diesen Gedankengang einmal weiter fort: General Motors stellt fest, daß sie 500 000 Autofelle bei einem Lieferanten pro Jahr einkaufen, weil jeder zehnte Autokäufer ein solches Fell als Zubehör beim Kauf eines Neuwagens gleich mitbestellt. Bei genauerer Überprüfung dieses Lieferanten wird festgestellt, daß dieser enorme Gewinne erzielt. Logische Konsequenz: GM kauft diesen Autofell-Lieferanten auf. Doch der Autofell-Lieferant bezieht riesige Mengen Wolle von einer großen Schaffarm. Was liegt also näher, als diese Schaffarm ebenfalls aufzukaufen? Und diese Schaffarm bezieht riesige Mengen an Futter für die Schafe. Was liegt also näher, als dieses Futter aufzukaufen.

Und...

Sie sehen schon an diesem einfachen Beispiel: Die Spirale nimmt kein Ende. Doch warum funktionierte diese Strategie nicht? Nun, ganz einfach: Es ist eine Frage der Konzentration. Und die Kernaufgabe von GM ist es eigentlich, Automobile zu verkaufen. Die gesamte Produktion ist aber nicht unbedingt mehr zum Kerngeschäft zu zählen – von den Zubehörlieferanten einmal ganz zu schweigen. Je mehr jedoch ein Unternehmen diversifiziert und sich ›verzettelt‹, desto weniger Denke und Energie bleibt für das Kerngeschäft übrig (siehe hierzu Kapitel 7, ›Die Brennglas-Strategie‹).

Die Prämisse dieses Kapitels lautet also: Lagern Sie alles aus, was es nur auszulagern gibt, verringern Sie dramatisch Ihre Fertigungstiefe, und konzentrieren Sie sich nur noch auf die wesentliche Aufgabe Ihres Unternehmens. Hört sich einfach an, oder? Doch mit ›auslagern‹ meine ich nicht nur die speziellen Bereiche der Lieferanten, sondern ich möchte Sie dazu anregen, auch hier wieder alle Bereiche, alle Abteilungen und kleine Gruppen zu überprüfen. In vielen Unternehmen ist es mittlerweile ganz normal, daß die gesamte EDV-Abteilung ausgelagert ist. In den allermeisten Firmen gibt es bereits keine eigene Reinigungsabteilung mehr, sondern diese Arbeit wird an Fremdunternehmen vergeben. Auch Hausmeister- und Reparaturaufgaben werden heute vielfach ausgelagert.

Die Liste ließe sich beliebig weiter fortführen. Warum benötigt ein Unternehmen eine eigene Buchführung? Lagern Sie doch die gesamte Buchhaltung an ein Steuerbüro aus! Warum benötigt eine Firma eine eigene Ausbildungs- und Qualifizierungsabteilung? Meistens sind dies dann Trainer, die sich in ihrem Verhalten nicht wesentlich von vielen Schullehrern unterscheiden, die meist täglich das gleiche Einerlei, ohne große Motivation, ohne großen Fortschritt, vortragen. Vielleicht mag es etwas teurer sein, externe Trainer zu beauftragen – doch letztlich kommt es nicht darauf an, was etwas kostet, sondern was es Ihnen bringt!

Lagern Sie also alles aus, was auszulagern ist. Beginnen Sie mit Ihrer Produktion. Welche Vorarbeiten werden noch bei Ihnen im Unternehmen geleistet? Analysieren Sie diese heraus und suchen Sie sich dafür Lieferanten. Suchen Sie sich Systemlieferanten, das heißt, lassen Sie sich komplett vorgefertigte Teile anliefern. Lagern Sie möglichst viele Teilbereiche aus – aber konzentrieren Sie sich darauf, möglichst wenige Lieferanten zu haben. Dadurch sind sie in der Lage, mit diesen wenigen Lieferanten bessere Lieferkonditionen und -bedingungen zu vereinbaren.

Und wenn Sie schon keine fremden Firmen beauftragen können – oder wahrscheinlich möchten –, dann lagern Sie diese Bereiche dahingehend aus, daß Sie *eigenständige Firmen* gründen. Sie haben eigene Trainer zur internen Fortbildung und möchten diese Abteilung nicht auslagern? Gut, dann gründen Sie eine eigene Ausbildungsakademie. Diese ist dann rechtlich völlig selbständig und befindet sich im freien Wettbewerb. Das heißt auf der anderen Seite aber auch, daß Ihr eigenes Unternehmen – falls ein Mitbewerber bessere oder günstigere Leistungen erbringt – die Aufträge fremdvergeben kann. Dadurch befindet sich Ihre Ausbildungsabteilung unter Druck. Sie müssen sich dem freien Wettbewerb stellen – und der ist gerade im Trainingssektor sehr hart. Auf der anderen Seite könnte es aber sein, daß Sie in Ihrer Abteilung Spitzenkräfte beschäftigt haben, nach denen sich andere Firmen ›alle zehn Finger lecken‹ und bereit sind, diese mit der Qualifizierung ihrer eigenen Mitarbeiter zu beauftragen.

Oder Ihre Buchführung. Wenn Sie sich schon nicht dazu entschließen können, eine externe, völlig unabhängige Steuerberatungsfirma damit zu beauftragen, dann gründen Sie doch eine eigene Firma. Diese Firma kann dann nicht nur für Sie, sondern auch für andere Firmen tätig werden – allerdings auch hier wieder völlig frei und unabhängig. Es steht dieser Firma frei, Ihre Aufträge abzulehnen, und Ihnen steht es frei, andere Firmen zu beauftragen. Dies schafft für beide Seiten Druck, sorgt für Wettbewerb, wird also die Leistung und auch den Preis entsprechend positiv beeinflussen.

Der deutsche Automobilhersteller BMW hat dies bereits sehr gut umgesetzt. Außer den Bereich Rohbau, Lack und Endmontage wurden sämtliche Arbeiten entlang der Wertschöpfungskette in unternehmerisch selbständige Sparten ausgelagert. Kunststoffproduktion, Gießerei, Fahrwerks- oder Motorbau, Preßwerk- oder Werkzeugbau – jeder dieser Sparten steht im Wettbewerb zum Markt.

Ich könnte nun viele Beispiele aufzählen, wie Sie bestimmte Bereiche auslagern können. Wenn Sie eigene Firmen gründen, dann vollziehen Sie doch gleich die nächste *Revolution* und beteiligen Sie alle darin befindlichen Mitarbeiter an der Firma. Dadurch spüren die Mitarbeiter in der neugeschaffenen Firma nicht nur den Druck des freien Marktes, sondern haben auf der anderen Seite auch die Möglichkeit, durch gute und kreative Leistung davon zu profitieren. Und Ihr Unternehmen profitiert bei einer solch gewinnbringend orientierten Firma durch eine entsprechende Beteiligung natürlich ebenfalls. Sie fragen sich nun vielleicht, was denn passiert, wenn diese Firma dann nicht gewinnbringend arbeitet. Ganz einfach: Ein Unternehmen, das in der freien Marktwirtschaft nicht gewinnbringend arbeitet, das... geht in Konkurs! Wenn Sie schon solche selbständigen Firmen gründen, dann nur, wenn diese dem harten Wettbe-

werb, dem Druck, auch wirklich ausgesetzt sind. Wenn die
Tochter am ›Tropf‹ der Mutter hängt, dann geht die ganze
Sache ›in die Hose‹. Und genau diesen Umstand haben viele
Firmen falsch umgesetzt: Wenn es dann schlecht bei der
Tochter läuft, werden weiterhin Gelder zugeschossen. Doch
hier sollten von Anfang an ganz klare Kriterien gelten: Entweder die Firma kann frei und ohne Zuschüsse existieren,
oder sie wird liquidiert.
Aber eigentlich ist alles, was ich bis jetzt in diesem Kapitel
geschrieben habe, schon wieder überholt. Denn wenn Sie
wirklich zukunftsinnovativ arbeiten wollen, dann sollten
Sie nicht ein bißchen auslagern, sondern *alles*.
Suchen Sie sich Firmen, die nicht nur Teile liefern, sondern
suchen Sie sich am besten Firmen, die komplett alles produzieren. In Osteuropa kostet eine Arbeitsstunde 2 Mark – in
Westdeutschland 44 Mark. Wie wollen Sie hier auf Dauer
eigentlich noch konkurrieren können? Ich weiß, es mag hart
sein, vielleicht ist es der Untergang unseres Landes (allerdings glaube ich nicht daran; ich werde hierzu im Kapitel 11,
›Die Erdbeben-Strategie‹, noch einige Thesen vortragen) –
aber für Ihr Unternehmen vielleicht die einzige Möglichkeit, langfristig erfolgreich zu sein, Ihre Produktion komplett ins Ausland zu verlagern. Wobei davon nicht nur die
Produktion, sondern mittlerweile auch die Dienstleistung
betroffen ist. Durch die modernen Kommunikationsmittel
wie Telefon, Fax, Bildtelefon, Computer, ISDN usw. wird
Dienstleistung ›transportierbar‹. Textilien sind in der
Tschechei nun einmal um 60 bis 70 Prozent billiger herstellbar als in Deutschland. Die Druckereien in Italien verlangen tatsächlich bis zu 50 Prozent weniger als deutsche
Druckereien. Ein Werbefilm, der in Deutschland eine Million kostet, ist in Polen für 150 000 Mark zu produzieren.
Versicherungen lagern ihre Schadensfallbearbeitungen
nach Irland aus. Über die Kommunikationskanäle werden
dann die Dienstleistungen in die Zentralen in Deutschland

reimportiert. So funktioniert das Spiel – und nichts deutet darauf hin, daß sich dieses Rad der Entwicklung noch einmal zurückdrehen ließe. Der Exodus des Exports von Arbeitsplätzen wird weitergehen – und die Frage ist, ob Sie sich rechtzeitig dazu entschließen können, den Weg auch wirklich konsequent zu gehen. Bitte überprüfen Sie deshalb Ihr Unternehmen, nicht nur die Produktion, sondern auch die Verwaltung, was Sie davon in kostengünstigere Länder auslagern können.

Vielleicht fragen Sie sich jetzt, was denn dann noch für Ihr Unternehmen übrigbleibt, ob denn nicht die große Gefahr besteht, daß die Lieferanten sich verselbständigen und selbst Ihre Kunden beliefern. Natürlich besteht diese Gefahr. Doch genauso besteht die Möglichkeit, daß Ihr Lieferant mit dieser Art der Arbeitsteilung zufrieden ist, nämlich daß er produziert und liefert, während Sie für Innovation und Absatz verantwortlich sind.

Die zukünftigen Aufgaben eines Unternehmens sind:

- Forschung
- Entwicklung
- Know-how

- Neue Märkte erschließen
- Marketing
- Verkauf

In meinem Buch *Sicher zum Spitzenerfolg* habe ich dies bereits ausführlich erläutert: Konzentrieren Sie sich ausschließlich auf den Markt, investieren Sie also nach außen. Viele Firmen investieren immer noch nach ›innen‹, also in Gebäude, in ihre Fabriken, in ihre Computeranlagen, in neue Maschinen, neue Fertigungen usw. Doch dies ist alter Schnee von gestern. Sie benötigen eigentlich überhaupt keine Fertigungs- und Produktionsstätten, um erfolgreich zu sein. Denn eine Produktion impliziert ja auch immer ein gewisses Risiko: Liegt die Gewinnschwelle bei 80 Prozent Auslastung, dann ist die Rechnung ganz einfach: Erreichen Sie nur 70 Prozent, macht Ihr Unternehmen Verlust, erreichen Sie 90 Prozent, erzielt es Gewinn. Sind Sie aber von der Produktion unabhängig und nur noch für die Entwicklung und den Vertrieb zuständig, dann kann es Ihnen egal sein, ob es einmal etwas besser oder schlechter läuft – die Höhe Ihres Gewinns wird vielleicht etwas schwanken, aber Sie werden, wenn Sie es richtig anstellen, immer Gewinne erwirtschaften.

In der Sportartikelindustrie haben sich die deutschen Giganten adidas und Puma innerhalb weniger Jahre von Nike und Reebok diese Prämisse vorführen lassen. Erst seit 1992 hatte adidas begonnen, Teile der Fertigung in das kostengünstigere Ausland auszulagern. Reebok dagegen produziert schon seit Jahren im Ausland – kauft bei eigenständigen, unabhängigen Lieferanten ein. Reebok hört sich im Markt um, nimmt die Trends auf, forscht und entwickelt Modelle, die dann von den Lieferanten in Fernost kostengünstig hergestellt werden. Anschließend kümmert sich Reebok dann wieder um die Vermarktung und den Verkauf der Produkte – mit durchschlagendem Erfolg!

Im heutigen chaotischen Markt, der an Geschwindigkeit noch immer zunimmt, gewinnt derjenige das Spiel, der der Erste ist. Erster können Sie jedoch nur sein, wenn Sie gewaltige Anstrengungen unternehmen, nicht einmal nur finanzieller Art, sondern vor allen Dingen auch der im ›Bereich Denke‹. Je mehr Sie sich jedoch um die Produktion, um die Herstellung kümmern müssen, desto weniger können Sie sich schließlich auf Ihre wesentliche Aufgabe konzentrieren. Und die zweite wichtige Aufgabe eines Unternehmens ist es dann, die Produkte im Markt auch zu plazieren und zu verkaufen. Auch dies wird von vielen Unternehmen vernachlässigt. Da werden qualitativ hochwertige Produkte zu einem adäquaten Preis hergestellt und angeboten – aber das Marketing und der Verkauf werden dabei vergessen.

Erschreckt Sie diese Zukunftsvision? Es wird Ihnen nichts

anderes übrigbleiben, als sich diesem ›Spiel‹ anzuschlie-
ßen – oder Sie verschwinden. Die Evolution wird keine
Rücksicht darauf nehmen, ob Sie sich dieses Wachstum vorstellen können oder nicht. Die Dinosaurier sind nicht ausgestorben, weil sie zu klein und schwach gewesen sind, sondern weil sie sich der Entwicklung nicht angepaßt haben.

Erfolgs-Prämissen

Forschung
Verbringen Sie mindestens 90 Prozent Ihrer Zeit mit Ihren
Mitarbeitern, mit Ihren Kunden und Ihren Lieferanten. Achten Sie darauf, nicht nur mit ›konformen‹ Menschen zu kommunizieren, sondern suchen Sie gezielt nach den ›Spinnern‹,
›Verrückten‹, ›Exoten‹. Verlassen Sie Ihr goldenes Nest, und
gehen Sie unter Menschen. Schauen Sie sich Ihre Kunden
ganz genau an. (Bei Mercedes wurde das S-Klasse-Modell
entwickelt, weil es vielleicht einigen Vorstandsherren und
noch einigen ausgesuchten Händlern gefiel, aber die Kunden
wurden anscheinend nicht gefragt. Wie anders wäre dieser
größte Flop in der Geschichte von Mercedes zu erklären?)

Entwicklung
Die Innovation in den Unternehmen ist die Grundvoraussetzung für den zukünftigen Erfolg. Arbeiten Sie aber nicht
nur an kleinen ›Trippelschritten‹, sondern arbeiten Sie an
den ›Big Points‹, den Quantensprüngen. Aufgrund Ihrer
Forschungsergebnisse mit Hilfe der Menschen, die es betrifft, erhalten Sie genügend Daten und Feedback, um eine
auch von den Kunden gewünschte Weiterentwicklung zu
ermöglichen.

Know-how
Werden Sie der Händler von Know-how. Was wollen Ihre
Kunden, was sind die nichtartikulierten Bedürfnisse Ihrer

Kunden, und was können Sie dafür anbieten – dies ist der
wesentliche Faktor, der den geschäftlichen Erfolg garantiert.

Märkte
Sorgen Sie für Absatzmärkte. Die Welt wird immer vernetzter, immer globaler. In welchen Zukunftsmärkten sind Sie
bereits vertreten? Und wo sind Sie nicht nur vertreten,
sondern spielen Sie bereits die Hauptrolle? Dies ist eine
Ihrer Hauptaufgaben. Erschließen Sie neue Märkte. Coca-
Cola und Pepsi-Cola machen es uns vor und investieren
gigantische Summen in die neuen, großartigen Absatzmärkte der Zukunft. 80 Prozent des Umsatzes sollte ein
global ausgerichtetes Unternehmen im Ausland tätigen.

Marketing
Das qualitativ hochwertigste Produkt zum günstigsten
Preis ist noch keine Garantie für hohe Absatzzahlen. Zwar
nimmt die Information immer mehr zu – doch ist damit
zwangsläufig auch eine Überfütterung der Konsumenten
verbunden. Immer mehr Produkte werden von immer mehr
Werbung auf dem Markt angeboten – deshalb ist es notwendig, daß Sie sich Gedanken über ungewöhnliche Marketing-
maßnahmen machen. adidas hat u. a. auch durch seine
Streetball-Events den Turnaround innerhalb weniger Monate geschafft. Durch diese geniale Marketingidee wurde
adidas im Ansehen der Käufer von einer ›Unterhemden-
und Pantoffelfirma‹ zu einem ›Trendunternehmen‹. Innerhalb weniger Monate war adidas wieder die Nummer eins
bei den Kids – was glauben Sie, wie lange es dauern wird, bis
adidas wieder deutliche Umsatz- und Gewinnsprünge erzielen wird? (Von 1993 auf 1994 wurde der Umsatz um ca. 25
Prozent gesteigert, das Betriebsergebnis veränderte sich
von 30 Millionen minus auf ca. 130 Millionen Mark Plus.
Für 1995 ist ein weiterer Quantensprung von ca. 15 Prozent

beim Umsatz geplant gewesen.) Machen Sie sich also Gedanken über Ihr Marketing, über ungewöhnliches Marketing.

Verkauf
Und dies ist eine weitere wesentliche Aufgabe: Sorgen Sie dafür, daß sich Ihre Produkte auch verkaufen. Sie können noch soviel anbieten, noch soviel auf Lager haben – entscheidend ist der Verkauf. Und für den Verkauf ist nicht unbedingt die beste Qualität oder der günstigste Preis ausschlaggebend – dafür gibt es unzählige Beispiele in der Wirtschaftsgeschichte.

Leitthesen zu 4.2.

① Verringern Sie Ihre Fertigungstiefe!
② Gründen Sie für bestimmte Bereiche Ihres Unternehmens eigenständige Firmen!
③ Die wichtigsten Aufgaben eines Unternehmens sind zukünftig: Forschung, Entwicklung, Know-how, Märkte, Marketing und Verkauf!

4.3. Vermeiden Sie Verschwendung!

Verschwendung in Unternehmen heißt im Japanischen ›Muda‹ und stammt aus der Kaizen-Strategie. Das erste Mal habe ich vor Jahren davon gehört, als ich einen Vortrag von Masaaki Imai hörte, und seitdem hat es mich nicht mehr losgelassen. Wie meinen Sie? Ich habe in diesem Buch zu einem vorhergehenden Kapitel geschrieben, Kaizen sei out? Nun, ich nehme alles zurück: Kaizen ist out, denn es ist die *Grundvoraussetzung,* um überhaupt noch in der Zukunft wettbewerbsfähig zu sein!

Vielleicht halten Sie das Ganze für paradox, doch lassen Sie mich es nochmals erklären. Ich trete deshalb so leidenschaftlich für große Innovationen ein, weil für mich Kaizen eine Normalität ist, ohne die *kein Unternehmen* in der Lage ist, mit seiner Produktivität wettbewerbsfähig zu sein. Doch glauben einige Unternehmer anscheinend, daß es entweder Kaizen oder Innovation sein müßte, das den Erfolg garantiert.

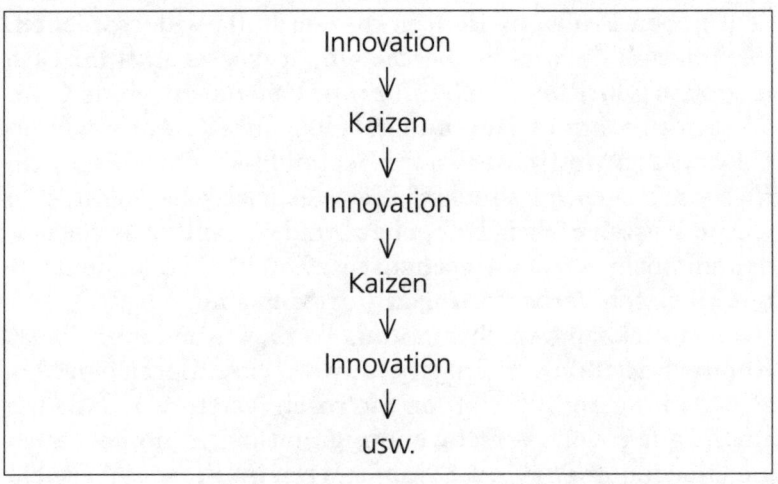

Ich werde deshalb im Rahmen dieses Buches auf Kaizen oder, wie es im Westen heißt, auf den Kontinuierlichen Verbesserungsprozeß (KVP) nicht wesentlich eingehen. Dennoch möchte ich im Rahmen dieser ›Diät-Strategie‹ die Verschwendung in Unternehmen einmal aufzeigen und kurz skizzieren. Möchten Sie Näheres wissen, so empfehle ich Ihnen das im Literaturanhang aufgelistete Buch von Masaaki Imai und, wenn Sie die Gelegenheit dazu haben, auch einmal den Besuch eines seiner vorzüglichen Seminare.
Wenn Ihr Unternehmen ›schlank‹ werden soll, dann ist es notwendig, alle Arten von Verschwendung zu vermeiden.

Das Ziel ist ganz klar eine Kostenreduktion. Masaaki Imai erklärte einmal im November 1994 bei einem Treffen in Wiesbaden, der Unterschied zwischen der japanischen und der westlichen Strategie bestehe darin, daß die Japaner mehr Geduld besäßen und mit Verbesserungen in kleinen Schritten zufrieden seien. Bei Kaizen ist oft erst eine Inkubationszeit notwendig, ehe sich die Erfolge einstellen. Die westliche Strategie dagegen ist angelegt auf einen Innovationssprung, was bei Kaizen nicht möglich sei. Nun, ich muß dem lieben Professor Imai in diesem Falle widersprechen: Warum sollte es *nicht möglich* sein, Verbesserungsprozesse in großen Schritten durchzuführen? Und haben wir denn im Westen überhaupt eine andere Möglichkeit, wenn wir im zukünftigen Wettbewerb noch Bestand haben wollen, als in *Riesenschritten* aufzuholen? Nein, es ist höchste Zeit, daß wir im Westen ›richtig Gas geben‹, und wir sollten es vermeiden, in unserem ›Dornröschenschlaf‹ zu bleiben, in dem wir mit kleinsten Verbesserungen zufrieden sind.

Doch zurück zur Verschwendung. Wenn wir im Laufe dieses Kapitels noch darauf eingehen, in welchen Bereichen Verschwendung anfällt, werden Sie rasch feststellen, daß eine Beseitigung von Verschwendung natürlich immer auch gleichbedeutend ist mit Einsparungen im Personalbereich. Wir werden gleich darauf eingehen, daß, um Verschwendung zu verringern, immer die Mitarbeiter der entscheidende Faktor sind. Wenn Sie aber nun damit beginnen, Verschwendung im Unternehmen aufzuspüren, zu eliminieren und gleichzeitig dann die frei werdenden Mitarbeiter entlassen, wird die Strategie scheitern, ehe sie noch richtige Erfolge erzielt hat. Deshalb achten Sie darauf, daß Sie mit dieser Strategie immer erst *nach* einer Entlassungswelle – nie vorher bzw. während einer solchen – beginnen. Sobald Sie starten, darf es keinerlei Entlassungen mehr geben – das ist eine *Grundvoraussetzung* für den Erfolg. Frei werdende Mitarbeiter erhalten eine *Arbeitsplatzgarantie*. Allerdings müssen die Mitarbeiter des Unternehmens beim Start des Programms sich damit einverstanden erklären, ihren Arbeitsplatz zu wechseln, möglicherweise sich umschulen zu lassen. Hier müssen also beide Parteien Kompromisse eingehen, die Arbeitgeber durch die Arbeitsplatzgarantie, die Arbeitnehmer durch ihr Einverständnis, den Arbeitsplatz möglicherweise zu wechseln.

Der erste Schritt bei Einführung dieser Verschwendungs-Strategie besteht darin, daß das Top-Management des Unternehmens zu 100 Prozent dahinterstehen muß. Sollten im Top-Management noch Zweifel bestehen, sollten sie diese Strategie nur halbherzig befolgen oder sich vielleicht nur offiziell einverstanden erklären – aber im geheimen eine andere Strategie favorisieren –, dann wird diese Strategie scheitern. Es ist absolut notwendig, daß die Revolution im Top-Management ausgelöst wird und sich von da aus durch alle Hierarchiestufen bis hin zum Mitarbeiter in der Produktion bzw. ›an der Front‹ fortsetzt.

Ein weiterer wesentlicher Faktor ist die Unternehmenskultur. Sollte das Unternehmen jahre- oder sogar jahrzehntelang nach der ›Hire-and-fire‹-Strategie geführt worden sein, dann darf es nicht verwundern, wenn die Verschwendungs-Strategie ein Fehlschlag wird. Stellen Sie sich bitte folgende Fragen:

- Wie wird mit den Mitarbeitern im Unternehmen verfahren?
- Welchen Stellenwert haben die Mitarbeiter?
- Gibt es eine gemeinsame Vision? Wenn ja: Wurde sie auch wirklich gemeinsam mit den Mitarbeitern erstellt?
- Und wenn ja: Waren die Ziele und Wünsche der Mitarbeiter tatsächlich bei der Visionsfindung gefragt?
- Wird die Vision als höchstes Gut im Unternehmen immer wieder veröffentlicht, darüber gesprochen und in den Köpfen aller programmiert?

All diese Fragen müssen mit Ja beantwortet werden, ehe die Strategie zum Erfolg führen kann. Fehlt eine zukunftsweisende Unternehmenskultur, so muß erst diese installiert werden, ehe die Verschwendungs-Strategie umgesetzt werden kann.

Ist die Unternehmenskultur installiert, dann müssen Belegschaft, Gewerkschaften und Manager alle dabei mitziehen. Dies setzt natürlich voraus, daß sich alle an einen Tisch setzen und daß Gespräche stattfinden. Sollte den Mitarbeitern eine Arbeitsplatzgarantie geboten werden und wird allen Beteiligten verdeutlicht, daß nur ein schlankes, starkes, gewinnorientiertes Unternehmen auch zukünftig Arbeitsplätze und damit Lohn und Brot für alle garantiert, dann wird die zustimmende Entscheidung möglicherweise leichter und schneller fallen.

Der nächste Schritt ist dann die Aus- und Fortbildung der Mitarbeiter. Denn:

> **Denke und Einstellung der Mitarbeiter entscheiden über die Zukunft eines Unternehmens!**

Das Beratungsunternehmen Anderson-Consulting empfiehlt, daß Unternehmen 6 Prozent ihres Jahresumsatzes in die Aus- und Fortbildung ihrer Mitarbeiter investieren. Jeder Mitarbeiter sollte jährlich 135 Stunden aus- und fortgebildet werden. Diese Zahlen mögen dem einen oder anderen als viel zu hoch erscheinen – doch seien Sie versichert, daß die Aus- und Fortbildung *der wesentlichste Faktor* des zukünftigen Unternehmenserfolges ist. Nun kann natürlich keine pauschale Aussage über den Aus- und Fortbildungsetat in Höhe von 6 Prozent getroffen werden, da dies branchen- und firmenabhängig entschieden werden muß – aber über eine jährliche Erhöhung des Etats dürfen Sie heute bereits in Ruhe nachdenken.

Mitarbeiter in der Produktion sollten dabei nicht nur im fachlichen Bereich qualifiziert werden, sondern darüber hinaus sollte auch eine Sensibilisierung für die Betriebsabläufe, insbesondere für die Verschwendungs-Strategie, stattfinden. Möglicherweise schenkt man ja jedem Mitarbeiter entsprechende Bücher (oder wie wäre es mit einer größeren Firmenbibliothek, die jedem zur Verfügung steht). Weitere Möglichkeiten sind das gemeinsame Ansehen von Videos über Verschwendung in der Praxis, die Veranstaltung firmeninterner Seminare zum Thema Kaizen und Verschwendung, die Entsendung einzelner Mitarbeiter zu externen Veranstaltungen, Workshops zum Thema Verschwendung usw. All diese Schritte dienen dazu, die Mitarbeiter für die Strategie der Verschwendung zu sensibilisieren.

Dieser Sensibilisierungsprozeß ist absolut notwendig, um das Potential der Mitarbeiter bei der anschließenden Umsetzung der Verschwendungs-Strategie voll nützen zu können. Sie wissen ja, Kreativität und Phantasie (und diese sind notwendig, um Schwachstellen zu erkennen und sie zu beseitigen!) sind keine ›himmlische Gabe‹, sondern ergeben sich aus der Vernetzung bereits bestehender, im Unterbewußtsein abgespeicherter Informationen. Machen wir einen kleinen Test:

> **Stellen Sie sich bitte einen roten fliegenden Elefanten vor!**

Nun, hat es geklappt? Sicherlich ist es für Sie keine Schwierigkeit, sich diesen roten fliegenden Elefanten vorzustellen. Sie haben zwar noch nie einen gesehen, es gibt keinen roten fliegenden Elefanten, aber Sie haben die Elemente ›rot‹, ›Elefant‹ und ›fliegen‹ in Ihrem Unterbewußtsein abgespeichert. Über eine Vernetzung dieser drei bisher abgespeicherten Einzelinformationen konnten Sie sich ganz leicht dieses Bild machen. Das ist Kreativität, das ist eigentliche Phantasie. Wenn nun aber ein Mensch noch nie in seinem Leben einen Elefanten gesehen und noch nie davon gehört hat und ich würde ihm die gleiche Aufgabe stellen, könnte er sich kein Bild machen. Und das verstehe ich unter Sensibilisierung: Je mehr die Mitarbeiter von diesem Thema wissen, hören, sehen, um so leichter werden Mißstände in Ihrem Unternehmen auffallen. Je weniger Mitarbeiter dafür sensibilisiert sind, desto größer ist die Gefahr, das alles im gleichen Trott wie bisher weitergeht.

Die Manager sollten sich überhaupt nicht im fachlichen Bereich weiterbilden. Für was? Ein Manager sollte nicht derjenige sein, der etwas entwickelt, etwas entdeckt, Verschwendung vermeidet – er soll derjenige sein, der seine Mitarbeiter motiviert, begeistert, ein Team formt und von diesem anerkannt und geschätzt wird. Deshalb stecken Sie den Ausbildungsetat Ihrer Manager lieber in die Entwicklung ihrer Persönlichkeit, in die Bewußtseinsentfaltung, die Menschenführung und in Ausbildungsmaßnahmen, die die Begeisterungs- und Motivationsfähigkeit Ihrer Manager steigert. (An dieser Stelle eine Anmerkung aus meiner Praxis: Bei den von mir veranstalteten Persönlichkeits-Seminaren verblüfft es mich immer wieder, wieviel Fachwissen die Manager besitzen – und wie wenig Kenntnisse über die Geheimnisse der Motivation, über Fähigkeit, mit Menschen umzugehen.)

Da die Mitarbeiter der zentrale Faktor für den Erfolg der Verschwendungs-Strategie sind, sollten Sie herausfinden, wie es um die Moral der Mitarbeiter bestellt ist. Dazu gibt es folgende Parameter:

- Anzahl der Verbesserungsvorschläge je Mitarbeiter,
- Krankenstand je Mitarbeiter,
- Beurteilung der Mitarbeit bei den Workshops,

- Einzelgespräche mit den Mitarbeitern aus den verschiedensten Abteilungen.

All diese Dinge kann man innerhalb weniger Stunden durchführen und erhält dabei ein ziemlich exaktes Bild über die Moral der Mitarbeiter – und damit eigentlich schon über den Gesamtzustand des Unternehmens. Liegt die Moral der Mitarbeiter sehr niedrig, dann krankt die gesamte Firma. Sie können dies proportional sehen:

> **Je höher die Arbeitsmoral der Mitarbeiter ist,
> desto höher ist der Gewinn eines Unternehmens!**

Leider ist es mit der Moral in vielen Unternehmen wirklich fürchterlich bestellt (doch dazu im Kapitel ›Die Software-Strategie‹ mehr).
Für den Erfolg der Verschwendungs-Strategie ist die Produktivität des betrieblichen Vorschlagwesens ausschlaggebend. Doch hier sieht es in den deutschen Unternehmen oft katastrophal aus. Japanische Mitarbeiter reichen ein Vielfaches von dem an Verbesserungsvorschlägen ein, wie es in Deutschland üblich ist. (Bitte vergleichen Sie hierzu Kapitel 10 meines Buches *Sicher zum Spitzenerfolg*.) Zwar ist die Ersparnis pro umgesetzten Verbesserungsvorschlag in Deutschland wesentlich höher als in Japan, doch bezogen auf den einzelnen Mitarbeiter ist der Unterschied doch gewaltig: Laut einer Quelle der UNIC-Strategy & Marketing Consultans GmbH in Bonn liegt die Nettoersparnis pro Mitarbeiter und Jahr in Deutschland bei 208, in Japan dagegen bei 5882 Mark (ein Unterschied von fast 3000 Prozent!). Übrigens: Bei der Firma Matsushita wurden innerhalb von zwölf Monaten über sechs Millionen Verbesserungsvorschläge eingereicht!
Versäumen Sie deshalb keine Zeit, und starten Sie sofort

ein Programm zur Steigerung des betrieblichen Vorschlagwesens. Dieses Programm sollte durch verschiedene Anreize ›angeheizt‹ werden, damit es im Bewußtsein der Mitarbeiter einen bedeutenden Platz einnimmt. Hier einige Vorschläge:

Zeremonie
Vollführen Sie einmal pro Woche/Monat/Quartal (je nach Betriebsgröße) eine sogenannte ›Zeremonie‹. Dabei werden die besten Verbesserungsvorschläge des Unternehmens bzw. der Abteilung oder der Gruppe (je nach Betriebsgröße) mit großem »Tamtam« vom Vorgesetzten ausgezeichnet. Dabei geht es noch nicht einmal um die Höhe der Prämien (natürlich spielen die für einen Mitarbeiter, der vielleicht 2500 oder 3000 Mark verdient, auch eine gehörige Rolle – wer wollte es ihm verdenken?), sondern es geht einfach darum, daß diese Mitarbeiter – vielleicht zum ersten Mal seit ihrer Firmenzugehörigkeit – das Gefühl von Wichtigkeit erhalten. Was tun Menschen nicht alles, um Geltung, Beachtung, Lob und Anerkennung zu erhalten? Geht es den Menschen denn immer nur darum, möglichst viel Geld zu verdienen? Ist Ihr einziges Bestreben, jeden Monat möglichst viel Geld auf dem Konto zu haben? Dann wären die meisten eher Waffen- oder Drogenhändler und würden Ihr Unternehmen schleunigst verlassen. Sie tun es nicht? Natürlich nicht, denn ein Teil ihres Herzens, ein Teil ihres Wesens hängt natürlich an dieser Firma. Jeder Mitarbeiter einer Firma verbringt 50 bis 60 Prozent seiner wachen Lebenszeit im Unternehmen – sollte es da nicht unser ganzes Bestreben sein, in dieser Zeit das zu bekommen, was wir uns alle wünschen, nämlich Lob und Anerkennung?

Aushänge
Hängen Sie die besten Verbesserungsvorschläge aus. Lassen Sie sich von dem jeweiligen Mitarbeiter ein Foto und eine

Beschreibung geben. Fragen Sie seine Kollegen nach zusätzlichen Informationen (Hobbys, Frau, Kinder, Freizeitbeschäftigung usw.), und veröffentlichen Sie diese in seiner Abteilung. Lassen Sie diese Aushänge möglichst lange hängen, pflastern Sie Ihre Werkshalle voll mit diesen Auszeichnungen.

Ruhmeshalle
Führen Sie eine Ruhmeshalle ein. Wenn die Verbesserungsvorschläge einmal in die Tausende (oder wie bei Matsushita in die Millionen) gehen, dann können Sie natürlich nicht mehr alle veröffentlichen lassen. Aber die besten, die vielleicht bei einer Zeremonie ausgezeichnet wurden, sollten in einer ›Ruhmeshalle‹ verewigt sein.

Firmenzeitung
In jeder Firma mit einer guten Unternehmenskultur und einer guten Unternehmenskommunikation muß eine Firmenzeitung existieren (dazu im Kapitel ›Software-Strategie‹ mehr). In dieser Firmenzeitung sollten natürlich ebenfalls wieder möglichst viele Mitarbeiter gelobt und ausgezeichnet werden.

Partys
Veranstalten Sie ›Verbesserungs-Partys‹. Allerdings sollte keine Party veranstaltet werden, die möglicherweise dem 58jährigen Unternehmensleiter gefällt, sondern die Mitarbeiter sollten einen Etat bekommen und dann selber entscheiden, wie die Party gestaltet wird. Zu dieser Party sind all die Mitarbeiter und ihre Lebenspartner eingeladen, die entsprechende Verbesserungsvorschläge eingereicht haben.

Wettbewerb
Starten Sie Wettbewerbe: Die besten Verbesserungsvorschläge in einer bestimmten Zeitspanne (Woche, Monat, Quartal, Jahr usw.) erhalten sogenannte ›Supersparprämien‹.

Essen mit dem Chef
Der Vorgesetzte geht mit den Mitarbeitern, die die besten Verbesserungsvorschläge eingereicht haben, einmal abends privat zum Essen. Der Vorgesetzte besucht mit dem/den Mitarbeiter/n und deren Lebenspartner/n im kleineren Kreis (maximal acht Personen an einem Tisch) abends privat ein Lokal und feiert diese Verbesserungsvorschläge. Natürlich geht das Ganze auf Kosten des Unternehmens, aber diese sind sinnvoll investiert.

Möglichkeiten gibt es viele, und sicherlich fallen Ihnen noch mehr Beispiele ein. Ich wollte Sie nur anregen, sich einmal Gedanken zu machen, wie Sie Ihr Verbesserungsprogramm richtig starten und ›anheizen‹ können. Haben Sie dabei keine Angst, daß sich möglicherweise ein Zuviel an ›Tamtam‹ negativ auswirken könnte. Natürlich ist der eine oder andere Mitarbeiter enttäuscht, wenn er nicht geehrt wird. Dafür wird er sich dann um so mehr anstrengen, um die begehrten Prämien und Auszeichnungen zu erhalten. Generäle tragen bei jeder passenden (und unpassenden) Gelegenheit ihre Orden zur Schau – warum sollten Mitarbeiter in der Produktion, an der ›Front‹, nicht die gleichen Bedürfnisse besitzen?

Geh zu GEMBA!

Der Begriff GEMBA stammt ebenfalls aus der japanischen Kaizen-Managementstrategie und bedeutet soviel wie:

G = Go   (= Geh)
E = Eliminate   (= und eliminiere)
M = Muda   (= die Verschwendung)
B = By   (= in der)
A = Action   (= Praxis/Produktion)

GEMBA bedeutet also soviel wie Produktionsort oder »Wo etwas stattfindet«. Es ist der bedeutsamste Ort im Unternehmen. Dies ist in einem Industrieunternehmen die Produktion oder in einem Dienstleistungsgeschäft der Ort, an dem der Kundenkontakt, der Verkauf stattfindet. In einem Hotel sind es die Rezeption, die Hotellobby und das Restaurant. In einem Einzelhandelsladen ist es der Verkaufsraum. Bei einem Autohändler sind es der Ausstellungs- und Verkaufsraum sowie die Werkstatt. Bei einem Friseurunternehmen ist es der Raum, in dem den Kunden die Haare geschnitten werden. GEMBA gibt es also immer, sowohl in der Industrie als auch in Dienstleistungsunternehmen.

Dieses GEMBA, das in Japan also soviel bedeutet wie: »Geh und schalte Verschwendung im Aktionsbereich aus«, ist eines der wichtigsten Grundsätze. Wer zu GEMBA geht, benötigt keinerlei Zahlen, Statistiken, Berichte, Daten oder Fakten – im GEMBA findet er alles, was er benötigt. Die meisten Statistiken, Daten und Berichte werden sowieso nur erstellt, um dem Vorgesetzten damit zu gefallen.

> **Nur wer *nicht* zu GEMBA geht,**
> **braucht Daten und Fakten!**

GEMBA ist nach der japanischen Philosophie die Quelle allen Übels. Dort findet die Verschwendung statt (zu der wir gleich in der Praxis kommen werden). Dort wird das Geld ›zum Fenster hinausgeworfen‹. Im GEMBA liegt das Geld ›haufenweise‹ herum – man braucht es nur aufzuheben. Anstatt jedoch GEMBA als wichtig anzusehen, wird es vom westlichen Management eher abgelehnt, da dort die meisten Probleme auftauchen. Im Büro ist es da natürlich bequemer, man besitzt eine Sekretärin, die einen abschottet, man kann sich zurückziehen, in Ruhe die Zeitung lesen oder einen Kaffee trinken – und einmal für ein paar Minuten (oder Stunden?) seine Sorgen und Probleme vergessen. Im GEMBA geht das nicht. Je öfter sich ein Manager im GEMBA aufhält, desto stärker wird er mit Problemen, Schwierigkeiten und Mißerfolgen konfrontiert.

Deshalb ist es notwendig, daß eine ›Problem-Kultur‹ im Unternehmen geschaffen wird. Es muß *allen* Mitarbeitern – sowohl an der Front als auch den Managern – deutlich werden, daß Probleme der Schlüssel zum Erfolg sind. Jedes Problem ist nichts anderes als eine Treppenstufe, die bei erfolgreicher Bewältigung eine Stufe höher führt.

> **Erfolg ist abhängig von der Menge der gelösten Probleme!**

Diese ›Problem-Kultur‹ muß natürlich ebenfalls nach und nach im Unternehmen installiert werden und keinesfalls als ›Schnellschuß‹. Die notwendigen Maßnahmen dazu habe ich bereits im Abschnitt ›Ausbildung der Mitarbeiter‹ beschrieben. Bitte achten Sie allerdings darauf, daß ohne eine Installation der ›Problem-Kultur‹ die Verbesserungs-Strategie ebenfalls scheitern wird.

Ein Unternehmer berichtete mir davon, daß in seinem Betrieb die Manager – sobald ein größeres Problem gemeldet wird – alle ins Besprechungszimmer strömen. Demzufolge ist das Besprechungszimmer anscheinend das GEMBA des Unternehmens! Die Büros der Manager sollten deshalb möglichst *im* GEMBA liegen. Falls dies nicht möglich ist, so doch zumindest möglichst nahe *bei* GEMBA. Inspektor Colombo ist immer im *GEMBA,* wenn ein Mordfall auftaucht. Oder haben Sie schon einmal davon gehört, daß ein Kommissar seinen Fall am Schreibtisch gelöst hätte? Doch Manager scheinen dies zu können. Sie lassen sich ›haufenweise‹ Daten, Fakten, Statistiken, Berichte usw. auf ihren

Schreibtisch legen, analysieren diese – und treffen dann ihre ›treffsicheren‹ Entscheidungen.

Ein Manager sollte den Großteil seiner Zeit direkt im GEMBA sein. Die Aufgabe von Managern ist es nicht, möglichst viele Stunden in Besprechungen zu verbringen oder mit der Bearbeitung von Papier, sondern sie sollten dort sein, wo das Geld verdient oder verschwendet wird – im GEMBA! Dies gilt natürlich auch für die Unternehmensberater. Die allermeisten Unternehmensberater kommen mit ihrem Auto vorgefahren, betreten das Unternehmen, werden zum Unternehmenschef geführt, sitzen für Stunden (oder Tage) mit dem Chef in dessen Büro – und verschwinden anschließend wieder. Einige Tage oder Wochen später kommt dann ein entsprechender Bericht mit Maßnahmen und Vorschlägen. *Welch ein Unsinn!* Kein Wunder, wenn dann viele Vorschläge der Unternehmensberater sich zwar wunderschön lesen oder wunderbar anzuhören sind, aber undurchführbar sind. (Apropos Unternehmensberater: Kennen Sie die Geschichte von den Fröschen? Nein? Gut, dann möchte ich sie Ihnen kurz erzählen: Jedes Jahr im Herbst hatten die Frösche das Problem, daß die gen Süden ziehenden Störche Jagd auf sie machten und einen Teil als Wegzehrung verspeisten. In ihrer Not beauftragten sie schließlich einen Unternehmensberater. Der Unternehmensberater ließ sich sämtliche Daten und Fakten geben, analysierte und schickte einige Wochen später seinen Bericht. Die Frösche studierten ihn aufmerksam. Die wesentliche Maßnahme war, kurz zusammengefaßt, folgende: Immer wenn die Störche gen Süden fliegen, sollten die Frösche in diesem Moment genau in die andere Richtung fliegen. Die Frösche waren verwirrt und riefen den Unternehmensberater an, wie er diesen Vorschlag denn meine, da sie doch gar nicht fliegen könnten. »Tut mir leid«, sagte der Unternehmensberater, »für die Umsetzung bin ich nicht zuständig, das müssen Sie schon selber tun!«)

Nein, eine positive Veränderung kann man nicht vom Schreibtisch aus herbeiführen, sondern sie funktioniert nur im GEMBA. Deshalb halte ich 80 Prozent der Unternehmensberater sowie der Unternehmensberatungen für uneffektiv. Da werden junge 26jährige BWL-Studenten frisch von der Uni geholt, durchlaufen ein einjähriges Ausbildungsprogramm – und sprechen dann Empfehlungen für Unternehmen aus, obwohl sie selber noch nie in ihrem Leben praktische Erfahrungen sammelten, geschweige denn aktiv im GEMBA gewesen sind. Bei INLINE lege ich deshalb größten Wert darauf, daß meine Unternehmensberater praxisbezogen sind. Natürlich sind auch BWL-Kenntnisse wichtig, denn man kann Zahlen nicht einfach außen vor lassen. Doch in erster Linie ist entscheidend, ob ein Unternehmensberater über eigene praktische Erfahrungen verfügt. Wenn ein solcher Berater ins GEMBA geht, dann erkennt er auf einen Blick die Schwachstellen und kann Sofortmaßnahmen einleiten.

Schicken Sie Ihre Manager also ins GEMBA. Reißen Sie Ihre externen Verwaltungsräumlichkeiten ein, lösen Sie sie auf und integrieren Sie Marketing, Verkauf, die F&E-Abteilung im GEMBA oder zumindest in unmittelbare Nähe. Alleine der Kommunikationseffekt, der zwischen den einzelnen Abteilungen dabei entstehen würde, wäre einzigartig. Sie glauben mir nicht? Nun, nehmen wir das Beispiel von Porsche. Als Wendelin Wiedeking den Vorstandsvorsitz von Porsche übernahm, änderte sich dadurch der gesamte Betriebsablauf, denn von ihm wurde eine ›Revolution‹ ausgelöst. Unter anderem engagierte er auch eine japanische Unternehmensberatung. Als die japanischen Berater bei Porsche eintrafen, tauschten sie zunächst ihre Anzugjakke gegen einen Blaumann ein und begaben sich – wohin wohl? – ins *GEMBA!*

Was ist Verschwendung?

Aus dem Kaizen-Management kennen wir folgende Definition: Alles, was nicht zur Wertschöpfung beiträgt, ist MUDA (Verschwendung) und muß eliminiert werden. MUDA zu beseitigen ist das beste Kaizen, denn es kostet nichts!

Um dies zu verdeutlichen, möchte ich Ihnen ein einfaches Beispiel vor Augen führen: Ein Arbeiter in der Produktion hat an seinem Arbeitsplatz die Aufgabe, ein Werkstück vom Förderband, das sich vor ihm befindet, zu nehmen, es in eine Maschine zu stecken und auf den Knopf zu drücken. Dann formt die Maschine automatisch das Werkstück, öffnet sich wieder, der Arbeiter nimmt das Werkstück heraus und legt es wieder auf das Förderband. Die tatsächliche *Wertschöpfung* findet nur in dem Augenblick statt, in dem die Maschine sich schließt, das Werkstück formt und sich wieder öffnet. Alle weiteren Situationen vor, während und nach dieser Wertschöpfung sind Verschwendung. Nach der westlichen Denkweise würde sich der Manager nun Gedanken machen, wo er eine Maschine erwerben kann, die diese Tätigkeit schneller ausführt. Hat man eine schnellere Maschine erworben oder konstruiert, dann würde das Förderband schneller gestellt und der Mitarbeiter müßte eine schnellere Leistung vollbringen. Nach der östlichen Kaizen-Denkweise würde überlegt werden:»Was kann eliminiert werden?« In diesem Falle würde vielleicht das Förderband, das das Werkstück vom letzten Arbeitsvorgang zu diesem Arbeiter transportiert, wesentlich verkürzt werden, genauso wie anschließend der Förderweg von diesem Mitarbeiter zum nächsten Arbeitsvorgang, die Maschine würde direkt im Förderband integriert werden, der Mitarbeiter würde vielleicht gleichzeitig zwei Arbeitsvorgänge auf einmal vollbringen (nämlich mit der linken und rechten Hand jeweils ein

Werkstück in jeweils eine Maschine legen; dies würde bereits eine Verdoppelung seiner Arbeitsproduktivität bedeuten). Natürlich würde auch nichts dagegen sprechen, eine schnellere Maschine zu erwerben – wenn die dafür notwendigen Investitionskosten sich amortisieren. Etwas zu eliminieren, etwas wegzulassen, etwas zu vereinfachen kostet in aller Regel nichts oder nur wenig – eine schnellere und bessere Maschine zu erwerben dagegen beeinträchtigt die Rentabilität eines Unternehmens durch die dabei entstehenden Investitionskosten enorm.

Nach unserer Strategie läßt sich Verschwendung jedoch nicht nur im Produktionsbereich vermeiden, sondern auch im Bereich der Verwaltung und sonstigen Bereichen. Sehen wir uns deshalb zunächst einmal folgende Aufstellung an, wo Verschwendung auftritt:

Verschwendung durch:	Beispiele:
Überproduktion:	Großer Lagerbestand. Erst beim Abbau fallen dann die eigentlichen Probleme auf.
Wartezeit:	Fällt immer dann an, wenn ein Mitarbeiter wartet und nichts tut, zum Beispiel dann, wenn eine Maschine arbeitet und Wertschöpfung vornimmt.
Transport:	Mag als notwendig erscheinen, schafft aber keinen Wertvorteil, deshalb abschaffen! Es gibt zwei Arten von Transport: großer Transport, etwa Förderband; kleiner Transport – bei jeder Tätigkeit, die ein Mitarbeiter ausführt.

Herstellungsart:	Wird meist durch Maschinen vorgenommen (Bewegung, Bearbeitung).
Umlaufbestände:	Etwa generelles Vorratslager, Vorräte innerhalb der Produktion an den einzelnen Fertigungspunkten, Lager teilgefertigter Produkte innerhalb der Fertigungskette usw.
Bewegung:	Immer wenn sich ein Mensch oder das Produkt bewegt. Auf Minimum beschränken.
Fehler:	Kommt Ausschuß.
Zu hohe Einkaufskosten:	Zu hohe Einkaufskosten bei Lieferanten usw.
Sonstiges:	Sonstige, nicht mit der Produktion zusammenhängende variable Kosten.

99 Prozent der Leser werden sich nun gemütlich in ihrem Sessel zurücklehnen, einige verdrehen vielleicht die Augen und beweihräuchern sich selbst: »Prima, das machen wir schon alles richtig!« Herzlichen Glückwunsch! Doch wie ist es zu erklären, daß die Produktivität der deutschen Betriebe vielfach noch immer hinter der japanischer oder auch amerikanischer Betriebe hinterherhinkt (selbst wenn die hohen Arbeitskosten einmal ausgeklammert werden)? Das Potential der Einsparungsmöglichkeiten ist immer noch immens. Ich weiß, daß viele Menschen glauben, es gäbe keine weiteren Einsparungsmöglichkeiten mehr. Doch erinnern Sie sich einmal zehn, zwanzig oder gar dreißig Jahre zurück: Auch damals glaubten die allermeisten Menschen, das Ende der Einsparungsmöglichkeiten sei erreicht. Doch

welche *Revolution* wurde seitdem ausgelöst? Vergleichen Sie die Produktivität von 1994 einmal mit der Produktivität von 1984 oder 1974 – ein gewaltiger Unterschied! Und nun wage ich einen Blick in das Jahr 2004 zu werfen: Zu diesem Zeitpunkt haben Sie entweder einen weiteren gewaltigen Produktivitätssprung geschafft – oder Ihre Firma existiert bereits nicht mehr!

Sie wissen nun, in welchen Bereichen Verschwendungen auftauchen, doch wie können Sie die Verschwendungen beheben? Nun, der erste Schritt ist: Gehen Sie zu GEMBA! Und mit ›Sie‹ meine ich nicht nur Sie, verehrte Leser, sondern all Ihre Manager und Mitarbeiter – vom Topmanagement bis hin zum Arbeiter. Beobachten Sie alles, was im GEMBA vor sich geht, und hinterfragen Sie alles. Die wichtigste Methode, wie die Verschwendung festzustellen ist:

Warum?

Gehen Sie zu GEMBA, und suchen Sie die Probleme:

• *Qualitätsprobleme (Ausschuß)*
Finden Sie Ihren Ausschuß. Wieviel Ausschuß wird produziert? Legen Sie Statistiken an. Machen Sie den Ausschuß sichtbar. Geben Sie den Mitarbeitern in der Produktion keine schriftlichen Erklärungen und Informationen, sondern stellen Sie – falls möglich – Plexiglasbehälter auf und sammeln Sie dort den Ausschuß. Machen Sie den Ausschuß der einzelnen Abteilungen, der einzelnen Teams, der einzelnen Mitarbeiter sichtbar. Alleine dieses Sichtbarmachen wird für eine Verminderung sorgen. Natürlich ist es Druck, aber es ist nicht unmenschlich. Auch die Führungskraft hat Druck, Erfolg abzuliefern. Viele Mitarbeiter arbeiten seit vielen Jahren, ohne daß es irgend jemanden interessiert, ob sie gut oder

schlecht arbeiten. Warum sollten Sie sich also anstrengen? Ab dem Zeitpunkt, ab dem auf Ausschuß geachtet wird, in dem die Mitarbeiter/Teams mit dem wenigsten Ausschuß ausgezeichnet werden, wird sich dieses Verhalten ändern. Eine weitere gute Methode, um Ausschuß zu vermindern, ist folgendes Gesetz:

Ausschuß wird

- nie angenommen,
- nie weitergegeben,
- immer zum Absender zurückgeschickt.

- *Wo finden Sie Vorrat an halb- und teilgefertigten Produkten?*
Wo finden sich überhaupt Vorräte an Teilen und Material? Gehen Sie durch GEMBA, und ›schnüffeln‹ Sie diese Vorräte auf. Legen Sie an jedem Ort, an jedem Platz ein Minimal- und Maximalvolumen fest, die vom Einzelteil vorrätig sein müssen. Wird zum Beispiel bei der Produktion der Maximalwert erreicht, dann sollte der Arbeitsprozeß gestoppt werden. Dadurch fällt sehr schnell die Verschwendung auf, und es muß eine Lösung, eine Standardisierung gefunden werden. Auch wenn das Minimalziel unterschritten wird, sollte der gesamte Arbeitsvorgang angehalten werden (zum Punkt ›Produktionslinie unterbrechen‹ kommen wir noch auf Seite 117 f.). Dies kann etwa dazu führen, daß von der Decke ein Meßdraht herabhängt, der die Höhe der maximal auf Lager produzierten Teile an diesem Platz begrenzt. Bei Toyota beispielsweise gab es die ›Brustwarzen-Kampagne‹, das heißt, es durfte maximal bis zu dieser Höhe produziert werden. Als dies dann perfekt funktionierte, wurde die ›Bauchnabel-Kampagne‹ ins Leben gerufen. Akzeptieren

Sie keine großen Vorratslager an keinem Platz innerhalb Ihres Unternehmens.

Gehen Sie auch in Ihr Lager und... lösen Sie es auf! Sie benötigen keinerlei Lager. Toyota und viele andere Firmen haben mittlerweile bewiesen, daß bei konsequenter Umsetzung der Verschwendungs-Strategie Lager überflüssig sind. Nennen Sie mir einen vernünftigen Grund, warum Sie größere Lager an Teilen, Vorräten und gefertigten Produkten besitzen sollten?

- *Förderbänder*
Jedes Förderband ist *keine Wertschöpfung,* sondern *Verschwendung.* Jedes Förderband sollte deshalb der Erzfeind des Unternehmens sein. Was machen Sie mit Ihrem ›Erzfeind‹? Suchen Sie den Kontakt oder meiden Sie ihn? Einverstanden, also eliminieren Sie möglichst viele Ihrer Förderbänder. Sehen Sie sich in Ihrem Unternehmen um: Jedes Förderband ist ein Erzfeind und muß eliminiert werden. Ein kleines Beispiel: Ein Montageband bei europäischen Automobilherstellern hat eine Länge von bis zu 1500 Metern, in Japan maximal 100 Meter... Dieser Unterschied mag Ihnen vielleicht etwas groß vorkommen, doch viele deutsche Unternehmen haben sich noch niemals Gedanken über den Transportweg von der Anlieferung der Vorräte bis zum Verlassen des fertigen Produktes gemacht. Machen Sie sich doch bitte einmal die Mühe und erstellen Sie ein grafisches Schaubild, in dem dargestellt wird, wie die Vorräte durch Ihre Produktionshalle laufen, ehe sie dann als fertiges Produkt die Werkshalle wieder verlassen. In manchen Betrieben kommt dabei folgendes Bild heraus:

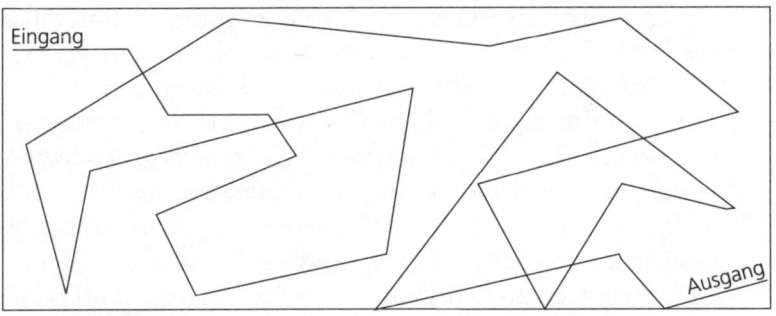

- *Sauberkeit*
  Die Einstellung zur Sauberkeit, der Respekt der Mitarbeiter zu ihrer Tätigkeit und damit auch zum gesamten Unternehmen verändert sich durch eine solche Maßnahme. Sauberkeit und Ordnung gelten für Produktion und Büro gleichermaßen. Sauber sollte nicht nur der persönliche Arbeitsplatz, sondern sauber sollte auch die Bekleidung jedes Mitarbeiters sein. Es ist deshalb kein Spaß, keine unnütze Ausgabe, wenn alle Mitarbeiter eine einheitliche Arbeitskleidung besitzen. Sie werden doch immer wieder einmal Kunden Ihre Produktion zeigen, oder? Was glauben Sie, wird sich wohl für ein Eindruck bei Ihren Kunden einprägen, wenn er ein ordentliches, sauberes Unternehmen vorfindet? Und nun sagen Sie bitte nicht, bei Ihren Kunden kommt es auf diese ›Gefühlsduseleien‹ nicht an, da zählen nur harte Fakten. Bereits Sigmund Freud stellte fest, daß alle unwichtigen Entscheidungen aus der Logik, aus dem Verstand heraus getroffen werden, alle wichtigen Entscheidungen dagegen aus dem Gefühl, aus dem Bauch heraus.

- *Übersichtlichkeit*
  Die Übersichtlichkeit ist zum einen wichtig für den Gesamteindruck und damit auch für die Sauberkeit Ihres Unternehmens. Doch Übersichtlichkeit geht noch weiter:

Befinden sich alle Werkzeuge, alle benötigten Betriebsmittel wirklich in unmittelbarer Nähe jedes Arbeitsplatzes? Hat jedes Werkzeug seinen bestimmten, angestammten Platz? In einigen Unternehmen ist es mittlerweile üblich, daß die Werkzeuge sich nicht nur direkt am Arbeitsplatz befinden, sondern darüber hinaus für jedes Werkzeug ein bestimmter Platz, vorgezeichnet auf der entsprechenden Unterlage, existiert. Auf diese Weise fällt zum einen auf, wenn ein Arbeitswerkzeug fehlt (»Wo ist es wohl hingekommen?«), auf der anderen Seite wird dadurch kostbare Arbeitszeit gewonnen. Diese Verschwendung ist häufig der Fall, nicht nur in Industrieunternehmen, sondern auch in Verwaltungen, Dienstleistungsunternehmen und im Handwerk. Wie wunderbar würde es aussehen, wenn in einer Kfz-Werkstatt absolute Sauberkeit und Übersichtlichkeit vorherrschen würde? Wieviel Zeit würde sich ein Kfz-Meister oder Kfz-Mechaniker sparen, wenn seine Werkzeuge am Arbeitsplatz alle eingezeichnet und ordnungsgemäß dort verwahrt wären? Wieviel Schwund würde auf diese Weise vermieden werden, weil es auffällt, wenn ein Werkzeug am Arbeitsplatz fehlt?

● *Maschinenstillstände*
Maschinenstillstände können die unterschiedlichsten Ursachen haben: Wartungsarbeiten, Reparaturmaßnahmen oder – der Minimal- bzw. Maximalstand bei einem Produktionspunkt wurde unter- bzw. überschritten. Ein Maschinenstillstand ist natürlich das Schlimmste, was in einem Unternehmen geschehen kann. Glaubt zumindest das Management, und deshalb wird unter allen Umständen vermieden, daß eine Maschinenstraße angehalten wird. Was für eine katastrophale Fehleinschätzung! *Gerade* der Maschinenstillstand sorgt doch dafür, daß Probleme und Mißstände aufgedeckt werden. Ermuntern Sie

deshalb alle Mitarbeiter innerhalb der Produktionsstraße dazu, die gesamte Maschine anzuhalten, sobald etwas Ungewöhnliches passiert. In diesem Falle geht das Licht an, vielleicht ertönt sogar für ein paar Sekunden ein akustisches Signal. Doch Achtung: Im Normalfall geht ein Manager zu GEMBA, wenn ein solcher Vorfall auftritt. Er überprüft nun alles und leitet die Sofortmaßnahmen ein, da ja Maschinenstillstandszeiten immer ein Zeichen von Schwäche, von Mißerfolg sind und er dies letztlich zu verantworten hat. Allerdings ist dies der falsche Weg: Erst müssen die Ursachen der Abweichung herausgefunden werden, dann muß die Ursache an der Quelle beseitigt werden. Anschließend muß eine *Standardisierung* erfolgen, so daß dieser Vorfall in Zukunft nicht mehr auftritt. Es ist gut und positiv, wenn eine Maschine gestoppt wird – doch nie zweimal wegen der gleichen Ursache!!!

- *Wartezeiten von Mitarbeitern*
  Sehen Sie irgendwo Mitarbeiter, die warten? Warum? Wartezeit bedeutet Verschwendung größten Ausmaßes. Eine Arbeitsstunde kostet ca. 44 Mark, eine Minute also ca. 73 Pfennig, eine Sekunde ca. 1,2 Pfennig. Wenn ein Mitarbeiter pro Minute 10 Sekunden wartet, dann bedeutet dies eine Verschwendung von bis zu 10 000 Mark pro Jahr. Wenn ein Mitarbeiter alle 30 Sekunden 10 Sekunden wartet, bedeutet dies bereits eine Verschwendung von bis zu 20 000 Mark pro Jahr. Deshalb sollte jede Wartezeit auf ein Minimum beschränkt werden. Oftmals ist es auch so, daß ein Mitarbeiter mit nur einer Hand arbeitet, obwohl es durchaus denkbar wäre, sowohl mit der linken als auch mit der rechten Hand die gleiche Tätigkeit auszuführen. Lachen Sie bitte nicht, denn eine solche Maßnahme würde die Produktivität des Mitarbeiters glatt verdoppeln – nur in den allermeisten Fällen wird eine Möglichkeit gesucht, wie ein Mitarbeiter mit der

rechten Hand noch schneller arbeiten kann – während seine zweite Hand vergessen wird!

- *Überschreiten der kalkulierten Kosten*
Es wurden Ziele vereinbart, wieviel ein Produkt in der Herstellung kosten darf. Doch bei Überprüfung stellen Sie fest, diese Kosten werden übertroffen. Warum? Gehen Sie der Sache so lange nach, bis Sie die Ursache erkannt haben, denn eine Ursache muß existieren!

- *Schlechte Arbeitsmoral*
Unterhalten Sie sich immer wieder mit den Mitarbeitern, einzeln, in Gruppen oder in Workshops. Sehr schnell finden Sie dabei heraus, wo Konfliktpotential existiert. Gehen Sie wieder der Sache auf den Grund. Warum gibt es Konflikte?

- *Gegenstände*
Schauen Sie sich einfach im GEMBA um, und überlegen Sie, was von den ganzen Gegenständen, die dort überall aufbewahrt sind, tatsächlich benötigt wird. Wenn Sie etwas bemerken, das seit längerem nicht benutzt wird, so stellen Sie wieder die obligatorische Frage: *Warum?* Gehen Sie der Sache auf den Grund. Es gibt Manager, die laufen mit roten Fahnen durch GEMBA und stecken überall dort eine der Fahnen ein, wo sie nicht wissen, warum dieser Gegenstand, dieser Vorrat benötigt wird. Die Mitarbeiter im GEMBA müssen dann beweisen, daß sie diese Sache tatsächlich öfters benötigen. Als Faustregel gilt die Dauer von zwei bis vier Wochen. Alles, was nicht innerhalb dieser Zeitspanne benötigt wird (und zwar regelmäßig!), muß entfernt werden. Auf diese Weise stellen Sie fest, was vielleicht zuviel eingekauft oder fälschlicherweise investiert wurde. Aber all diese überflüssigen Dinge kosten Geld und sind damit Verschwendung!

- *Bearbeitung*
Sehen Sie sich ruhig auch den Bearbeitungsvorgang der
einzelnen Maschinen an. Erkundigen Sie sich, ob es hier
nicht Möglichkeiten der Effizienzsteigerung gibt. Vielleicht gibt es die Möglichkeit, die Leistungsfähigkeit der
Maschine zu steigern. Vielleicht gibt es ja mittlerweile
auch neue, schnellere Maschinen auf dem Markt. Doch
Achtung: Investitionen im Maschinenbereich kosten
Geld. Bitte wägen Sie deshalb genau ab, welche Investitionen Sie tatsächlich benötigen und ob diese Investitionen auch wirklich im richtigen Verhältnis zu den Einsparungen liegen. Überprüfen Sie auch, ob nicht möglicherweise bereits neue, sensationelle Maschinen entwickelt
werden und ob Sie Ihre Investition nicht noch einmal
zurückstellen wollen. *Investitionen kosten Geld!*

- *Warum?*
Wenn Sie irgend etwas nicht verstehen (das gilt natürlich
wieder übertragen für alle Mitarbeiter des Unterneh-
mens), dann stellen Sie die Warum-Frage. Ein kleines
Beispiel:
Sie befinden sich im GEMBA und sehen, daß einer der
Mitarbeiter Sägemehl ausstreut. Kommt Ihnen das nor-
mal vor? Gehört es zum normalen Produktionsablauf?
Nein, also beginnen Sie mit den Warum-Fragen:

»Warum?« »Weil man sonst ausrutschen könnte.«
»Warum?« »Weil es glatt ist.«
»Warum?« »Weil dort Öl ist.«
»Warum?« »Weil es aus dieser Maschine läuft.«
»Warum?« »Da ist etwas defekt.«
»Warum?« »Ein Dichtungsring ist kaputt.«
»Warum?« »Der geht regelmäßig defekt.«
»Warum?« ...

Je länger und hartnäckiger Sie die Warum-Frage stellen, desto stärker nähern Sie sich der Ursache. Vielleicht besteht die Lösung dieser »Verschwendung« darin, daß in Zukunft Dichtungsringe eingekauft werden, die eine längere Lebensdauer besitzen. Vielleicht besteht die Lösung darin, daß diese Dichtungsringe regelmäßig gewartet, das heißt ausgetauscht werden, *bevor* sie defekt sind und Öl aus der Maschine läuft. Egal aber, was die Ursache ist – beseitigen Sie sie und standardisieren Sie die Sache dann. Auf diese Weise haben Sie die Verschwendung ein für allemal aus Ihrem Unternehmen eliminiert. ›Warum‹ läßt sich auch in Bereichen außerhalb der Produktion immer hervorragend einsetzen, ob es sich nun um die Verwaltung oder um eine Kundenbeschwerde handelt. Sie haben einen Kunden verloren, oder die Bestellungen eines bestimmten Kunden werden weniger? Warum? – In diesem Falle sollte der Kunde danach gefragt und genau herausgefunden werden, was die Ursachen sind. Liegen die Ursachen bei uns oder bei unserem Kunden? Können wir ihm bei seinen Problemen vielleicht sogar helfen? Auch in der Verwaltung sollte alles mit ›Warum‹ hinterfragt werden. Sie werden überrascht sein, wenn Sie den Dingen durch mehrmalige ›Warum‹-Fragen nachgehen, was alles unnötig ist und ›Verschwendung‹ bedeutet.

- *Mitarbeiter*
Die meisten Firmen haben zu viele Mitarbeiter. Je mehr Mitarbeiter beschäftigt sind, desto mehr Fehler werden gemacht. Bevor die Revolutions-Strategien in einem Unternehmen auch *tatsächlich* umgesetzt werden, kann davon ausgegangen werden, daß das Unternehmen doppelt so viele Mitarbeiter beschäftigt, wie es eigentlich benötigen würde (auch und gerade in der Verwaltung! Prof. Parkinson läßt grüßen). Verringern Sie also die Anzahl der Beschäftigten, allerdings, wie bereits erwähnt,

nicht durch Entlassungen, sondern indem die Mitarbeiter in einer anderen Abteilung weiterbeschäftigt werden. Das Ganze funktioniert natürlich nur, wenn das Unternehmen sich in einer Expansionsphase befindet – doch das, wie ich bereits mehrfach erwähnt habe, sollte ja eigentlich das Ziel eines jeden Unternehmens sein!

- *Einkauf*
Durchforsten Sie Ihren Einkauf. Auch hier sind meistens noch riesige Potentiale ungenutzt. Ich weiß, Ihre Lieferanten stöhnen, und einige von ihnen befinden sich bereits kurz vor dem Exodus. Doch das kann und ist nicht Ihr Problem. Überprüfen Sie deshalb bitte folgende Möglichkeiten, Verschwendung zu vermeiden:
  - Verringern Sie die Anzahl der Lieferanten.
  - Dadurch geben Sie den verbleibenden Lieferanten die Möglichkeit, den mit Ihnen getätigten Umsatz zu steigern.
  - Forcieren Sie die Lieferung von vorgefertigten Komponenten, so daß ein Teil der Fertigung bereits von Ihren Lieferanten vorgenommen wird (Stichpunkt ›Auslagern‹).
  - Fordern Sie von den verbliebenen Lieferanten günstigere Einkaufspreise, oder frieren Sie zumindest die Einkaufspreise für die nächsten drei bis fünf Jahre ein.
  - Möglicherweise sind Sie mittlerweile ja auch eine solche Kapazität im Bereich der Eliminierung von ›Verschwendung‹ geworden, daß Sie Ihre Lieferanten beraten können. Der legendäre Ignacio Lopéz hat dies des öfteren getan und teilweise bei den Automobilzulieferern phantastische Einsparungen erzielt. Ja, warum nicht: Helfen Sie Ihren Lieferanten, selber Kosten einzusparen, und verlangen Sie dafür im Gegenzug, einen Teil dieser Einsparungen an Sie weiterzugeben. Die Gewinnmarge Ihrer Lieferanten verändert sich da-

durch keinesfalls negativ, wird möglicherweise sogar gesteigert – während Ihre eigenen Kosten dadurch gesenkt werden können.

- *Sonstiges*
Unterschätzen Sie bitte auch nicht die Bereiche, die vordergründig nichts mit GEMBA zu tun haben. Gerade der ›Kleinmist‹ ist es, der in der Addition gehörige Einsparungsmöglichkeiten impliziert. Vortrefflich geeignet, um diese Verschwendungen aufzuspüren, sind Workshops der Mitarbeiter. Rufen Sie die einzelnen Abteilungen auf, innerhalb von vier Wochen Workshops zum Thema ›Kosteneinsparungen‹ vorzunehmen. Geben Sie dabei bestimmte Ziele vor, die erreicht werden müssen (und denken Sie sich Belohnungen aus). Bei diesen Workshops habe ich bereits die ›unmöglichsten‹ Einsparungsmöglichkeiten erlebt – die aber dennoch zur Ertragssteigerung beigetragen haben. Einige Beispiele dieser ›Banalitäten‹ gefällig?
Beispiel ›Toiletten‹: Unglaublich, welchen Einfallsreichtum Mitarbeiter beim ›stillen Örtchen‹ an den Tag legen. Von Riesenklopapierrollen über einfacheres Klopapier, einen sparsameren Wasserhahn bis hin zu der Idee, ein bis zwei Ziegelsteine in den Wasserbehälter zu legen, so daß bei jeder Spülung Wasser eingespart wird, lauteten die Einfälle. Bitte lachen Sie nicht. Bei der Fichtel & Sachs AG, einem Tochterunternehmen der Mannesmann-Gruppe, wurde ein ›Energiespar-Projekt‹ unter den Mitarbeitern gestartet. Die vielen kleinen Ideen sorgten für ein jährliches Einsparergebnis in Millionenhöhe.
Beispiel ›Altpapier‹: Die riesigen Mengen Altpapier können verwendet werden als ›Schmierpapier‹ in den Büros oder für Kopien, die nicht nach außen gehen und nur intern verwendet werden.
Beispiel ›Versicherungen‹: In vielen Branchen gibt es Versicherungsmakler, die nicht nur die günstigste Versiche-

rung heraussuchen, sondern sich auf diese Branche spezialisiert haben. Dadurch kann der Versicherungsmakler äußerst günstige Preise für die einzelnen Firmen der Branche erreichen. Erkundigen Sie sich doch einmal innerhalb der Branche, ob es einen Makler gibt, der sich auf Ihre Branche spezialisiert hat.

Beispiel ›Finanzierungskosten‹: Bei jedem wird eingespart, bei jedem Lieferanten wird verhandelt, nur nicht bei den Banken! Verhandeln Sie hart mit den Banken. Gerade Kontoführungsgebühren, also die Kosten pro Buchungsbeleg usw., können sich zu hohen Beträgen summieren. Nutzen Sie die modernen Möglichkeiten der EDV, und übertragen Sie Ihre Überweisungen, Lastschriften usw. per Datenfernleitung. Sie sparen dabei nicht nur die Kosten der Bankgebühren, sondern darüber hinaus zusätzliche Wege zur Bank (was wieder eine ›Verschwendung‹ bedeutet). Holen Sie sich Vergleichsangebote ein.

Möglichkeiten gibt es viele – doch gerade in diesem Bereich ›Sonstiges‹ steuern die meisten Ideen Ihre Mitarbeiter bei – Sie müssen nur diesen unerschöpflichen Fundus anzapfen.

Doch alle Anstrengungen bei der ›Verschwendung‹ nützen natürlich nichts, wenn die Verbesserung tatsächlich nicht eintritt. Wie können Sie deshalb sicher sein, daß Verbesserungen erfolgen? In vielen Unternehmen geben Plakate im GEMBA Aufschluß über die entsprechenden Trends. Ob es sich nun um die Erfüllung des Produktionsplanes, Senkung des Ausschusses, Reduktion der Transportzeit usw. handelt. Dabei ist es immer notwendig, daß im GEMBA die Prognose (gemeinsam erarbeitet, ein Ziel, das von allen Mitarbeitern getragen wird) veröffentlicht wird. Dieser Prognose, diesem Ziel steht dann natürlich der Trend, also das Ergebnis, gegenüber. Und nun werden alle Mitarbeiter angehalten, sich ständig und permanent darüber zu informieren, ob die Prognose, das Ziel eingehalten, möglichst sogar übertroffen wird. Sobald Sie feststellen, daß der Trend negativ von der Prognose abweicht, müssen natürlich sofort die Mitarbeiter versammelt werden, um das Problem zu diskutieren, der Ursache auf den Grund zu gehen und eine Lösung zu finden.

Und nun möchte ich Ihnen noch ein Musterbeispiel liefern, wie die ›Verschwendungs-Strategie‹ optimal in die Praxis umgesetzt werden kann. Mein Nachbar ist ein sogenannter ›fahrender Italiener‹, nämlich ›Antonios Pizza-Expreß‹. Dabei handelt es sich um eine Art Wohnwagen, der speziell in einen Pizza-Imbißstand umgebaut wurde. Antonio hat alle Vorräte, die er benötigt, innerhalb von 1,50 Meter an seinem Arbeitsplatz. Alle Werkzeuge, alle Mittel, die er zur Verarbeitung benötigt, befinden sich ebenfalls in unmittelbarer Reichweite – an einem dafür vorgesehenen Ort. Der Pizza-Expreß ist immer blitzblank sauber und ordentlich, denn jeder Kunde kann direkt sein GEMBA in Augenschein nehmen – und ein unordentlicher, verschmuddelter Pizza-Wagen würde nicht gerade für eine Erhöhung des Stammkundenanteils sorgen. Die Transportwege sind äußerst gering. Wartezeiten hat Antonio fast keine, er arbeitet auch nicht nur mit der rechten, sondern mit beiden Händen. Den Materialeinkauf hat er auf ein Minimum zurückgeführt.

Eine kleine Pizza, die er für 8 Mark verkauft, kostet ihn gerade einmal 80 Pfennig im Wareneinkauf. Rechnen wir noch einmal großzügig 20 Pfennig Allgemeinkosten hinzu – dann verbleiben die restlichen 7 Mark für die Arbeitsleistung und für seinen Gewinn. Und Antonio, davon gehe ich einmal aus, erwirtschaftet einen recht guten Gewinn. Den einzigen Vorwurf, den ich Antonio machen muß (oder auch wieder nicht, das ist Einstellungssache!), ist, daß er seine geniale Idee nicht multipliziert, aber vielleicht möchte er das ja gar nicht... Auf jeden Fall ist Antonios Pizza-Expreß ein Paradebeispiel dafür, wie ›Verschwendung‹ auf ein Minimum zurückgeführt werden kann. Und nun überlegen Sie nicht lange, nun diskutieren Sie nicht lange, beginnen Sie damit, die Sache anzupacken! Wann? Jetzt, sofort!

Leitthesen zu 4.3.

① Kaizen ist out, denn es ist die Grundvoraussetzung, um überhaupt noch in der Zukunft wettbewerbsfähig zu sein!

② Der Erfolgsweg der Zukunft ist:
  – Innovation → Kaizen → Innovation → Kaizen → Innovation → Kaizen → usw.

③ Denke und Einstellung der Mitarbeiter entscheiden über die Zukunft Ihres Unternehmens!

④ Je höher die Arbeitsmoral der Mitarbeiter ist, desto höher ist der Gewinn des Unternehmens!

⑤ Erfolg ist abhängig von der Menge der gelösten Probleme!

⑥ Alles, was nicht zur Wertschöpfung beiträgt, ist Verschwendung und muß eliminiert werden!

⑦ Stellen Sie möglichst oft die beste aller Fragen: Warum?

4.4. Dezentralisieren Sie!

Hierarchien abbauen

Sie wissen nicht, was eine Hierarchie ist? Natürlich wissen Sie das, aber lassen Sie uns einmal festhalten, daß es noch vor ca. fünf Jahren in Deutschland ganz ›normal‹ war, wenn ein Konzern, der etwa zwei Milliarden Mark im Jahr umsetzt, sieben bis zehn Hierarchiestufen besaß. General Motors kam in seinen besten Zeiten auf 25 Hierarchiestufen, gemessen vom Vorstandsvorsitzenden bis hin zum Arbeiter in der Produktion. Ich möchte Ihnen deshalb nochmals den bisherigen Aufbau von Firmen graphisch erläutern:

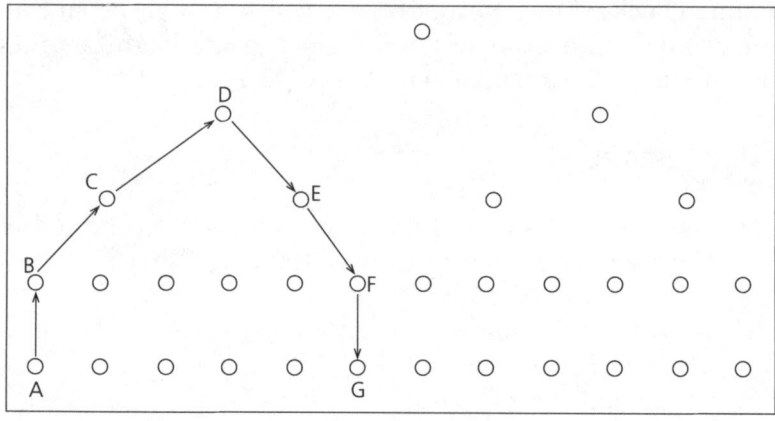

Nehmen wir einmal an, Mitarbeiter A möchte mit Mitarbeiter D kommunizieren und vielleicht sogar etwas beschließen. Dann bestand bisher nur die Möglichkeit, dies per ›adD‹ (auf dem Dienstweg) vorzunehmen. Sie können dann gerne den Verlauf auf der obigen Grafik nochmals genau ansehen. Mitarbeiter A. wendet sich an seinen direkten Vorgesetzten B. Dieser prüft, gibt einen Kommentar dazu ab, leitet es weiter an den Abteilungsleiter C., dieser prüft, genehmigt, leitet es weiter an den Direktor D., dieser prüft nicht mehr (auf dieser Stufe hat man es erstens nicht mehr nötig zu prüfen und zweitens meistens nicht mehr die Zeit oder die Fähigkeiten dazu) und leitet es weiter an den Abteilungsleiter E. Dieser liest, informiert sich, gibt es weiter an den Vorgesetzten F., ehe es dieser (falls er wohlwollend auf den Mitarbeiter gestimmt ist) an Mitarbeiter G. weiterleitet.

Zugegebenermaßen: Vielleicht nicht ganz die Praxis, aber oftmals die bittere Wahrheit! Hierzu ein kleines Beispiel: Die AOK gründete den ›Club Bleib gesund‹. Dieser hat das Ziel, den Clubmitgliedern besondere Vergünstigungen und Vorteile zu verschaffen. Unter anderem kooperiert die AOK mit ca. 500 Freizeit- und Fitneß-Centern in Deutschland, die als ›Gesundheitszentren‹ fungieren. Nun wurde diese Kooperation zwischen der AOK-Deutschlandzentrale und der Vereinigung dieser Freizeiteinrichtungen vereinbart. Die AOK besteht nicht alleine aus der Deutschlandzentrale, sondern aus den örtlichen Geschäftsstellen. Und hier nun bestand folgende Schwierigkeit: Die örtlichen Geschäftsstellen mußten darüber informiert werden, daß in ihrem Gebiet ein solches Gesundheitszentrum existiert und bereits eine Vereinbarung getroffen wurde. Was glauben Sie, welche Zeit wurde benötigt, um dies zu bewerkstelligen? Ich weiß es nicht, auf alle Fälle hätte es mehrere Wochen, wenn nicht gar Monate gedauert. Denn es hätte erst verschiedene Instanzen bei der Deutschlandzentrale durchlaufen müssen. Es hätten erst mehrere Stellen die Genehmigung erteilen müssen, damit eine entsprechende Information an die örtlichen Geschäftsstellen weitergeleitet worden wäre. In diesen örtlichen Geschäftsstellen wäre dann das gleiche Procedere vor sich gegangen, ehe dann schließlich die Mitarbeiter an der Kundenfront diese Informationen erhalten hätten. Bis dahin wären sicherlich mehrere Wochen vergangen! Also wurde dieser normalerweise übliche Weg ausgelassen, und die Clubs haben sich direkt vor Ort an die Geschäftsstelle gewandt.

Sie glauben, das sei eine Ausnahme? Nun, nach meinen Erfahrungen ist dies eher die Regel als ein Sonderfall. Es hat sich wirklich nichts seit 1957 geändert, als Parkinson sein Gesetz erstmals veröffentlichte. Laut Parkinsonschem Gesetz gibt es zwei Lehrsätze, welche für eine ständige Ausweitung der Hierarchie verantwortlich sind:

① Jeder Angestellte wünscht die Zahl seiner Untergebenen, nicht aber die Zahl seiner Rivalen zu vergrößern, und

② Angestellte oder Beamte schaffen sich gegenseitig immer mehr Arbeit.

Parkinson beschreibt in seinem Buch so treffend, wie zwei Mitarbeiter, A und B, die anfallende Arbeit erledigen. Als Mitarbeiter A die Arbeit zuviel wird, hat er die Wahl, entweder um seine Entlassung zu bitten, seinen Kollegen darum zu bitten, ihm zu helfen (was die Gefahr impliziert, dadurch einen Gleichberechtigten ins Spiel zu bringen, der sich möglicherweise später als Rivale bei der Beförderung erweist) und als dritte und letzte Möglichkeit, um zwei Untergebene zu bitten. Laut Parkinson gibt es in der Weltgeschichte kein einziges Beispiel, daß ein anderer als der dritte Weg gewählt wurde. Er beschreibt dann treffend die entsprechenden ›Spielchen‹ – ehe dann am Ende insgesamt sechs Mitarbeiter die Arbeit erledigen, die vormals von zwei geschafft wurde. An dieser Stelle sei darauf hingewiesen, daß Parkinson mit einem überaus köstlichen britischen Humor gesegnet ist, seine Gesetze immer entsprechend mit Ironie und beißendem Spott würzte – ohne daß sich dadurch jedoch etwas an den Tatsachen ändern würde.

Nun, Sie können Parkinsons Gesetze sehen, wie Sie wollen – Tatsache ist jedoch, daß jede Organisation – ob nun staatlich oder privat – permanent daran arbeitet, sich selber zu vergrößern und aufzublähen. Wie groß ist Ihre Organisation, Ihre Verwaltung? Besitzen Sie mehr als drei Hierarchiestufen? Dann sollten Sie als ›Quantensprung‹ das Ziel haben, innerhalb von sechs Monaten die Hierarchieebenen herunterzusetzen.

Wo bitte steht denn als Gesetz geschrieben, daß ein Unternehmen nur durch mindestens fünf, sechs oder noch mehr Hierarchiestufen zu leiten ist? Wer hat den Beweis angetreten, daß es nicht möglich sei, ein Unternehmen mit nur drei Hierarchiestufen zu leiten? Je mehr Mitarbeiter in Verwaltung, Organisation und Controlling arbeiten, desto mehr Hierarchien und Zentralisierung gibt es. Bauen Sie Hierarchiestufen ab, und Ihr Unternehmen wird automatisch flexibler, schneller, produktiver.

Das ideale Unternehmen ist wie eine Fußballmannschaft: Eine Hierarchiestufe!

Die großen ›Elefanten‹ arbeiten bereits seit Jahren an der Dezentralisierung ihrer Unternehmen – bisher ohne großen Erfolg. Beispiel IBM: IBM verkaufte die Tochter Lexmark (Schreibmaschinenhersteller) als ›Management-Buyout‹: Innerhalb von fünfzehn Monaten wurde alles komplett umstrukturiert. Danach benötigte Lexmark 60 Prozent (!) weniger Verwaltungspersonal und erzielte einen Gewinn nach vorherigem Verlust als IBM-Tochter. Warum funktionierte das nicht, als Lexmark noch zu IBM gehörte?

Die Antwort ist einfach: Weil die Dezentralisierung, die revolutionäre Umstrukturierung nur halbherzig verfolgt wurde. Und so ergeht es vielen größeren Firmen. Sie wissen um die Notwendigkeit der Dezentralisierung, der Flexibilität innerhalb ihres Betriebes – aber sie wollen die vermeintliche Sicherheit der Kontrolle nicht gänzlich aufgeben. Doch so funktioniert das Spiel nicht: Entweder Sie revolutionieren zu 100 Prozent – oder gar nicht. Entweder Sie entschließen sich, das Unternehmen zu revolutionieren – oder Sie lassen es bleiben. Ein ›bißchen‹ Revolution sorgt nur für Verwirrung und Chaos, bringt aber keine positiven Ergebnisse.

Ein Großkonzern, der die Dezentralisierung sehr gut umgesetzt hat, ist die Firma ABB, Asea Brown & Boverie. ABB erzielte 1990 in rund vierzig Ländern der Welt einen Gesamtumsatz von ca. 50 Milliarden Mark. Der Gewinn kletterte von 900 Millionen Dollar 1988 auf mittlerweile ca. 2,4 Milliarden Dollar (1994). Dieser Umsatz wurde erzielt mit weltweit ca. 215 000 Mitarbeitern. Ein gewaltiger ›Elefant‹ also. Doch Percy Barnevik, der Vorstandsvorsitzende von ABB, hat das Kunststück geschafft, den Konzern vollständig zu dezentralisieren und ein schnelles, flexibel reagierendes Konglomerat von Tausenden kleinster Einheiten zu bilden. Insgesamt wurden ca. 5000 selbständige Profitcenter gebildet, in denen jeweils durchschnittlich ca. 50 Mitarbeiter beschäftigt sind. Die Besonderheit dabei ist, daß die Mitarbeiter zum einen an den Gewinnen partizipieren – andererseits aber auch am Risiko beteiligt sind. Jeder Werksleiter muß damit rechnen, daß seine Fabrik dichtgemacht wird, wenn anderswo billiger produziert wird. Und wer nicht mithalten kann, muß gehen. Wenn ein Profitcenter zwei Jahre nacheinander Verlust macht, wird es liquidiert!

Bauen Sie Hierarchiestufen ab, und sorgen Sie dafür, daß Ihre Mitarbeiter an der Basis mehr Verantwortung erhalten. Perfekt umgesetzt hat dies beispielsweise der Hotelkonzern Ritz-Carlton. Gegründet wurde die Ritz-Carlton-Hotelkette von William B. Johnson. 1965 mußte er noch einen Kredit über 500 Dollar aufnehmen, um seinen Vater zu beerdigen. Er begann mit Immobilien, gründete dann ein Nasch-Franchise-System (Süßigkeiten). 1983 schließlich eröffnete er das erste Ritz-Carlton in den USA. Die Preise pro Zimmer liegen heute zwischen 400 und 4000 Dollar pro Nacht. William B. Johnson verdiente zu Beginn seiner Karriere 270 Dollar – heute ist er mehrfacher Millionär. Seine zwei Tips für unternehmerischen Erfolg lauten:

① Immer von ganz unten anfangen!
② Von einer Idee beseelt sein!

Das Motto in den Ritz-Carlton-Hotels heißt dabei: »Ladys and Gentlemen bedienen Ladys and Gentlemen«. Früher war es üblich gewesen, daß Mitarbeiter bei ihren Vorgesetzten nachfragen mußten, ehe auch nur ein einziger Dollar für irgend etwas investiert wurde. Heute hat jedes Zimmermädchen eine Vollmacht von bis zu 2500 Dollar (!), die sie einsetzen kann, um Probleme mit Gästen zu lösen. Ist das nicht eine unglaubliche *Revolution?* Wieviel Verantwortung tragen Ihre Mitarbeiter? Bis zu welcher Größenordnung können Ihre Ingenieure Entscheidungen treffen? Bei dem Schweinfurter Großkonzern FAG Kugelfischer (der 1992 kurz vor dem Konkurs stand) mußten alle Ausgaben, die 800 Mark überstiegen, vom Vorstandsvorsitzenden (!) unterschrieben werden. (Mittlerweile konnte der neue Vorstandsvorsitzende, Peter Jürgen Kreher, im Mai 1995 jedoch wieder Gewinne vermelden.)

Es ist *kein* Zufall, daß Firmen, die sich intensiv darum bemühen, klein, schnell und flexibel zu sein, mehr Erfolg im Markt besitzen als die trägen, großen Unternehmen. Die Hierarchiestufen sind eine Hauptursache für ›Verschwendung‹ – und müssen deshalb auf ein Minimum zurückgeführt werden! (Ganz deutlich wird dies in Kapitel 5.) Denn wie sollen die Mitarbeiter den Kundennutzen steigern und den Kunden als wichtigstes Gut im Auge behalten, wenn sie permanent bei jeder Entscheidung ihren Vorgesetzten um Rat oder Erlaubnis fragen müssen?

Dezentralisierung heißt, daß Sie keine Hauptzentrale mehr, zumindest nur eine winzig kleine besitzen. Richard Branson, der Boß des britischen Virgin-Konzerns, verwaltet seinen Mischkonzern mit insgesamt fünf Mitarbeitern in der Hauptzentrale. Bei den meisten Großkonzernen arbeiten in der Hauptzentrale immer noch Tausende von Mitarbeitern. Haben Sie noch das Beispiel von ABB in Erinnerung? Tom Peters, der amerikanische Managementguru, stellte einmal die These auf, daß eine Hauptzentrale pro 1,5 Milliarden Mark Umsatz maximal fünf Mitarbeiter beschäftigen darf! Wie viele Mitarbeiter beschäftigen Sie in Ihrer Zentrale, wie groß ist Ihr Stab? Wieviel Controller, Planer, Marktforscher, Direktoren, Vorstände usw. haben Sie?

Dezentralisierung bedeutet, daß alle Mitarbeiter, vom Top-management bis hin zum Mitarbeiter, nur noch 10 Prozent ihrer Zeit im Büro und 90 Prozent bei den Mitarbeitern und Kunden verbringen.

Dezentralisierung bedeutet, daß Sie kommunizieren, soviel es nur geht. Schließen Sie möglichst viele Ihrer Mitarbeiter an Ihr Computernetzwerk an. Sorgen Sie für eine zentrale Datenbank, bei der jeder Mitarbeiter im gesamten Unternehmen (wobei es keine Rolle spielt, ob am selben Ort, im selben Land oder im selben Erdteil) auf die Daten und Fakten jederzeit zurückgreifen kann. Jeder Mitarbeiter sollte permanent und überall erreichbar sein. Statten Sie deshalb Ihre Mitarbeiter möglichst mit tragbaren Telefonen aus. Statten Sie Ihre Mitarbeiter mit Laptops aus, die über Modem jederzeit an das zentrale Datennetz des Unternehmens angeschlossen werden können. Gerade die an der Kundenfront tätigen Außendienstler sind hier oft unzureichend ausgerüstet. Wieviel Zeit könnte gespart werden, wenn der Außendienstler sich jederzeit in das zentrale Datennetz ›einklinken‹ könnte?

Um dezentralisieren zu können, also die Verantwortung von oben nach unten immer mehr abzugeben, benötigen Sie allerdings selbständige Mitarbeiter. Um selbständig arbeiten zu können, benötigen diese jedoch zum einen Wissen und Know-how, andererseits aber auch eine entsprechend starke Persönlichkeit. Bilden Sie deshalb ›hemmungslos‹ aus. Geben Sie Ihren Mitarbeitern Know-how, auch in Bereichen, die mit der eigentlichen Arbeit selbst nichts zu tun haben. Die Persönlichkeit, die Fähigkeit, mit Menschen umgehen zu können, gewinnt immer mehr an Bedeutung – nicht nur im Top-Management, sondern auch und gerade bei den Mitarbeitern an der ›Kundenfront‹. Was nützt es, wenn der Manager ständig Seminare besucht, auf denen er etwas vom Umgang mit Menschen, vom Kundennutzen, Kundenservice usw. hört, während gleichzeitig der Außendienstmitarbeiter vor Ort sein letztes Seminar vor zehn Monaten besucht hat. (Ich lege deshalb bei meinen Seminaren allergrößten Wert darauf, daß bei den Folgeseminaren auch die Mitarbeiter der Unternehmensleiter teilnehmen.)

Um dezentralisieren zu können, müssen Sie Ihre Firma öffnen. Machen Sie Ihr Unternehmen transparent. Geben Sie allen Mitarbeitern die Möglichkeit, sich ständig und umfassend über die Firma zu informieren. Was gibt es für ein ›Geheimnis‹, das ein Unternehmen dem Mitarbeiter nicht verraten könnte? Zum einen wissen die Mitarbeiter meist viel früher, ob es gut oder schlecht um ihr Unternehmen bestellt ist (denn diese bekommen die ›Frühwarnindikatoren‹ am ehesten mit), zum anderen sei die Frage gestattet, welche Zahlen denn geheimgehalten werden müssen. Wie können Sie erwarten, daß die Mitarbeiter kostenbewußt denken, daß sie sich für die Firma einsetzen, wenn ihnen vielleicht gar nicht einmal bewußt ist, wie es um die Firma steht? Wie wollen Sie erwarten, daß Kosten eingespart werden – wenn die Mitarbeiter gar nicht wissen, welche Kosten eigentlich produziert werden? In vielen der von uns beratenen Unternehmen wurden regelrechte ›interne betriebswirtschaftliche Seminare‹ veranstaltet, um Transparenz umzusetzen.

Dabei wurden *alle* Mitarbeiter, teilweise sogar die Teilzeitkräfte, darüber informiert, wie es um die Firma steht, wie die betriebswirtschaftlichen Zahlen zu lesen, wie sie auszuwerten sind usw. In vielen der von uns beratenen Unternehmen ist es sogar üblich, daß die Mitarbeiter jeden Monat selbständig Einblick in die Finanzzahlen des Unternehmens nehmen können. Und wenn sie etwas nicht verstehen, dann gibt es für sie immer die Möglichkeit, danach zu fragen und sich Informationen einzuholen.

Die Kommunikation in Ihrem Unternehmen ist ebenfalls einer der zentralen Faktoren, um die Dezentralisierung auch *erfolgreich* umzusetzen. Hierzu weitere Informationen in Kapitel 10 (›Die Software-Strategie‹).

Die Aufteilung der großen Firmen hat gerade begonnen. Doch die großen Firmen, die jetzt nicht einen »Quantensprung« bei der Dezentralisierung vornehmen, haben keinerlei Überlebenschance für die Zukunft mehr. Es kann nicht über Qualität, Innovation oder gar ein Visionsprojekt gesprochen werden, wenn vorher noch keine Revolution in der Struktur stattgefunden hat. Dabei ist die Dezentralisierung nur ein erster Schritt. Die zur Zeit in Deutschland leerstehenden Gewerbeimmobilien im Bereich Büro- und Verwaltungsflächen sind ein Abbild für die Hierarchien der Firmen. Durch Abbau von überflüssigen Arbeitsplätzen in der Verwaltung und durch massive Umwälzung innerhalb der Arbeitsprozesse (Arbeit zu Hause, Outsourcing ins Ausland usw.) hat der Bedarf an Büroflächen bereits abgenommen und *wird in Zukunft noch weiter massiv abnehmen.* (Warnung an die Kapitalanleger...).

Für die Dezentralisierung gibt es die unterschiedlichsten Konzepte und Möglichkeiten. So haben wir zum Beispiel bei Friseurunternehmen schon längst die Mitarbeiter an der ›Kundenfront‹ verselbständigt. Diese sind nicht mehr Mitarbeiter des Friseurunternehmens, sondern eigenständige, freie Unternehmer. Sie ›mieten‹ sich lediglich im Unternehmen ein und müssen dafür von allen getätigten Umsätzen einen bestimmten Prozentsatz an das Unternehmen abführen, die zur Deckung der allgemeinen Fixkosten und für den Unternehmensgewinn des Friseurunternehmers dienen. Dies ist wohl eine der besten und perfektesten Möglichkeiten zur Dezentralisierung.

> **Wandeln Sie Ihre Mitarbeiter in Unternehmer um!**

Leitthesen zu 4.4.

① Bauen Sie Ihre Hierarchien ab (maximal 3 Ebenen)!
② Geben Sie Ihren Mitarbeitern mehr Verantwortung – sowohl am Erfolg als auch am Mißerfolg!
③ Vertrauen Sie Ihren Mitarbeitern mehr!
④ Dezentralisieren Sie Ihr Unternehmen!
⑤ Wandeln Sie Ihre Mitarbeiter in Unternehmer um!

4.5. Vorsicht vor Perfektionismus!

In Kapitel 5 werden wir auf Kundenbeziehungen und Kundennutzen eingehen. Doch guter Kundenservice bedeutet oft höhere Kosten. Jeder Außendienstler kostet das Unternehmen mindestens 100 000 Mark pro Jahr. Jede Art von Kundenservice, der meist mit Hilfe von Mitarbeitern erzielt wird, kostet Geld. Die Firma IBM hatte weltweit einige zigtausend Mitarbeiter und einen Kundenservice, der als mustergültig galt. Trotzdem ist der Ertrag innerhalb eines Jahres um acht Milliarden eingebrochen, so daß das Unternehmen sechs Milliarden minus erwirtschaftete.

Bitte beachten Sie deshalb bei Ihrer eigenen Unternehmensstrategie folgende zwei Grundsätze:

- Investieren Sie soviel wie möglich, um den Kundennutzen und den Kundenservice möglichst schnell auszubauen, aber:
- Achten sie darauf, daß Sie im Bereich Kundennutzen und Kundenservice nicht über Gebühr Kosten verursachen!

Verstehen Sie nun gar nichts mehr? Nun, vielleicht kann ich es Ihnen folgendermaßen erklären: Solange Ihr Markt ein expandierender Markt ist, sich weiterentwickelt, wo es darum geht, neue Märkte und Marktanteile zu erobern, sollten Sie soviel wie nur möglich in einen guten Kundennutzen und -service investieren. Doch es gibt auch sehr viele Märkte, die stagnieren bzw. wieder abnehmen. Auch hier ist natürlich der Kundennutzen und der Kundenservice ein Hauptfaktor für Erfolg – doch der beste Kundenservice nützt nichts mehr, wenn sich dadurch der Preis unverhältnismäßig verteuert. Denn das ist ja die Folgerung: Guter Kundennutzen und -service verursachen höhere Kosten – hohe Kosten werden in entsprechend höhere Preise umgesetzt. Höhere Preise bedeuten größere und stärkere Marketing- und Verkaufsanstrengungen, was wiederum weitere Kosten verursacht. Die insgesamt steigenden Kosten sorgen für weiter steigende Preise – dadurch springen einige Kunden zu wesentlich günstigeren Mitbewerbern ab, was sich negativ auf den Gesamtumsatz auswirkt. Weniger Stückverkäufe bedeuten aber geringere Auslastungen Ihrer Kapazitäten, was sich letztlich wieder auf die Ertragskraft auswirkt. Und so weiter, und so fort. Sie sehen also: Hohe Preise können unter Umständen eine negative Kettenreaktion auslösen.

Wägen Sie also sorgfältig ab, und treffen Sie dann Ihre Entscheidungen. Allerdings sollte es Ihnen möglich sein, in unproduktiven Bereichen, die keinerlei Wertschöpfung erbringen, soviel Kosten einzusparen, daß Sie diese in Form eines höheren und besseren Kundennutzens oder durch niedrigere Preise an Ihre Kunden weitergeben können. Es gibt hier kein Patentrezept, sondern jedes Unternehmen muß seine Strategie bezüglich des Kundennutzens und des Preises individuell auf seinen Markt abstimmen.

Leitthesen zu 4.5.

① Investieren Sie soviel wie möglich, um den Kundennutzen und den Kundenservice möglichst schnell auszubauen!

② Achten Sie darauf, daß Sie im Bereich Kundennutzen und -service nicht über Gebühr Kosten verursachen!

4.6. Vorsicht vor ›Magersucht‹!

Konnte ich Sie in diesem Kapitel dazu veranlassen, auch gründlichst über Ihre bestehenden Kosten nachzudenken? Und hoffentlich nicht nur zum Nachdenken anregen, sondern zum Handeln? Überlegen Sie nicht lange, diskutieren Sie nicht lange – handeln Sie! Doch bei allem Handeln sollten Sie aufpassen, daß Sie vor lauter ›Abnehmen‹ nicht magersüchtig werden! Es gibt bestimmte Bereiche, in denen es sich eher lohnt, die Kosten zu steigern als zu senken. Gerade in der zurückliegenden Rezession haben die Unternehmen Einsparungen in folgenden Bereichen vorgenommen:

– Mitarbeiter,
– Marketing und Werbung,
– Aus- und Fortbildung der Mitarbeiter,
– Image und PR-Maßnahmen,
– Forschung und Entwicklung,
– Akquirierung und Aufbau neuer Märkte,
– Kundennutzen,
– Betriebsklima (zum Beispiel Kürzung der Sozialleistungen).

Es regierten also die ›Erbsenzähler‹! Jeder Pfennig wird umgedreht, die Kassen werden ›dichtgemacht‹. Was für ein

großer Irrtum. Gerade die oben beschriebenen Bereiche
sind es doch, die letztendlich für den Erfolg eines Unternehmens verantwortlich sind. Wenn Sie bei den Mitarbeitern
mit der ›Kahlschlagmethode‹ arbeiten und wahllos Ihren
Personalstand um eine bestimmte Prozentzahl abbauen,
erhalten Sie zwar kurzfristig Kosteneinsparungen – doch
langfristig wirkt sich die Enttäuschung, die Niedergeschla-
genheit, das verlorene Vertrauen katastrophal auf die Mitarbeitermotivation und damit auf den gesamten Erfolg
des Unternehmens aus. Ja, glauben Sie denn wirklich, das
achtköpfige Topmanagement alleine könnte ein Großunternehmen zum Erfolg führen? Nicht das Topmanagement,
sondern die Mitarbeiter in der Produktion, die Mitarbeiter
an der ›Kundenfront‹ sorgen für den Erfolg (auch wenn
natürlich die entscheidenden Impulse, die ›Denke‹, von
›oben‹ ausgeht!).

Genau das gleiche ›Spielchen‹ bei der Aus- und Fortbildung:
Gerade in dem Bereich, der entscheidend für den zukünftigen Erfolg ist, wird gekürzt. Die Unternehmen wundern
sich dann, wenn Mitarbeiter die erforderlichen Strategien
und Maßnahmen nicht verstehen und deshalb auch nicht,
bzw. nicht richtig umsetzen können. Wie soll ein Mitarbeiter
Kundenservice im Einzelfall umsetzen, wenn er diesen
Kundenservice nicht gelernt, nicht erfahren hat?

Oder nehmen Sie die Werbung: Es ist heute erwiesen, daß
gute Marketing- und Werbemaßnahmen den Umsatz eines
Unternehmens deutlich steigern. Natürlich gibt es viele
›Experten‹, die behaupten, Werbung bringe nichts, da der
Verbraucher und Konsument übersättigt ist, die junge
Generation sich weigert, die Werbebotschaften aufzuneh-
men usw. Welch fatale Fehleinschätzung! Wer sich ein
wenig mit dem Geist des Menschen beschäftigt, weiß, daß
im Unterbewußtsein des Menschen alles gespeichert wird,
was er sieht und hört. Natürlich besteht eine gewisse Über-
sättigung, doch wofür gibt es denn gute, originelle Werbe-

agenturen, die pfiffige und außergewöhnliche Kampagnen entwerfen können? Gerade in schwierigen Zeiten sollten Sie sich deshalb antizyklisch verhalten und Ihre Kosten im Bereich Werbung/Marketing nicht senken, sondern erhöhen! Viele erfolgreiche Firmen investieren 8 bis 10 Prozent – in Phasen starker Expansion sogar bis zu 15 Prozent – des Umsatzes in Marketing und Werbung.

Oder nehmen Sie die Forschungs- und Entwicklungsabteilung. Anstatt hier in die Zukunft zu investieren, statt hier durch höhere Investitionen die Visionsprojekte erst zu ermöglichen, werden Einsparungen vorgenommen. Den meisten Managern ist die Jahresbilanz (teilweise schon die Quartalszahlen) wichtiger als die langfristige Zukunft ihres Unternehmens. Aber ist dies nicht auch ganz logisch? Ein 58jähriger Vorstandsvorsitzender, der in allerspätestens vier bis fünf Jahren seinen Ruhestand feiern möchte, den interessiert (logischerweise) nicht mehr, ob das Unternehmen in zehn oder fünfzehn Jahren noch erfolgreich ist. Sein Hauptbestreben ist es, in den nächsten Jahren die Gewinne des Unternehmens in neue Rekordhöhen zu führen – um sich damit selbst in der Firma ein Denkmal zu setzen! Wo sind die innovativen, langfristig denkenden Unternehmer, die bereit sind, für den zukünftigen großen Erfolg auf den kleinen, kurzfristigen Erfolg zu verzichten? Gibt es denn nur noch die Manager, denen der »Spatz in der Hand lieber als die Taube auf dem Dach« ist?

Und dann der Kundennutzen und -service: Wie können es Unternehmen wagen, die über einen miserablen Kundenservice verfügen, genau in diesem Bereich auch noch Einsparungsmaßnahmen zu ergreifen? Ich bin auch ein Kostendrücker! Ich bin für Kostensenkungen! Ich bin dafür, so schnell wie nur möglich eine Diät einzulegen, um zum Idealgewicht zu kommen! Aber dies darf doch nicht zur Magersucht führen, die genau das Gegenteil von dem bewirkt, was eigentlich erreicht werden soll. Nämlich die *Ideal-(Unternehmens-)Figur*!

Hören Sie nicht immer auf die Erbsenzähler, die ihre Entscheidungen ausschließlich nach den Zahlen treffen. Zahlen sind meistens Vergangenheit. Wie kann eine Bank die Vergabe eines Kredits von Bilanzen abhängig machen, die teilweise bereits ein oder zwei Jahre alt sind und die damit die Entwicklung des Unternehmens vor zwei bis drei Jahren kommentieren? Wichtig ist nicht, was in der Vergangenheit ist (na gut, ein bißchen auch), sondern entscheidend ist: Was bringt die Zukunft? Welche Strategien, Konzepte verfolgt das Unternehmen? Mit welchen Produkten, mit welchen Methoden werden die neuen Zielgruppen angesprochen? Welche Kosteneinsparungsmaßnahmen wurden getroffen, und wie werden sich diese in den nächsten ein bis drei Jahren auswirken? Was macht das Unternehmen im Vergleich zu den Mitbewerbern einmalig? Welche unvergleichliche Stärke hat das Unternehmen? All diese Fragen sind wichtig, aber doch nicht, ob ein Unternehmen vor ein oder zwei Jahren einen Gewinn erzielt hat (bitte immer an das Beispiel IBM denken).

Finanzchef Harry Sonneborn hätte McDonald's in arge Schwierigkeiten gebracht, wenn das Unternehmen an seinen Vorgaben festgehalten hätte, daß kein Grundstück für einen neuen McDonald's-Betrieb mehr als 50 000 Dollar kosten dürfte. Falls doch, dann wäre McDonald's heute weltweit nur in zweit- oder drittklassigen Lagen vertreten. Doch gerade McDonald's erwirtschaftet in ersten Lagen gegenüber den zweit- oder drittklassigen Lagen überproportional hohe Gewinne. Oder nehmen Sie das Beispiel von Jan Carlzon von der SAS (Scandinavian Air Line System). Von dem Zeitpunkt, als die SAS 20 Millionen Dollar Jahresverlust erwirtschaftete (nach siebzehn Jahren ununterbrochenen Gewinnen!), startete er sein ›Pünktlichkeits-Programm‹: Dieses Programm hatte zum Ziel, die SAS innerhalb von sechs Monaten zur pünktlichsten Airline Europas zu machen. Die Kalkulation ergab zusätzliche Kosten in

Höhe von 1,8 Millionen Dollar. Erbsenzähler hätten bei einem Jahresminus von 20 Millionen Dollar sicherlich mit einem Federstrich dieses Programm gestrichen. Doch die SAS setzte es um, und tatsächlich wurden dann ›nur‹ 200 000 Dollar Kosten verursacht, da bereits innerhalb der ersten Monate nach Umsetzung des Programms so viele Fluggäste mit der SAS flogen, daß die gestiegenen Erträge die gestiegenen Kosten fast deckten. In den darauffolgenden Monaten und Jahren konnte die SAS natürlich allein durch dieses Programm enorme Erträge mehr erwirtschaften. Deshalb hüten Sie sich davor, magersüchtig zu werden!

* * *

Vielleicht fragen Sie sich, ob die Strategien, die in diesem Buch bisher beschrieben wurden (und warten Sie mal ab, was noch alles kommt), in der Praxis auch wirklich funktionieren. Nun, vielleicht können Sie nicht alle beschriebenen Strategien und Methoden eins zu eins übernehmen. Dieses Buch sehe ich wie ein großes Buffet, das vor Ihnen die verschiedensten Köstlichkeiten ausbreitet. Sie haben nun die Wahl, das eine oder andere herauszupicken, das Ihnen schmeckt und das für Sie geeignet ist. Nehmen Sie nicht unbedingt alles auf einmal zu sich, denn dann würden Sie sich vielleicht den Magen verderben! Doch diese Strategien sind keine Theorien – sie funktionieren tatsächlich. Ich möchte hierzu einmal die Entwicklung meiner eigenen Firma, der INLINE Unternehmensberatung Holding, als Musterbeispiel nehmen. Zunächst einmal haben wir INLINE vollkommen dezentralisiert. In der Zentrale finden sich außer mir selbst noch eine festangestellte Sekretärin und einige Aushilfskräfte – das war's! Dafür wurden und werden jedoch in den verschiedensten Bereichen neue, selbständige Firmen, in unserem Sprachgebrauch sogenannte

›Units‹, gegründet. Da gibt es zum Beispiel Kooperationsunternehmen, deren Leistungen und Hilfe wir als gute Ergänzung im Sinne unseres ganzheitlichen Beratungskonzeptes ansehen, wie beispielsweise ein INLINE-Architekturbüro, mehrere INLINE-Werbe- und Marketingagenturen, eine Personalvermittlungsagentur usw. Des weiteren gründen wir, sobald sich in einer Branche eine verstärkte Nachfrage ergibt und wir hier noch eine Marktnische für INLINE sehen, jeweils eine eigenständige Unternehmensberatung. Diese Unit ›bohrt‹ sich dann spitz in diesen Markt ein (vergleiche hierzu Kapitel 7 ›Die Brennglas-Strategie‹). Diese Firmen sind völlig selbständig, werden von einer praxiserfahrenen Person geleitet – und zwar selbständig, ohne jegliche Weisungsbefugnis von meiner Seite aus.

Diese selbständigen Firmen besitzen jeweils mehrere Außenbüros und sind für die Berater an der Kundenfront zuständig. Insgesamt gibt es also nur die Holding, die Unit-Leiter sowie die Berater vor Ort. Und dies wird sich nicht ändern, ob INLINE nun 1000 oder 10 000 Firmen berät. Die Berater sind ebenfalls selbständige, freie Unternehmer, die nur ganz locker mit INLINE verbunden sind. Es bestehen *keine* Weisungsbefugnisse hinsichtlich ihrer Beratungstätigkeit. Es gibt so gut wie keine Kontrollmechanismen, also keine Controlling-Abteilung, keine Statistikabteilung, keine Marktforschungsabteilung usw. Aufgrund der vielen Treffen, der guten Kommunikation und der permanenten Ausbildung aller beteiligten INLINE-Mitarbeiter besitzen alle Beteiligten jedoch zu 80 Prozent gleiches Denken, und deshalb wird auch zu 80 Prozent die Beratungstätigkeit gleich ausgeführt. Zu 20 Prozent unterscheiden sich die Berater in ihren Methoden und Vorgehensweisen (je nach Veranlagung, Ausbildung, Priorität). Diese 20 Prozent Abweichung sind ausschlaggebend dafür, daß sich INLINE permanent weiterentwickelt und nicht aufgrund vorgegebener Standards auf einem bestimmten Level verbleibt.

(Wenn immer alles genau nach Beschreibung und Vorgaben ausgeführt wird, gibt es keine Weiterentwicklung mehr.) Wie bereits erwähnt, gibt es keine Controlling-Abteilung. Die einzige Zahl, die wichtig ist, ist die monatliche BWA sowie Zu- und Abgänge in jedem Bereich. Was benötigen wir denn sonst noch? Erhöhen sich die Abgänge aus unserem Stammkundenbereich, dann sind die Beratungsleistung und die Kundenbetreuung schlecht und müssen verbessert werden. Haben wir zuwenig Neuzugänge, müssen wir unsere Marketingaktivitäten neu überdenken. Alles weitere erfahren wir nicht durch Zahlen und Fakten, sondern nur durch Feedback vom Kunden. Je größer die Kommunikation mit dem Kunden ist, desto mehr wird er uns wirklich seine Wünsche und seine Verbesserungsvorschläge unterbreiten. Es ist wohl überflüssig zu erwähnen, daß es in unserer Firma noch niemals eine Stellenbeschreibung, eine Aufgabenliste, Kundenberichte und sonstiges gegeben hat – und aller Voraussicht nach auch niemals geben wird.

Auf was wir allerdings größten Wert bei INLINE legen, das ist die ständige Aus- und Fortbildung und die innerbetriebliche Kommunikation. In diese Bereiche investieren wir riesige Summen, ja, dieser Bereich ist nach den Personalkosten sogar der größte Kostenblock. Werden alle Ausbildungen, Besprechungen und sonstigen Kommunikationsbereiche berücksichtigt, investiert INLINE – gemessen am Gesamtumsatz – fast 20 Prozent in diesen Bereich. Dies ist sicherlich ein Rekord, aber eine der wesentlichen Voraussetzungen für unseren Erfolg!

Sie werden sich nun vielleicht fragen, wie sich dieses Verhalten in der Praxis auswirkt? Nun: Bisher haben wir in noch keinem Jahr weniger als 50 Prozent Wachstumsquote erreicht – und wollen dies auch in den nächsten zehn Jahren beibehalten. Auch bei den von uns beratenen Unternehmen werden die in diesem Buch beschriebenen Strategien größtenteils umgesetzt und sorgen bei diesen für jähr-

liche Umsatz- und Ertragssprünge von durchschnittlich
30 Prozent!

Leitthesen zu 4.6.

① Kostensenkungsmaßnahmen und -einsparungen sind notwendig – aber vergessen Sie darüber nicht die Weiterentwicklung in Ihrem Unternehmen!

② Werden Sie nicht zum Erbsenzähler!

③ Fragen Sie nie, was etwas kostet, sondern was es Ihnen bringt!

④ Halten Sie Kontakt zu Ihren Kunden, und erfahren Sie deren Bedürfnisse!

⑤ Investieren Sie – antizyklisch – nach ›außen‹!

5. Kapitel
One-Night-Stand oder
Dauerhafte Ehe?

»Überlegt nicht, was euer Land für euch tun könnte,
sondern was ihr für euer Land tun könnt!«
John F. Kennedy

oder

»Überlegt nicht, was eure Kunden für euch tun
könnten, sondern was ihr für eure Kunden tun könnt.«

Was ist Ihre Zielsetzung bei der Beziehung mit Ihren Kunden? Der Kunde hat alle Macht in fast allen freien Märkten der Welt. Der Kunde entscheidet über Erfolg oder Mißerfolg eines Produktes und eines Unternehmens. Für viele mag es bedauerlich sein, daß die Zeiten vorbei sind, in denen sie ihren Kunden durch ständig neu aufgelegte Marketingkampagnen zu ›One-Night-Stands‹ verführten. Heute zählt nur noch die dauerhafte, echte Beziehung, die echte Liebe zum Kunden. Doch von Kundenliebe kann – gerade in Deutschland – leider nur in den wenigsten Fällen gesprochen werden (doch dazu kommen wir noch). Um jedoch eine langjährige Dauerbeziehung aufzubauen, müssen Sie Ihrem Kunden ein ehrlicher Partner sein, der in jedem Augenblick der Wahrheit nicht nur die Bedürfnisse des Kunden erfüllt – *sondern so oft wie möglich übertrifft!*
Diese hier beschriebene Strategie umzusetzen erfordert Mut, denn Sie müssen dazu Risiken eingehen. Sie müssen

Risiken eingehen, die Sie nicht im vorhinein auf den Pfennig genau planen und berechnen können. Um allerdings diese neuen Wege gehen zu können, benötigen Sie Konsequenz und Entschlossenheit.

Und haben Sie einmal eine Beziehung zum Kunden aufgebaut, können Sie dann wirklich sicher sein, daß die Beziehung auch von Dauer ist? »Sie liebt mich. Sie liebt mich nicht.« – Wenn es um die Gefühle geht, machen Menschen oft die seltsamsten Dinge. Da Ihre Kunden ja ebenfalls Menschen sind, kann die Entscheidung schnell zugunsten eines Wettbewerbers ausfallen. Um dies zu verhindern, müssen Sie permanent und immer wieder an der Beziehung arbeiten. Schnell ist die erste ›Euphorie‹ verflogen, und es kehrt der Alltag, die Routine in der Beziehung ein. Da müssen Sie sich schon ein bißchen anstrengen, immer wieder neue Wege gehen, bewußt Risiken eingehen, damit aus dem ersten Rendezvous eine dauerhafte Beziehung fürs Leben wird. Damit aus Interessenten Käufer und aus einmal gewonnenen Käufern zufriedene Kunden werden. Denn das ist das Ziel: Zufriedene Kunden kaufen immer wieder und empfehlen Sie weiter.

> **90 Prozent der Neukunden kommen – von wenigen Branchen einmal abgesehen – durch die positive Mundpropaganda zufriedener Altkunden.**

Waren Sie selber schon einmal von irgend etwas so richtig begeistert? Nein, ich meine damit nicht, ob Sie mit etwas zufrieden waren, ich meine damit, daß Sie begeistert waren, daß Sie es Gott und der Welt erzählten und alle Einwände Ihrer Freunde und Kollegen durch Ihre Begeisterung widerlegten? Vielleicht hatten Sie eine neue Sportart begonnen, vielleicht von einem besonders herrlichen Urlaub geschwärmt, vielleicht einen tollen Menschen kennengelernt

– vielleicht aber auch eine außergewöhnliche, begeisternde Erfahrung mit einem Unternehmen gemacht, das Sie veranlaßt, davon regelrecht ›zu schwärmen‹. Ist es nicht so, daß Sie mindestens *einen* weiteren Menschen, wenn nicht sogar *mehrere*, von dieser Sache ebenfalls überzeugt haben? Und wurden nicht auch Sie schon oftmals von Ihren Freunden und Bekannten von einer Sache begeistert und ›mitgezogen‹? Nun gut: Dann stellen Sie sich nun bitte folgende Frage: Wie begeistert sind Ihre bestehenden Kunden?

Ich weiß, daß nun 99,9 Prozent der Leser sich wieder selbstgefällig (bitte verzeihen Sie) zurückgelehnt haben und der festen Meinung sind, ihre Kunden seien zu 100 Prozent begeistert. Doch wenn alle Ihre Kunden begeistert sind und wenn Sie gerade eben zwar festgestellt haben, daß ein Mensch, der von etwas wirklich begeistert ist, mindestens einen, wenn nicht sogar mehr Menschen mit seiner Begeisterung ansteckt...

> **... warum sind Sie dann nicht in der Lage, innerhalb der nächsten drei Monate die Anzahl Ihrer Kunden zu verdoppeln?**

Wenn nur jeder Ihrer bestehenden Kunden einen weiteren Kunden für Ihr Unternehmen durch Weiterempfehlung werben würde, würden Sie Ihren Kundenstamm verdoppeln – vorausgesetzt, Sie würden auf der anderen Seite in der Lage sein, Ihre Kunden zu 100 Prozent zufriedenzustellen und sie als Stammkunden zu behalten.

> **Verdoppeln Sie jährlich Ihre Kundenzahl?**

Aber mal Hand aufs Herz: Betrachten Sie doch mal Ihr Unternehmen aus dem Blickwinkel des Kunden. Gehen

Sie bitte mit den Augen Ihres Kunden durch Ihr Unternehmen, testen Sie es in allen Bereichen, und fragen Sie sich dann ehrlich, ob Sie selber mit der gebotenen Leistung zum verlangten Preis zufrieden wären und diesem Unternehmen die Treue halten würden. Stellen Sie sich täglich die Frage:

> **»Was habe ich heute für meine Kunden gemacht?«**

Doch der Kunde wird immer weniger ›greifbar‹, die Zielgruppen verschwinden immer mehr. Dies macht es für die Markenindustrie so schwierig, zielgruppengerechte Werbung zu betreiben. Die großen, bisher bekannten Gruppen verfallen immer mehr in Kleinstgruppen, in Subkulturen, in Nischen. Die ›Elefanten‹, die auf Massenproduktion und Massenverkauf angewiesen sind, haben es deshalb immer schwerer, Konzepte zu finden, um im Markt weiterhin erfolgreich zu sein. Doch wie ist nun der Kunde von morgen? Trauen Sie hier keinen Marktforschungsergebnissen und auch keinen Trendgurus, denn was morgen sein wird, kann heute noch niemand voraussehen. (Der deutsche Sachverständigenrat zur Begutachtung der gesamtwirtschaftlichen Entwicklung prophezeite in seinem Ende 1993 für das Jahr 1994 abgegebenen Gutachten die wirtschaftliche Entwicklung in Deutschland als negativ. Vorausgesagt wurde ein Minus beim Bruttosozialprodukt. Tatsächlich wurde 1994 ein gesamtdeutsches Wachstum von ca. 3 Prozent erzielt.) Aber schauen wir uns doch einmal gemeinsam an, wie sich der Kunde heute verhält:

- *Größere Ich-Stärke*
  »Wenn du mir das nicht bietest, was ich gerne möchte, dann gehe ich eben woanders kaufen!«

● *Bindungsscheu*
Hier genügt ein Blick in die privaten Beziehungen, um
festzustellen, daß Menschen immer weniger bereit sind,
sich zu binden. Immer mehr Zweifel und Ängste, ›das
Richtige zu finden‹, sorgen dafür, daß lieber überhaupt
keine Entscheidung getroffen wird.

● *Hoch informiert*
Aufgrund der immer mehr zunehmenden Vernetzung
und aufgrund des immer mehr steigenden Informations-
flusses ist der Kunde hochinformiert. (Die französischen
Atombomben-Versuche auf Mururoa werden uns früh
morgens live im SAT. 1-Frühstücksfernsehen präsen-
tiert.) Jeder erfährt alles – natürlich betrifft dies sowohl
negative als auch positive Informationen!

● *Sprunghaft*
Der Kunde verliert die Markentreue. Er ist nicht mehr
bereit, aufgrund eines Markennamens und leerer Verspre-
chungen einem Unternehmen, einem Produkt die Treue zu
halten. Ein Markenname ohne die dazu passende Qualität
(und einen akzeptablen Preis!) wird vom Kunden nicht
mehr akzeptiert. Er akzeptiert aber auch nicht mehr einen
Stillstand oder einen schlechten Kundenservice. Sobald ein
Kunde ein Produkt besser und/oder billiger von einem Mitbewerber erwerben kann, kauft er dort!

● *Menschenorientiert*
Entgegen dem vorausgesagten Trend (wieder einmal
danebengelegen...) haben sich die Menschen nicht noch
mehr in ihren eigenen vier Wänden eingeigelt, sondern
sie suchen die Nähe anderer Menschen. Kein Wunder:
Der Arbeitsplatz verschafft immer weniger Kommunikation und Kontakte (auch wenn dies der falsche Weg ist
und in guten Unternehmen wieder verändert wird) und

der Mensch ist deshalb in seiner Freizeit bestrebt, Kontakte zu anderen Menschen zu finden. Dies gilt auch für seinen Einkauf. Der Kunde hat keine Lust, sich an unpersönlichen Maschinen zu informieren, Fahrkarten zu kaufen usw., sondern möchte (zumindest ein großer Teil der Kunden) einen entsprechenden Kundenservice, einen entsprechenden menschlichen Kontakt.

- *Ehrlichkeit*
Der Kunde erwartet Ehrlichkeit – auch und gerade in der Werbung. Beispiel American Express: Der Vater spielt zu Hause mit seinem Jungen Karten und bricht dann zu einer Geschäftsreise nach Istanbul auf. Bei seiner Ankunft bemerkt er, daß er seine American-Express-Karte vergessen hat. Seine Frau hat währenddessen bei American Express angerufen, und als er in Istanbul ankommt, liegt bereits eine Ersatzkarte für ihn bereit. Soweit die TV-Werbung von Amex. Die Finanzmanagerin Claudia Grett hat jedoch die rauhe Wirklichkeit bei Amex live miterlebt: Als ein Geschäftspartner nach New York abflog, bemerkte sie, daß er seine Brieftasche in ihrem Auto vergessen hatte. Ihr erster Gedanke war: »American Express. Die helfen ihren Kunden immer und überall!« Ihr erster Anruf bei American Express in Hamburg ergibt: Das Büro ist geschlossen. Frau Grett wird per Anrufbeantworter nach Frankfurt verwiesen. Dort ist man ratlos, muß sich erst erkundigen, was zu tun ist. Eine Stunde später steht fest, daß die New Yorker Zentrale zuständig ist. Claudia Grett erinnert den Frankfurter Amexco-Vertreter an das Service-Versprechen, stets für ihre Kunden dazusein. Lapidare Antwort: »Sie wissen ja, wie das ist. Im Fernsehen sieht das ja immer ganz anders aus.«

- *Serviceorientiert*
  Der Kunde erwartet freundliche, schnelle, zuverlässige
  und qualifizierte Bedienung (dazu mehr anschließend in
  diesem Kapitel).

- *Autoritätskritisch*
  Der Kunde ist besser informiert, besitzt mehr Wissen und
  weiß genau, was er will. Dies sorgt dafür, daß er den Ver-
  sprechungen der Werbung und den Aussagen der Verkäufer nicht mehr blindlings glaubt, sondern alles hinterfragt.

Einer der entscheidendsten Faktoren in fast allen Unternehmen heute ist der Faktor ›Dienstleistung‹. Industriebetriebe
sehen ihren Betrieb und ihre Produkte meist viel zu technisch. Sie vergessen, daß der Kunde nicht das Produkt alleine, sondern immer den Kundennutzen, der dahintersteht,
kauft. Industriebetriebe könnten deshalb sehr viel von den
Dienstleistungsunternehmen lernen. Wobei die Frage ist:
Was sind heutzutage Dienstleistungsunternehmen? Ein
Tausend-Mark-Fotoapparat kostet – von den reinen Mate-
rialkosten her gesehen – heute vielleicht einmal gerade noch
50 Mark in der Herstellung. Der Rest sind Bearbeitung,
Know-how, Werbung, einfach der Kundennutzen! Der
Unterschied zwischen einem High-Tech-Laufschuh für
289 Mark und einem Billigturnschuh für 19,95 Mark mag im
Materialbereich vielleicht einmal 10 Mark betragen – der
Rest ist Forschung, Entwicklung, Know-how, Werbung usw.,
also ein gehöriger Anteil an Dienstleistung! Die Produkte
werden heutzutage immer austauschbarer (Hardware).
Demzufolge werden Service und Kundennutzen (Software)
immer wichtiger. Doch hier mangelt es, gerade in Deutschland: Den Unternehmen ist keine Maschine zu teuer, um bei
der Produktion Kosten einzusparen – anstatt einmal darüber nachzudenken, einige Investitionen in den Kundennut-

zen zu tätigen. Oftmals ist es sogar wesentlich günstiger (und rentabler!), weniger in die Fertigung, dafür jedoch mehr in den Kundennutzen, in den Markt, in die Werbung zu investieren. Sehen wir uns doch nur einmal Fishermen's Friend an: Dieses Unternehmen startete 1865 in einem kleinen Dorf in England. Der Apotheker James Lofthouse entwickelte Lutschpastillen für die Fischer von Fleetwood, damit diese etwas gegen ihre Heiserkeit, ihre Erkältungen unternehmen können. Daraus entwickelte sich mittlerweile ein Konzern, der phantastische Gewinne erzielt. Allerdings arbeitet das Unternehmen – von den allgemeingültigen betriebswirtschaftlichen Grundsätzen her gesehen – völlig unprofitabel. Die Maschinen sind überaltet. Von Lean Production keine Spur. Unternehmensberater würden »die Hände über dem Kopf zusammenschlagen«, wenn der Betrieb von der BWL-Seite her untersucht würde. Tatsache ist jedoch auch: Fishermen's Friend hat nicht nur gigantische Quantensprünge im Umsatz, sondern auch beim *Ertrag* zu verzeichnen! Jedes Jahr pilgern von den weltgrößten Konsummultis einige Manager in den abgelegenen Ort, um der Inhaberfamilie ein neues, besseres Kaufangebot zu unterbreiten – und jedesmal lehnen die Inhaber die Angebote mit der Begründung ab: »Wir verdienen ordentlich, und mehr essen und trinken können wir nicht. Warum also sollten wir verkaufen?«
Je höher der Kundennutzen und -service Ihres Unternehmens ist, desto größer wird das Image sein, das sich die Kunden im Markt darüber bilden. Und Image ist ein unbezahlbarer Faktor für den Unternehmenserfolg. Ein Unternehmen wird an der Börse möglicherweise höher gehandelt, wenn das Firmenimage und die Marke passen, als wenn riesige Vermögenswerte als ›stille Reserven‹ existieren – siehe beispielsweise die Firma Microsoft, bei der relativ wenig Vermögenswerte existieren, das aber dennoch eines der am höchstgehandelten Börsenunternehmen der USA ist. (Bei einem Umsatz von ca. 6,9 Mrd. Dollar einen

Börsenwert von ca. 50 Mrd. Dollar – mehr als General Motors.) Lösen Sie also eine *Revolution* im Bereich des Kundennutzens aus – und möglicherweise sorgen Sie damit für einen Quantensprung in Ihrem Unternehmen.

5.1. Kunden-Nutzen-Hierarchie

>>Bei uns wird **Kundenfreundlichkeit** großgeschrieben.
Wir schätzen es nämlich, wenn unsere **Kunden**
freundlich sind.<<
Bürospruch

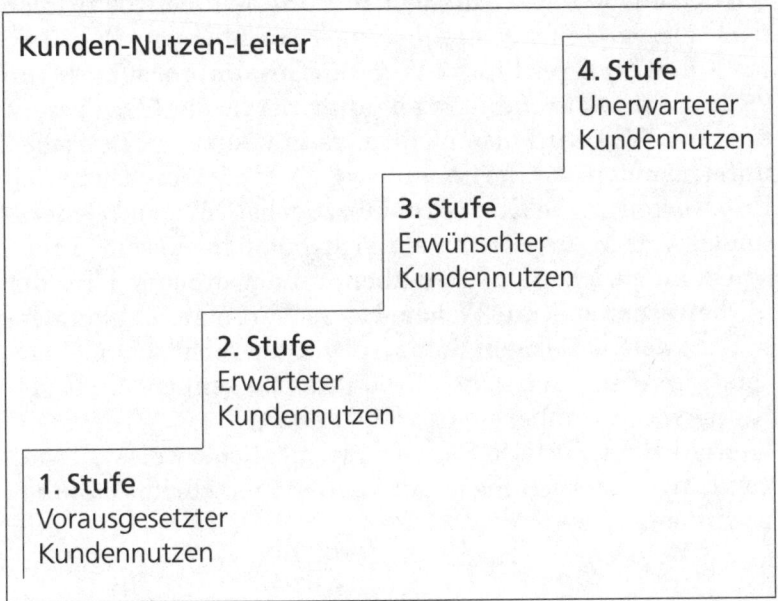

Kunden-Nutzen-Leiter

4. Stufe
Unerwarteter
Kundennutzen

3. Stufe
Erwünschter
Kundennutzen

2. Stufe
Erwarteter
Kundennutzen

1. Stufe
Vorausgesetzter
Kundennutzen

Ehe wir auf diese Kunden-Nutzen-Hierarchie genauer eingehen, möchte ich Ihnen folgendes Untersuchungsergebnis vor Augen führen:

Warum wechseln Kunden zu einem Mitbewerber?

① Das Personal bei der alten Firma war miserabel   = 51 %
② Zuwenig persönliche Aufmerksamkeit erhalten   = 18 %
③ Haben woanders ein qualitativ besseres Produkt
   erworben   = 15 %
④ Günstigerer Preis   = 14 %
⑤ Sonstige Gründe   = 2 %

Ist es nicht ein erstaunliches Ergebnis? Es bestätigt allerdings bereits an dieser Stelle das Kapitel 7 (›Die Brennglas-Strategie‹). Die Manager verbringen 80 Prozent ihrer Zeit mit den unwichtigen Aufgaben im Unternehmen (denn auch nach dieser Umfrage ergeben sich ja unter den Rubriken Preis und besseres Produkt nur ein Gesamtprozentsatz von 29 Prozent, während mangelhafter Service auf 69 Prozent kommt). Was wird also nicht alles in deutschen Betrieben unternommen, um kostengünstig zu produzieren und den Preisvorteil an die Kunden weiterzugeben? Wieviel Generationen von Managern haben sich nicht in diesem ›Preiskrieg‹ aufgerieben, im Bemühen, immer günstiger als der Mitbewerber zu sein? Welche Heerscharen an ›Zahlenmenschen‹, welche riesigen Summen wurden nicht schon eingesetzt, um den Preis eines Produktes zu senken – und der Kunde möchte dabei etwas völlig anderes.
Weitere Erkenntnisse können Sie möglicherweise aus folgendem Untersuchungsergebnis der Zeitschrift *Autohaus* gewinnen:

Warum wechseln Kunden zum Mitbewerber?
(Mehrfachnennungen möglich)

① Schlechte Behandlung und Kommunikation
   in der Reparaturannahme   64,0 %
② Kundendienstmeister stets in Eile.
   Kein gutes Gespräch möglich   51,0 %
③ Arbeitsqualität   49,0 %
④ Mangelnde Rechnungstransparenz   48,0 %
⑤ Preis-Leistungs-Verhältnis   48,0 %
⑥ Kein Ersatzwagenangebot   24,0 %
⑦ Ständige Telefonrückfragen während
   der Reparatur   22,0 %
⑧ Öffnungszeiten, die nicht in die
   Erwartungsfelder fallen   18,0 %
⑨ Keine in die Erwartungsfelder der Kunden
   fallende Angebote   16,0 %
⑩ Standortsituation   8,0 %

Quelle: Autohaus

Das Ganze erinnert mich an die Geschichte der japanischen
Fabel vom jungen hübschen Mann, der einen sprechenden
Frosch trifft. Dieser spricht ihn an, erzählt ihm, er sei in
Wirklichkeit eine wunderhübsche, verzauberte Prinzessin.
Er solle nur einmal den Frosch küssen, dann würde er sich
verwandeln und alles für ihn tun. Der junge, hübsche Mann
überlegt kurz, nimmt den Frosch und steckt ihn in seine
Tasche. Der Frosch schreit völlig entgeistert, was er denn da
tue. Daraufhin sagt der junge Mann zu ihm:»In meinem
Alter habe ich doch lieber einen sprechenden Frosch!«
Es ist geradezu unglaublich, welche Borniertheit in den
allermeisten Unternehmen immer noch vorherrscht: Da
wird überall geforscht, da wird überall versucht, der Beste

zu sein – doch auf die Bedürfnisse des Kunden wird nicht eingegangen. Bei einer INLINE-Untersuchung haben wir festgestellt, daß 95 Prozent aller Führungskräfte um die Notwendigkeit eines hohen Kundennutzens und -services wissen und der Meinung sind, in ihrem Unternehmen diesen Erfolgsfaktor gut umgesetzt zu haben. Eine Analyse dieser Betriebe ergab jedoch, daß tatsächlich nur 10 Prozent einen hohen Nutzen und Service boten.

Am 7. Januar 1991 veröffentlichte die Zeitschrift *News Week* folgende Meldung: Auf der Vorderseite der meisten amerikanischen Videorecorder flackert erbarmungslos die Zahl 12:00 im Wohnzimmer – Indiz dafür, daß niemand weiß, wie man diese Uhr einstellt. Umfragen der Branche ergaben in der Tat, daß fast 80 Prozent der Amerikaner ihren Videorecorder nie programmieren, ein Vorgang, der bis zu zehn Schritte an einer Schalttafel erfordert, an der es nur so wimmelt von Knöpfen.

Und gerade heute, als ich dieses Kapitel schreibe (na gut, ich gebe es zu: diktiere), lese ich eine Meldung des B.A.T.-Freizeit-Forschungsinstitutes in Hamburg. Prof. Dr. Horst Opaschowski, Leiter des Instituts, meldete, daß für Neuheiten auf dem Medienmarkt den meisten Deutschen das technische Verständnis fehle. Die meisten Deutschen könnten noch nicht einmal einen Videorecorder programmieren...

Kunden als Wiederholungstäter

Service gut, Produkt gut:	→	96 % Ihrer Kunden kaufen wieder!
Service schlecht, Produkt gut:	→	31 % Ihrer Kunden kaufen wieder!
Service schlecht, Produkt schlecht:	→	10 % Ihrer Kunden kaufen wieder!
Service gut, Produkt schlecht:	→	67 % Ihrer Kunden kaufen wieder!

Ein zufriedener Kunde spricht vier bis sechs positive Weiterempfehlungen aus – ein unzufriedener Kunde dagegen
elf bis fünfzehn! Die beiden Harvard-Professoren Earl Sas-
ser und James Heskett haben nachgewiesen, daß ein Unternehmen, das seine Migrationsrate (Fluktuation) seiner
Kunden auf 5 Prozent beschränkt, seinen Gewinn um 25 bis
85 Prozent steigern kann (je nach Branche). Die Experten
der amerikanischen Unternehmensberatung A. T. Kearney
behaupten in einer Expertise, daß serviceorientierte Unternehmen bis zu 9 Prozent höhere Preise durchsetzen und bis
zu 6 Prozent Marktanteil mehr als der Wettbewerb erlangen
können. Doch all diese Zahlen, all diese Ergebnisse genügen
anscheinend nicht, um das verkrustete Denken vieler ›Betonköpfe‹ zu verändern. Das Paradebeispiel, über das ich
mich immer noch maßlos aufregen kann, ist die S-Klasse
von Mercedes. Da wurde fast über zehn Jahre hinweg für
Milliardenbeträge ein Auto völlig am Markt vorbei entwik-
kelt. Es ist zu groß – bei vielen potentiellen Kunden paßt es
nicht einmal in die bestehende Garage hinein. Es ist zu
umweltschädlich – der Spritverbrauch ist erheblich zu hoch.
Es ist nicht schön – zumindest empfinden dies viele Autokäufer so. Und um dem Ganzen die Krone aufzusetzen, wurden die ersten Modelle so ausgeliefert, daß maximal Fahrer
und ein Beifahrer (aber nur leichte) in das Auto steigen
konnten – bei einem Koffer war bereits das zulässige Ge-
samtgewicht übertroffen!
Die Kunst des Managements ist es also, die Bedürfnisse
bzw. Wünsche der Kunden wirklich zu verstehen. Aus diesem Verständnis heraus leiten sich dann die Aktivitäten zur
Erfüllung der Kundenbedürfnisse ab:

– Qualität,
– Kosten,
– Lieferung,
– Service,

– zusätzlicher Kundennutzen (über den Produktnutzen hinaus),
– Reklamationsverhalten,
– After-Sales-Maßnahmen.

Die Japaner haben den Management-Begriff ›DANTOTSU‹ hierfür gewählt. Ein neu auf dem Markt entwickeltes Produkt muß einen gewaltigen Sprung bedeuten, nicht nur eine minimale Verbesserung. Ziel: Das neue Produkt muß fünfmal besser sein als das vom besten Mitbewerber! Dies ist ein Ansatz für Kundennutzen, aber er trifft auch nur die eine Hälfte. Denn Verkaufserfolg setzt sich immer aus zwei Teilen zusammen:

• Produktnutzen,
• Kundennutzen.

Die meisten Unternehmen beschränken sich dabei vollständig auf die Erhöhung und Steigerung des Produktnutzens. Die Qualität wird verbessert, die Haltbarkeit, der Preis wird optimiert, die Leistungsfähigkeit gesteigert. Doch die Konkurrenz schläft nicht: Die Produkte werden heutzutage immer vergleichbarer. Und wenn es Ihnen einmal gelingt, einen Vorsprung vor Ihren Mitbewerbern als erster im Markt zu plazieren – dann werden die lieben Konkurrenten in kürzester Zeit durch Benchmarking (Kopieren) diesen Vorsprung wieder aufgeholt haben. Wo aber ungeheure Reserven schlummern, das ist der zusätzliche Kundennutzen. Und der Kundennutzen hat nicht unbedingt etwas mit dem Produkt zu tun, sondern liegt fast immer im Bereich der Dienstleistung. Beispiel: In amerikanischen Supermärkten steht an der Kasse ein Mitarbeiter bereit, der Ihnen Ihre Waren fachgerecht einpackt und sie oftmals sogar noch zu Ihrem Fahrzeug trägt. Dies hat mit dem eigentlichen Einkauf nichts zu tun, das Produkt sind die Waren, die Sie im Supermarkt insgesamt erhalten können. Doch durch die zusätzliche Dienstleistung wertet der Supermarkt sein Unternehmen auf. Ein weiteres Beispiel: Ein Industrieunternehmen veranstaltet zweimal jährlich einen sogenannten ›Führungstag‹. Dabei werden alle Kunden – und auch Lieferanten – kostenfrei eingeladen. Es sind verschiedene hochkarätige Referenten anwesend, es wird für einen angemessenen Rahmen gesorgt, entsprechende Verpflegung usw. – all dies ist für die Kunden zweimal jährlich kostenfrei und soll einfach die Beziehung intensivieren. Mittlerweile haben diese Idee auch schon einige deutsche Unternehmen umgesetzt. Bei den Veranstaltungen, bei denen ich als Referent eingeladen war, waren die teilnehmenden Kunden jedenfalls begeistert von dieser Art der Kundenpflege. Doch sind diese Betriebe eher die Ausnahme. Doch ich werde Ihnen im Laufe des Kapitels noch weitere Beispiele positiven Kundennutzens liefern, die Sie dazu animieren sollen, diesen in Ihrem eigenen Unternehmen weiter auszubauen.

Doch kommen wir zurück zur Kunden-Nutzen-Hierarchie.

1. Stufe: Vorausgesetzter Kundennutzen
Dies ist die Grundvoraussetzung jedes Unternehmens. Ein Autohändler hat also einen entsprechenden Platz mit Autos zur Ansicht, dazu Büroräumlichkeiten (notfalls in einem Wohnwagen). Eine Bäckerei hat eine Verkaufsstelle und bietet ihre Waren an, eine Metzgerei ebenso, ein Industrieunternehmen hat Produkte, die im Markt angeboten werden (unabhängig davon, wer sie wo produziert). Bei dieser ersten Stufe werden wir uns nicht lange aufhalten, denn ohne sie geht nichts und – man glaubt es kaum: Dies haben mittlerweile doch die allermeisten Manager verstanden und umgesetzt...

2. Stufe: Erwarteter Kundennutzen
Dies ist der Bereich, den ein Kunde als Minimum voraussetzt. Wenn er die Bedürfnisse dieser zweiten Stufe in einem

Unternehmen nicht geboten bekommt, dann wird er in aller Regel nicht lange Kunde bleiben und zu einem besseren und günstigeren Mitbewerber wechseln. Die Meßlatte der zweiten Stufe wird jedoch vom Kunden immer höher gesetzt. Er wird immer aufgeklärter, es gibt immer mehr vergleichbare, bessere und günstigere Mitbewerber im Markt – da läßt sich der Kunde nicht mehr ein X für ein U vormachen. Ein erwarteter Kundennutzen bei einem Autohändler würde zum Beispiel sein, daß eine Ansprechperson da ist, die Auskünfte geben kann, die einigermaßen freundlich ist, daß eine größere Auswahl an Autos zu besichtigen ist usw. In einer Bäckerei erwartet der Kunde ebenfalls eine fachkundige, freundliche Bedienung, verschiedene Brot- und Brötchensorten zur Auswahl, alle frisch gebacken. Bei einem Industriebetrieb erwartet man ein qualitativ gutes Produkt, einen akzeptablen Preis, schnelle und prompte Lieferung usw. Hier beginnen bereits die Probleme für einige Unternehmen: Sie schaffen es einfach nicht, den Erwartungsdruck, die Bedürfnisse ihrer Kunden zu befriedigen. Sie bleiben mit ihrer Leistung stehen, verändern sich nicht mehr – weil sie nicht registrieren, wie schnell sich die Ansprüche des Kunden wandeln und steigern.

3. Stufe: Erwünschter Kundennutzen
Und nun wird es interessant: Dies sind die Bedürfnisse des Kunden, die er ganz genau bezeichnet, von denen er schon gehört hat, daß sie in vergleichbaren Firmen erfüllt werden – die er also nicht unbedingt erwartet, sich aber zumindest wünscht. In einer Bäckerei könnte dies etwa sein, daß der Kunde Vollkorn- und Biobrot erwartet, daß er sich verschieden süßes Gebäck, ebenfalls aus Vollkorn gefertigt, vorstellt usw. Bei der Metzgerei erwartet er nicht nur eine große Auswahl an verschiedenen Wurst- und Fleischsorten (Stufe zwei), sondern darüber hinaus wünscht er sich auch eine größere Auswahl leckerer und kalorienarmer Geflügel-

wurst, möglicherweise einen Platten- und Partyservice, und vielleicht wünscht er sich auch einen kompetenten Ansprechpartner, der ihm Auskünfte über die Inhaltsstoffe der verschiedenen Wurstsorten (Fettanteil, Kalorienanteil, Konservierungsstoffe usw.) geben kann. Bei einem Industrieunternehmen wünscht sich der Kunde möglicherweise eine Just-in-time-Lieferung oder aber, wenn es denn einmal bedauerlicherweise zu Reklamationen kommen sollte, daß diese in einer adäquaten Form behandelt werden und er sich nicht wie der ›letzte Depp‹ fühlen muß. All diese Dinge sind also unter der dritten Stufe – ›erwünschter Kundennutzen‹ – anzugliedern.

4. Stufe: Der unerwartete Kundennutzen
Dies sind nun die ›Sahnehäubchen‹, also genau das, das letztendlich den Unterschied zu Ihrem Mitbewerber ausmacht. Es sind Dinge, von denen der Kunde noch nie etwas gehört hat. Die er also weder erwartet noch wünscht. Dies sind Dinge, die es also eigentlich gar nicht gibt. Doch wieviel Gedanken haben Sie sich bereits um diese ›Sahnehäubchen‹ gemacht? Wie oft wird Ihrem Kunden ein ›Sahnehäubchen‹ gereicht? Für von uns beratene Autohäuser ist dies mittlerweile zu einer Selbstverständlichkeit geworden: Wenn ein Käufer seinen erworbenen PKW abholt und einen Blick auf seine Tankuhr wirft, dann wird er sich erstmals verwundert die Augen reiben: Die Tankuhr zeigt nicht letzte Reserve, sondern der Tank ist gefüllt! Und bevor er mit seinem neuen Wagen vom Hof rollt, wird er vom Inhaber oder Verkäufer nochmals persönlich zu seiner Kaufentscheidung beglückwünscht und erhält ein kleines Glückwunschpräsent (zum Beispiel eine Flasche Haussekt für einen männlichen Käufer, ein schöner Strauß Blumen für eine weibliche Käuferin). Eine Woche nach Kauf des Autos dann die nächste Überraschung: Der Verkäufer ruft den Kunden an, erkundigt sich danach, wie er mit dem neuen Fahrzeug zufrieden ist, ob es

irgendwelche Probleme gibt usw. Auch nach einem weiteren Monat erfolgt ein Anruf des Verkäufers. Eine neuerliche Überraschung dann beim ersten Kundendienst: Als der Kunde sein Fahrzeug abholt, ist es innen und außen komplett gereinigt. Das gleiche erfolgt automatisch bei jeder Reparatur – unabhängig davon, ob die Reparaturkosten 50 Mark oder 5000 Mark betragen. Jeder Neuwagenkäufer erhält nach einem Jahr ein kostenloses Sicherheitstraining. Dies hat den Vorteil, daß der Kunde und der Autohändler sich noch besser kennenlernen, also die Beziehung weiter intensiviert wird. Daß der Kunde regelmäßig an seinem Geburtstag und zu Weihnachten eine originelle, auf das Autohaus abgestimmte Weihnachtskarte mit der persönlichen Unterschrift von Verkäufer, Inhaber und dazu ein kleines Präsent erhält, ist natürlich selbstverständlich. Genauso wie der Kunde zu regelmäßig stattfindenden Veranstaltungen im Autohaus eingeladen wird. Und nun kommt die entscheidende Preisfrage: Wenn sich dieser Kunde für ein neues Fahrzeug interessiert, wo wird er auf jeden Fall wieder anklopfen und sich informieren lassen?

Das sind sie, die ›Sahnehäubchen‹, mit denen der Kunde nicht rechnet, die er keineswegs erwartet – die deshalb den sogenannten ›Nanu-Effekt‹ auslösen, der letztendlich dafür verantwortlich ist, daß der Kunde in seinem Bekanntenkreis positive Weiterempfehlungen gibt. Sie müssen in Ihrem Unternehmen eine Revolution auslösen, die zum Ziel hat, den Kundennutzen radikal innerhalb weniger Wochen drastisch zu erhöhen, auch wenn dafür größere Investitionen notwendig wären. Die Fluggesellschaft SAS erwirtschaftete nach siebzehn Jahren ununterbrochenen Gewinns in einem Jahr 20 Millionen Dollar Minus. Da rief der neue Vorstandsvorsitzende Jan Carlzon eine Revolution aus, nämlich das Programm: »Wir werden die beste europäische Fluggesellschaft für Geschäftsreisende.« Dafür wurde ein Gesamtbudget von 50 Millionen Dollar investiert –

wahrscheinlich hat die Entscheidung Carlzons einigen
›Erbsenzählern‹ im Unternehmen den Verstand gekostet.
Doch mit ein wenig Service, mit ein wenig Kundennutzener-
höhung ist es nicht getan, denn die Konkurrenz schläft
nicht. Auf der anderen Seite ist es überall möglich, den
Kundenservice drastisch zu erhöhen. Nehmen wir beispielsweise den legendären amerikanischen Supermarkt Stew
Leonard. Wie lautet die Firmenphilosophie von Stew Leonard?

»Den Kunden zuhören!«

Zunächst einmal legte der Supermarkt eine ›Diät‹ ein. Um
die Wertschöpfung bei den einzelnen verkauften Produkten
zu erhöhen, wurden zum einen mehr Produkte eingekauft.
Des weiteren kaufte Stew Leonard seine Produkte immer
mehr direkt beim Hersteller und nicht mehr über diverse
Zwischenhändler, so beispielsweise Obst und Gemüse direkt beim Farmer.
Dann wurde die Kunden-Nutzen-Revolution ausgerufen.
Unter anderem wurde im Eingangsbereich ein riesiger ›Lob-
und Tadelkasten‹ aufgestellt. Dabei handelte es sich bei
Stew Leonard nicht um irgendeinen kleinen Kasten, der
versteckt in einer Ecke angebracht ist, sondern um einen
Klotz von vielleicht 1 mal 1 mal 1,50 Meter Höhe. Dieser
steht mitten im Vorraum, und es liegen ausreichend Papier
und Stifte bereit. Ich habe einmal gesehen, wie Stew Leonard diesen Kasten leerte: Täglich befinden sich bis zu 300
Verbesserungsvorschläge in diesem Kasten. Mittlerweile
beschäftigen sich zwei Mitarbeiter (natürlich einer davon
der Inhaber!) ausschließlich damit, den Kasten täglich um
9.00 Uhr zu leeren, alle Beschwerden und Verbesserungsvorschläge zu tippen, zu kopieren und an alle Mitarbeiter im
Unternehmen bis 11.00 Uhr zu verteilen. So regten einige

Kunden an, daß sie gerne frischen Fisch hätten. Nun muß angemerkt werden, daß Stew Leonard jeden Vormittag frischen Fisch angeliefert bekam – allerdings bereits fertig verpackt und eingeschweißt in Folien. Nun, Stew Leonard setzte diesen Vorschlag um. Es wurde eine zweite Kühltheke angeschafft, die mit zerstampftem Eis ausgelegt wurde. Die ganze Kühltheke wurde dann mit schönem Gemüse wunderbar dekoriert. Der Fisch? Nun, ganz einfach, die früh angelieferten, eingeschweißten Fischstücke wurden aus der Verpackung genommen und in diese Kühltheke gelegt (frisch war der Fisch ja!). Der Erfolg war phantastisch: Stew Leonard erhöhte seinen Fischverkauf von 7500 auf 15 000 Kilogramm pro Woche!

Ein anderes Mal wurde von den Kunden gerügt, daß sich bei dem in Schalen abgepackten Obst (zum Beispiel Erdbeeren) oft im unteren Teil der Schale bereits verfaulte Früchte befänden. Daraufhin löste Stew Leonard diese abgepackten Körbe auf und bietet seitdem die Erdbeeren lose an. Jeder Kunde hat nun die Möglichkeit, sich die Erdbeeren selbst auszusuchen. Natürlich hat dies den Nachteil, daß viele der Früchte gedrückt werden und auf diese Weise nicht mehr appetitlich aussehen. Deshalb werden regelmäßig die Früchte, die optisch nicht mehr in Ordnung sind, aussortiert und entsorgt. Die ›Erbsenzähler‹ würden jetzt natürlich sofort aufstöhnen und mit dem Taschenrechner ausrechnen, wieviel das den Supermarkt jeden Monat kostet. Tatsächlich hat sich der Verkauf dramatisch erhöht, und der Verbraucher ist durchaus bereit, etwas mehr dafür zu bezahlen. Und wer einmal gesehen hat, wie bei Stew Leonard die Kunden Erdbeeren einkaufen (ich habe einmal eine Frau gesehen, die eine Tüte hatte, in die sie die ausgesuchten Erdbeeren legte; sie konnte gar nicht aufhören; als sie anschließend gefragt wurde, ob sie denn so gerne Erdbeeren esse, war sie ganz überrascht, eigentlich wollte sie nur ein Pfund kaufen – tatsächlich waren es dann Erdbeeren für

neun Dollar), der weiß, daß diese kleine Änderung einen
Riesennutzen für den Kunden bedeutet. Ziel Stew Leonards
ist es, daß seine Kunden glücklich sind. Denn nur glückliche
Kunden kommen wieder und sprechen Weiterempfehlungen aus. Für seine Kunden tut Stew Leonard deshalb alles.
Ob nun im Laden verkleidete Figuren à la Disney die Kinder
(und natürlich auch die Erwachsenen) unterhalten, ob es
sich um einen Kundenbeirat handelt, bei dem die Kunden
eingeladen werden, ihre Verbesserungsvorschläge anzuge-
ben – Stew Leonard hat zahlreiche Ideen umgesetzt, die
dafür gesorgt haben, daß er zu einem der bekanntesten und
erfolgreichsten Supermärkte der USA geworden ist.
Doch auch in Deutschland gibt es immer mehr Unternehmer, die die Zeichen der Zeit erkannt haben und reagieren.
So z. B. die Globus-Handelshof-Gruppe, eine SB-Waren-
hauskette aus dem Saarland. Chef der Kette ist Thomas
Bruch, der den 67 Jahre alten Familienbetrieb aus dem
saarländischen St. Wendel still und leise führt und die Konkurrenten mittlerweile immer mehr abhängt. Während
1995 der Einzelhandel eine Umsatzeinbuße von real 2%
meldete, konnte das Unternehmen siebzehnmal in Folge
zweistellige Umsatzzuwächse vermelden. 4,6 Milliarden
setzte der saarländische Familienbetrieb im Geschäftsjahr
1994/95 um, das ist ein Wachstum von über 18% im Vergleich zum Vorjahr. Doch pure Umsatzzahlen alleine sind
natürlich nicht entscheidend, entscheidend ist der Gewinn:
Mit gut 2% Umsatzrendite verdient Globus jedoch auch hier
deutlich besser als der Schnitt. Eine der Hauptursachen
für diesen Erfolg ist sicherlich in der Kundenorientierung
des Unternehmens zu sehen. Im Kundenbarometer 94 der
Deutschen Marketingvereinigung wurde Globus bei den
SB-Warenhäusern auf Platz eins gewählt. Denn Qualität
und Kundenorientierung wird bei Globus nicht nur versprochen, sondern der Kunde kann sie sogar einfordern. Globus
garantiert seinen Kunden, daß sie ihr Geld zurückerhalten,

wenn sie einen Artikel aus dem aktuellen Angebot im Umkreis von 30 km billiger bekommen. Wer trotz besetzter Kassen länger als 10 Minuten auf das Bezahlen warten muß, erhält dafür eine Vergütung von 5 DM. Und sollte einmal ein Angebot vergriffen sein, gibt es das nächstteuere Produkt zum gleichen Preis. Jedem Globus-Haus ist ein Bistro angegliedert. Wenn einem dort das Essen nicht schmeckt, ist es nicht ganz so tragisch: Der Kunde erhält sein Geld zurück! Wenn Globus von einem Produkt verschiedene Marken führt, erhält der günstigste Artikel einer Gruppe einen grünen ›Fair-Aufkleber‹. Über 1000 ›Fair-Artikel‹ gibt es in jedem Globus-Markt und die sind wieder garantiert die billigsten im 30-km-Umkreis des Geschäftes. Bei einer solchen Kundenorientierung ist zu erwarten, daß Globus noch eine ganze Menge mehr in Zukunft in seiner Branche bewirken wird.

Die großen Luftlinien nutzen die zukünftigen High-Tech-Möglichkeiten der digitalen Kommunikation und investieren Millionen gegen die Langeweile unterwegs – und damit direkt in den Kundennutzen. So gibt es die Möglichkeit, von seinem Flugsessel aus elektronisch Roulette und Black Jack zu spielen oder Wetten auf Pferderennen einzusetzen. Persönliche Videosysteme in jedem Flugsessel werden dafür sorgen, daß jeder Fluggast aus hundert Filmen den für sich interessanten heraussucht und zeitlich unabhängig ansehen kann. Wie beim heimischen Videorecorder lassen sich die Filme nach Belieben starten, anhalten oder wechseln. Mit dem Jahr 2000 wird es sicherlich auch möglich sein, daß sogar Fernseh-Live-Sendungen, wie etwa Fußballspiele aus der Bundesliga, im Flugzeug empfangen werden können (verbunden mit einer kleinen Extragebühr natürlich). Ob es sich nun um Bingo-Spiele, verschiedene Computerspiele, Schach oder Trivial Pursuit handelt – in Zukunft können sich die Reisenden mit dem Computer messen. Weil die neuen Bildschirme an Bord der Flugzeuge miteinander vernetzt sind, können Sie auch gegen andere Fluggäste Bridge oder Backgammon spielen. Oder wie steht es mit aktuellen Wirtschafts- und Finanzinformationen? Singapore Airlines ist die erste Gesellschaft überhaupt, die diesen besonderen Service für Geschäftsreisende anbietet. Oder wie steht es mit Einkaufen? Zukünftig wird dem Fluggast das Sortiment großer Versand- und Kaufhäuser auf dem Bildschirm zur Verfügung stehen. Sie wählen auf Ihrem Computer in Ruhe aus – und bestellen direkt von Bord aus. Die Summen, die die Luftlinien investieren, sind enorm. Singapore Airlines zum Beispiel investiert über 80 Millionen Mark, British Airways möchte für ihre Modernisierung sogar über 200 Millionen bereitstellen. Im September 1995 lud British Airways über 1000 Journalisten, Firmengäste und Touristiker aus aller Welt in die Olympiahalle nach London ein. Während eines pompösen Vortrages von BA-Chef Sir Colin Marshall lüftete er dann das Geheimnis: British Airways hat das fliegende Schlafzimmer erfunden und damit den Konkurrenten wieder den Rang abgelaufen. BA runderneuerte seine Langstreckenflotte. In der First-Class gibt es nun 180°-Liegen, die in halboffenen Kabinen stehen, schräg zur Flugrichtung, so daß jeder Fluggast aus dem Fenster sehen kann. Das luftige, halboffene Séparée dient übrigens nicht nur als Schlafzimmer, sondern gleichzeitig auch als Büro und Minikonferenzraum mit Telefon und Fax. Um dem Kopieren (oder besser ausgedrückt: Benchmarking ...) vorzubeugen, hat BA das ganze siebenfach patentiert. Integriert sind zudem ein Bildschirm für interaktives Entertainment und ein Dinnertisch für den neuen Küchenservice à la Card. Colin Marshall verkündete stolz, daß mit diesem Produkt die First-Passagiere, die zwischenzeitlich zu Mitbewerbern abgewandert waren, wieder zurückgeholt werden. Aber auch ansonsten legt British Airways beim Kundennutzen kräftig zu: Passagiere können sich während des ganzen Fluges an einem Bordbuffet mit Keksen, Schokolade und Obst bedienen. Auch der gesamte Service soll künftig individueller ablaufen. Unter dem Motto ›Break through‹ trainieren die Besatzungen der BA Boeings 747 zur Zeit auf einem privaten Herrensitz in Südengland einen neuen, herzlichen Umgang, wie er eigentlich unter Freunden, und nicht im Geschäftsleben üblich ist, weiß Break-through-Senior-Manager John Ekland zu berichten. Nun ja, vielleicht gelingt es British Airways auf diese Weise, bei zukünftigen Umfragen zum Thema ›Freundlichkeit des Kabinenpersonals‹ wieder vordere Plätze zu belegen – denn bei der letzten Inflight-Research-Untersuchung landeten die Briten lediglich auf Platz 38. Diese Ausgaben werden jedoch nicht nur über den Verkauf von Tickets abgedeckt werden, sondern auch über zusätzliche Einnahmen aus den Gebühren für spezielle Filme, Einkaufsmöglichkeiten, Werbemöglichkeiten usw. Tolle Aussichten also für die Vielflieger der Zukunft.

Auch Mercedes-Benz geht neue Wege und stellte sein ›Vario-Research-Car-Konzept‹ vor. Dabei gibt es ein Modell mit einem Grundmodul. Die einzelnen Varianten, wie z. B. Cabrio, Kombi, Fließheck, Stufenheck, Pick-up usw. werden dann nicht gekauft, sondern nur gemietet. Der Umbau erfolgt in speziellen Servicestationen. Auf diese Weise kauft der Kunde ein Grundmodell und kann jederzeit, je nach Bedürfnis, das Auto verwandeln. Eine tolle Idee von Mercedes, aber warten wir ab, ob dieses Konzept auch wirklich in die Tat umgesetzt wird.

Ein Bestattungsunternehmer setzte ebenfalls eine außergewöhnliche Innovation in die Tat um: Bei ihm ist es möglich, lediglich den Innensarg zu kaufen – der Außensarg dient nur für die Beisetzungszeremonie, er wird also quasi ›gemietet‹. Dies kostet natürlich nur einen Bruchteil des normalen Kaufpreises eines teuren Außensarges. Sie werden nun vielleicht sagen, für mich persönlich würde das nicht in Frage kommen, aber Tatsache ist, daß dieser Unternehmer mit dieser Innovation vielen Mitbewerbern einfach wieder die berühmte ›Nasenlänge‹ voraus ist. Und darum geht es beim Kundennutzen: Ihrem Mitbewerber eine ›Nasenlänge‹ voraus zu sein und jedem einzelnen Kunden ein Erlebnis zu verschaffen, das er nicht mehr vergißt und weitererzählt. Sie müssen in der Lage sein, immer wieder den unerwarteten Kundennutzen zu geben, denn genau das sind die Erlebnisse, die sich bei ihm einprägen. Nehmen wir das Beispiel einer Düsseldorfer Sauna (in der sich übrigens auch Phil Collins bei seinen Deutschlandaufenthalten immer wieder gerne entspannt): Ohne Vorankündigung, ohne daß dies vom Kunden ›erwartet‹ würde, geht ein Mitarbeiter durch die herrliche Bade- und Saunalandschaft, und jeder Gast, der gerade ›zufällig‹ anwesend ist, erhält eine Kugel Gourmet-Eis. Sie werden vielleicht über diese Beispiele schmunzeln – aber bitte gehen Sie nicht leichtfertig darüber hinweg. Genau diese ›Kleinigkeiten‹ sind es, die den unerwarteten Kundennutzen ausmachen.

Der amerikanische Unternehmensberater und Referent Philipp Wexler erzählte mir einmal, daß er ein Autotelefon erwarb. Der Händler teilte ihm mit, daß der Einbau ca. 45 Minuten dauern würde. Nun, ›normal‹ wäre es gewesen (also erwartet), daß der Kunde sich jetzt irgendwo in eine Ecke des Unternehmens setzen und warten würde. In diesem Geschäft jedoch erhielt Wexler ein Glas Champagner, es lagen die verschiedensten Zeitungen bereit, und einer der Mitarbeiter wechselte immer mal ein paar Worte mit ihm. Sie finden so etwas zu ›banal‹? Nun, bei Philipp Wexler hat es dafür gesorgt, daß er dieses Erlebnis nicht nur mir, sondern mittlerweile Tausenden von Seminarteilnehmern erzählt hat.

Das Finanzmaklerunternehmen Marschollek, Lautenschläger und Partner AG aus Heidelberg (MLP) hat für eine kleine Zielgruppe innerhalb ihrer Kunden einen tollen Kundennutzen eingeführt: den *Junggesellentarif*. Warum soll ein 26jähriger lediger Hochschulabsolvent eine Lebensversi-

cherung über 150 000 Mark abschließen? Er hat wahrscheinlich schon damit Probleme, wenn er den Begünstigten
eintragen lassen soll. Die Firma MLP hat deshalb diesen
speziellen Tarif eingeführt, mit ganz wenig Hinterbliebe-
nenschutz, gerade einmal so viel, damit die Lebensversiche-
rung steuerlich vergünstigt bleibt. – Übrigens wurde diese
tolle Innovation aufgrund der Idee des Außendienstes
(Secret Service) umgesetzt.

Oder wie wäre es, wenn Sie einen ›No-Report‹ wie in einem
Tokioer Hotel einführen? In diesem Hotel hat jeder Mitarbeiter die Verpflichtung, jedes ›Nein‹ zu notieren und weiter-
zuleiten, das er einem Kunden geben muß. Also beispielsweise: Es kommt ein Kunde und fragt, ob er ein Aspirin
haben könnte. Das Hotel hat jedoch kein Aspirin auf Vorrat.
Dieses ›Nein‹ trägt er in seinem ›No-Report‹ ein, den er am
Ende seines Dienstes an eine bestimmte Stelle des Hotels
weiterleitet. Oder es kommt ein anderer Gast, der seine
Zahnbürste vergessen hat. Leider muß ihm der Portier ein
›Nein‹ entgegnen – und trägt diesen Umstand in seinen ›No-
Report‹ ein. Das Hotel hat extra eine ›No‹-Stelle geschaffen,
die nichts anderes zu tun hat, als die ›Neins‹ auszuwerten
und abzustellen. Der ›No-Report‹ ist also eines der einfachsten Mittel, um im Laufe der Zeit den Kundenservice und
-nutzen zu perfektionieren. Gerade in Hotels gibt es die
phantastischsten Möglichkeiten, Kundennutzen umzusetzen. Waren Sie schon einmal auf den Malediven? Nun, dort
ist es zum Beispiel üblich, daß einmal pro Woche – völlig
unerwartet – auf Ihrem Bett aus Blumenblüten ein Herz
dekoriert ist. Können Sie sich die Überraschung vorstellen,
wenn Sie das Zimmer betreten und diese ›Überraschung‹
bemerken? Oder das obligatorische Betthupferl in Hotels.
Teilweise äußerst lieblos, könnte man doch daraus ein
Ereignis gestalten. Vielleicht nicht nur das Betthupferl,
sondern eine wirklich außergewöhnliche Karte dazu, auf
der etwa die Philosophie des Hotels oder jeden Tag ein wech-

selnder, besonderer Gute-Nacht-Gruß zum Nachdenken mit einer persönlichen Unterschrift steht. Oder wie wäre es, wenn statt des teuren Pay-Video-Kanals im Hotel eine Anzahl von Videokassetten bereitliegen und sich der Hotelgast kostenlos einen Film ausleihen kann? Gerade in größeren Hotels wären die Investitionskosten dafür äußerst gering – der Effekt dafür um so größer. Die wenigsten Kunden hätten sicherlich die Zeit, sich tatsächlich einen Film auszuleihen – aber darum geht es beim Kundenservice eigentlich gar nicht: Ob der Kunde den Service dann wirklich in Anspruch nimmt oder nicht, ist egal, entscheidend ist, daß er das Gefühl hat, er *könnte* ihn in Anspruch nehmen. Also, wie wär's: Wollen Sie nicht den einfachen, aber dennoch so effektiven ›No-Report‹ auch in Ihrem Unternehmen einführen?

Aber es gibt auch in Deutschland bereits Unternehmen, bei denen der Kundennutzen ganz toll umgesetzt wurde. Hier als Beispiel eine Geschichte vom Maritim-Hotel in Würzburg. INLINE veranstaltete dort einen großen Kongreß mit fast 1000 Teilnehmern, als meine Frau und ich am Morgen zum Frühstücksbuffet gingen. Meine Frau ernährt sich sehr strikt nach dem ›Fit-for-Life‹-Ernährungskonzept, demzufolge sie ausschließlich frisches Obst zum Frühstück ißt. Als wir nun am Buffet ankamen, fand meine Frau zu ihrem Bedauern nur noch einen Apfel und eine Birne vor. Eine Mitarbeiterin des Maritim-Hotels, die sich in der Nähe aufhielt, gab meiner Frau den Tip, daß das Müsli ganz frisch angesetzt sei. Meine Frau erklärte der Mitarbeiterin, daß sie für den Ratschlag sehr dankbar sei, jedoch zum Frühstück ausschließlich Obst verzehre. Wir nahmen daraufhin unsere Plätze im Frühstücksraum ein. Fünf Minuten später kam dieselbe Mitarbeiterin mit einem strahlendem Lächeln zu uns an den Tisch und überreichte meiner Frau eine große Schale mit frischem geschälten Obst mit den Worten:»Sie taten mir so leid, da unsere Obstauswahl heute so gering ist, deshalb habe ich Ihnen von der Küche diese Schale anrichten lassen.«Und gerade das ist es, was ich meine: Für meine Frau ist nun das Maritim-Hotel in Würzburg eines der besten Hotels der Welt, unabhängig davon, wie die Zimmer aussehen, ob vielleicht dann und wann das eine oder andere negativ auffällt – dieses eine Erlebnis, dieser ›Moment der Wahrheit‹ hat sich ganz fest in ihrem Bewußtsein eingeprägt.

Ein weiteres Thema ist die Sektion »Vertrauen und Garantie«. Hier wurde und wird durch die Werbung sehr viel zerstört. Wenn American Express durch die Werbung einsuggeriert, daß es kein Problem gibt, das nicht in kürzester Zeit durch die freundliche Dame am Servicetelefon behoben werden kann, und daß dies dann in der Praxis nicht klappt, dann ist der Kunde enttäuscht, denn der von ihm erwünschte und sogar erwartete Kundennutzen wurde nicht eingehalten. Oder wenn ein Bankinstitut damit wirbt, daß es den Weg frei mache und der Kunde dann selbst bei kleinsten Krediten eine 120prozentige Absicherung erbringen muß, dann tritt hier einfach eine Enttäuschung ein. ›Pizza-Bäkker Bino‹ hat dies in seiner Pizzeria dagegen perfekt umgesetzt: Er bietet »Essen mit Garantie«. Die Garantie ist: Wenn ein Gast mit dem Essen unzufrieden ist, erhält er sein Geld zurück. Es kostete zwar einige Mühe und Anstrengungen, Bino davon zu überzeugen, daß diese Aktion ihm einen riesigen Imagegewinn und Vorsprung einbringen würden und das Risiko relativ gering sei (bei seinen Kochkünsten), doch es war einfach die Angst, die verhinderte, eine solche *Revolution* in die Praxis umzusetzen. Nun, er hat es getan, und diese kleine Maßnahme hat ihn in seinem gesamten Einzugsgebiet bekannt gemacht.

Diese *Vertrauensgarantie* können Sie fast in jedem Bereich, in jeder Branche umsetzen. Unter anderem gibt es sie auch bei mir: Wenn Sie ein Seminar bei mir besuchen und zur Hälfte der Seminarzeit der Meinung sind, es hat Ihren

Erwartungen nicht entsprochen, erhalten Sie Ihre Teilnehmerpauschale in voller Höhe zurückerstattet. Diese Garantien sind es jedoch, die dem Kunden Vertrauen geben. Wer kann schon eine solche Vertrauensgarantie, die ja einer Erfolgsgarantie entspricht, geben? Nur die Unternehmen, die zu 100 Prozent von ihrem Angebot, von ihren Produkten, von ihrem Service überzeugt sind. Die wenigsten Kunden werden dieses Angebot ausnutzen – dafür werden Sie viele neue Kunden gewinnen und die Mundpropaganda ›anheizen‹.

Um erfolgreich zu sein, müssen Sie also eine Strategie verfolgen, derzufolge Sie sich zu 80 Prozent in der dritten Stufe, dem erwünschten Kundennutzen, aufhalten und zu 20 Prozent in der vierten Stufe, dem unerwarteten Kundennutzen. Und damit beginnen die Schwierigkeiten: Sobald der Kunde einen unerwarteten Kundennutzen erhält, ist ›er‹ beim nächsten Mal ja nicht mehr unbekannt, sondern spätestens nach dem zweiten Mal ist es ein erwünschter und spätestens nach dem fünften Erlebnis ein erwarteter Kundennutzen. Das heißt, jeder unerwartete Kundennutzen rutscht automatisch eine Stufe tiefer auf die dritte Ebene, dem erwünschten Kundennutzen, und nach einer weiteren zeitlichen Verzögerung auf die zweite Stufe, den erwarteten Kundennutzen. Eine ganz schön ›verzwickte‹ Sache, oder? Da schaffen Sie es, dem Kunden ein ›Aha-Erlebnis‹ zu geben, und bereits kurze Zeit später *erwartet* sich der ›unverschämte Mensch‹ dieses außergewöhnliche Erlebnis. Nun, so sind die Menschen, so läuft das Spiel. Sie können also niemals aufhören, an der Erweiterung und dem Ausbau Ihres Kundennutzens zu arbeiten. Sie können nicht einmal eine Revolution ausrufen, diese erfolgreich durchführen und sich dann die nächsten Jahre gemütlich zurücklehnen, selbst beweihräuchern und der Meinung sein, Sie hätten es nunmehr ›geschafft‹. Denn Ihre Mitbewerber werden alle Bereiche, in denen Sie Vorsprünge haben, in kürzester Zeit aufholen. Und Ihre Kunden erwarten sich diese Dinge nach kurzer Zeit. Erschreckt Sie diese Vorstellung? Nun, es liegt an Ihnen, ob Sie diese Tatsache als permanente Herausforderung oder als Bestrafung ansehen. Ist es nicht wunderschön, daß Ihre Kreativität, Ihre Innovationsfähigkeit immer wieder angeregt wird, daß Sie sich immer wieder dieser Herausforderung stellen können?

Jan Carlzon bezeichnete in seinem Buch *Alles für den Kunden* jeden einzelnen Kundenkontakt als »Moment der Wahrheit«. Diese Momente der Wahrheit treten besonders dann kraß zutage, wenn es zu Reklamationen kommt, die ich im nächsten Abschnitt ausführlich beschreiben werde. Doch haben Sie schon einmal darüber nachgedacht, wie viele solcher ›Momente der Wahrheit‹ in Ihrem Unternehmen überhaupt auftauchen? Nun, dazu gibt es folgende einfache Formel:

> **Momente der Wahrheit**
> **= Anzahl der Kundenbesuche**
> **x Einzelkontakte mit Mitarbeitern**

Nehmen wir also einmal an, Sie besitzen ein Einzelhandelsunternehmen, die tägliche Anzahl an Kunden liegt bei 500, und diese 500 Kunden treffen in der Regel auf drei Mitarbeiter. Zunächst einmal auf den Portier, der im Eingangsbereich steht und die Kunden grüßt (begrüßen sollte). Dann der Verkäufer, der ihn informiert und berät. Schließlich der Mitarbeiter an der Kasse. Bei 500 Kunden täglich und drei Kundenkontakten besitzt Ihr Unternehmen, auf ein Jahr hochgerechnet, rund 450 000 ›Momente der Wahrheit‹!

Jeder dieser ›Momente der Wahrheit‹ kann entweder dafür sorgen, daß Ihr Kunde sein ganz persönliches positives Erlebnis erfährt, das ihn veranlaßt, eine Dauerbeziehung mit Ihrem Unternehmen einzugehen und positive Weiteremp-

fehlungen auszusprechen – oder eben das Gegenteil: Er
wird verärgert, er erhält nicht den Kundenservice und -nut-
zen, den er sich erwartet und erwünscht hatte – und er
wechselt zur Konkurrenz. Wie wäre es, wenn Sie einmal
einen Wettbewerb für die ›Momente der Wahrheit‹ starten?
Dazu müssen Sie natürlich zunächst einmal Ihre Mitarbeiter sensibilisieren und ihnen verdeutlichen, was Sie unter
diesen Momenten der Wahrheit verstehen und welches Verhalten Sie sich dort erwarten. Dazu gehört natürlich auch
ein ausführliches Schulungsprogramm in den Bereichen
Umgang mit Kunden, Reklamationsverhalten usw. Dann
setzen Sie immer einen bestimmten Zeitraum fest (zum Beispiel einen Monat bis zur nächsten monatlichen Besprechung), bei der jeder Mitarbeiter einen ›Moment der Wahrheit‹ einreichen kann, den er mit einem Kunden erlebte. In
kleineren Betrieben können dann die Mitarbeiter selber diesen ›Moment der Wahrheit‹ vortragen, in größeren Betrieben mit mehr Mitarbeitern treffen Sie eine Vorauswahl.
Und nun entscheiden die Mitarbeiter im Team (oder die
Geschäftsleitung möchte dies selber vornehmen), welche
›Momente der Wahrheit‹ mit einem besonderen Preis ausgezeichnet werden. Dadurch verleihen Sie Ihrem Programm
›Momente der Wahrheit‹ die entsprechende Bedeutung und
Wichtigkeit. Wenn Sie dieses Programm starten, sollte das
Top-Management unbedingt Zeichen setzen, daß sie dies für
besonders wichtig erachtet und sich deshalb auch persönlich dafür einsetzt.
Gerade die Mitarbeiter sind es, die am ehesten in der Lage
sind, den Kundennutzen und -service zu steigern. Dazu
müssen Sie jedoch dieses kreative Potential Ihrer Mitarbeiter nutzen. Der erste Schritt besteht auch hier wieder in
einer entsprechenden Unternehmenskultur, wie bereits
ausführlichst beschrieben. Denn nur in einer Umgebung, in
der ein Mitarbeiter geachtet und gefördert wird, ist er überhaupt bereit, sich einzusetzen und an der Weiterentwick-

lung mitzuarbeiten. Wie wäre es, wenn Sie Workshops zum Thema »Wie können wir den Kundennutzen steigern« ins Leben rufen? Ein solcher Mitarbeiter-Workshop sollte maximal aus acht Personen bestehen, da darüber hinaus nur noch diskutiert, aber nichts mehr effektiv entwickelt wird. Diese Workshops werden dann eine Vielzahl von Ideen, verbunden mit mehr oder weniger hohen Kostenaufwänden, hervorbringen. Suchen Sie dann drei Kundennutzen heraus, die innerhalb der nächsten drei Monate auf alle Fälle umgesetzt werden. Dies mögen auch einige kostenverursachende Maßnahmen sein, können aber oft auch Nutzen sein, die letztendlich nicht mehr kosten oder, wie im Beispiel von Stew Leonard, sogar einen Mehrerfolg bringen (Verdoppelung des Fischverkaufs). Erheben Sie die Steigerung des Kundennutzens deshalb zur ›Chefsache‹. Auch damit verleihen Sie dieser ganzen Angelegenheit wieder eine entsprechende Wichtigkeit. Und wenn Sie jedes Quartal oder sogar jeden Monat drei Kundennutzen umsetzen, dann werden Sie nie Probleme damit bekommen, Ihren Kunden immer wieder einen unerwarteten Kundennutzen zu bieten (und Ihren Mitbewerbern voraus sein).

Hier noch einige kleine Beispiele, um Ihnen zu verdeutlichen, daß Kundennutzen oftmals auch völlig ohne Kostenaufwand zu steigern ist:

- Ein Fluglinienangestellter:»Soll ich gleich einen bestimmten Platz für Ihren Rückflug buchen?«
- Ein Tankwart:»Soll ich Ihnen Luft und Wasser kontrollieren?«
- Eine Kellnerin:»Soll ich Ihnen noch einen weiteren Teller bringen, damit Sie die Nachspeise aufteilen können?«
- Ein Angestellter an der Hotelrezeption:»Leider ist kein Zimmer mehr frei. Doch wenn Sie möchten, erkundige ich mich bei einigen Kollegen von nahe gelegenen Hotels, ob die für Sie etwas machen können.«

- Ein Kreditberater: »Ich weiß nicht, ob es geht, aber ich rufe morgen um elf Uhr an und sage Ihnen, ob es klappt.«

Letztlich dient der Kundennutzen und der Kundenservice, vor allen Dingen der unerwartete Kundennutzen, einem Hauptzweck:

> **»Tue Gutes und ... lasse darüber reden!«**

Denn dies ist der zentrale Faktor: Viele Firmen erhöhen ständig ihre Marketingetats – aber bei den einfachsten Maßnahmen zur Erhöhung des Kundennutzens wird dann gespart. Doch ist es denn überhaupt nötig, überproportional hohe Werbeanstrengungen zu unternehmen, wenn der Kundennutzen ständig erhöht werden würde? Es gibt Unternehmen, die noch nie in ihrem Leben Werbung betrieben haben und trotzdem erfolgreich sind. Als die Swatch auf den Markt kam, mußten keine riesigen Werbeanstrengungen unternommen werden – die Außergewöhnlichkeit der Uhr sorgte alleine schon für entsprechende Mundpropaganda. Haben Sie einmal davon gehört, daß für das Formel-1-Rennen in Hockenheim Werbespots (nicht zu verwechseln mit den Ankündigungen der Übertragung durch RTL) im Fernsehen laufen? Bereits ein halbes Jahr vor dem Rennen ist das Motodrom restlos ausverkauft – obwohl noch keinerlei Werbung dafür gelaufen ist.

Ein hoher Kundennutzen sorgt also automatisch dafür, daß sich Ihr ›Sog‹ im Markt vergrößert – und damit letztlich Ihr Umsatz und (sofern Sie eine entsprechende Diät berücksichtigen) auch Ihr Gewinn! Oder wie sagte doch Stew Leonard:

> **Die Kunden kommen nicht und fragen:**
> **»Was kann ich für Stew Leonard tun, sondern:**
> ***Was kann Stew Leonard für mich tun?«***

Leitthesen zu 5.1.

① 69 Prozent der Kunden wechseln zu einem Mitbewerber aufgrund einer schlechten Behandlung durch die Mitarbeiter – nur 29 Prozent, weil woanders ein Produkt besser oder günstiger ist!

② Bieten Sie Ihren Kunden möglichst dauerhaft den erwünschten Kundennutzen und möglichst oft den unerwarteten Kundennutzen – nur dann wird die Mundpropaganda dauerhaft in Gang gesetzt!

③ Neben dem reinen Produktnutzen (immer vergleichbarer) gibt es die Möglichkeit, sich durch Erhöhung des Kundennutzens vom Mitbewerber abzuheben!

④ Hören Sie Ihrem Kunden zu!

⑤ In den meisten Unternehmen gibt es Tausende, ja teilweise Millionen von ›Momenten der Wahrheit‹ – jährlich! Tue Gutes und ... lasse darüber reden!

5.2. Der Kunde hat immer recht!

> **»Jeder fünfte, der sich beschwert, wird erschossen.
> Der vierte war gerade da.«**
> *Bürospruch*

Die Zufriedenheit der Kunden wird, gerade in Deutschland, immer geringer. Fehlende Freundlichkeit, mangelnde Kompetenz, frustrierte und lustlose Verkäufer, wenig Hilfsbereitschaft, schlechtes Reklamationsverhalten – diese und andere Verhaltensweisen der Mitarbeiter sorgen für immer mehr Frust und Verärgerung bei den Kunden.

Die Zeitschrift *!Forbes* (»Fremdwort Kundendienst«, 5/95) hat von der Münchner Unternehmensberatung Tetralog den Computerhandel testen und bewerten lassen. Dabei wurden die Bereiche Reaktionszeit, Hilfsbereitschaft und Freundlichkeit als Wertungskriterium angesetzt. Der getestete Fall: Der Computer einer kleineren Wirtschaftsprüfungs-Gesellschaft müsse erweitert werden. Es fehle dringend ein Modem. Der Wunsch des Kunden: Der Händler soll die Neuerung umgehend installieren. Weitere Anfrage an den Computerservice: Der Austausch des fehlerhaften Pentium-Prozessors von Intel – natürlich umsonst, wie vom Hersteller versprochen. Das Ergebnis: Bestnote erhielt das Unternehmen Saturn mit einer Durchschnittsnote von 2,54. Die Durchschnittsnote bei den 343 getesteten Händlern lag über 3. Dieses Ergebnis ist besorgniserregend. Insbesondere die einzelnen Erlebnisse bei jenem Telefontest waren teilweise schon erschreckend:

> **»Es ist nicht so, daß wir auf Sie warten, wir haben auch noch andere Aufträge zu erfüllen.«**
> *Ein Apple-Händler in Hamburg*

Seit längerer Zeit läuft auf dem Fernsehsender RTL die Nörgelsendung ›Wie bitte?!‹, ein Ventil für die strapazierte Konsumentenseele. »Die Leute schieben einen Riesenfrust«, urteilt Klaus-Dieter Langenstein, Producer der Sendung. Bis zu 700 Hilferufe verärgerter Kunden erreichen die Redaktion täglich, und bis zu fünfeinhalb Millionen Zuschauer sehen jeden Samstag zu, wenn die RTL-Regisseure den Ärgernissen nachgehen. Langenstein: »Wenn wir uns einschalten, stellen die Unternehmen plötzlich alles als peinliches Versehen dar. Dann überschlagen sich die Serviceabteilungen und schicken den verärgerten Kunden sogar einen Blumenstrauß nach Hause.« Eigentlich sollte es selbstverständlich sein, daß jeder Unternehmer den Bereich ›Kundenservice‹ in seinem Betrieb genau unter die

Lupe nimmt und besonders im Bereich der Mitarbeiterschulungen kräftig investiert.

Erinnern Sie sich noch an das Beispiel des ›Pizza-Bäckers Bino‹ im letzten Abschnitt, an sein Essen mit Garantie? Diese Idee ist nicht neu und deshalb auch nicht umwerfend – sie ist nur so außergewöhnlich, weil sie so wenige Unternehmen, vor allem in Deutschland, umsetzen. Aber es gibt diese Unternehmen – und sie gehören jeweils zu den erfolgreichsten ihrer Branche!

Nehmen wir zum Beispiel die Firma Orvis, ein in Vermont ansässiger Hersteller von Angeln und Angelgeräten. Diese Firma hat den Grundsatz:»Der Kunde hat immer recht, selbst wenn man verflixt genau weiß, daß er unrecht hat. Ersetzen Sie, reparieren Sie und adjustieren Sie seine Geräte nach seinen Vorstellungen.«

Die Firma Stave-Puzzle stellt maßgefertigte Puzzle her. Dabei lautet die schriftliche Garantie des Unternehmensleiters Steve Richardson:»Sie müssen uneingeschränkt zufrieden sein mit der Qualität, der Originalität und der Erfahrung des Zusammensetzens – nein, begeistert müssen Sie von Ihrem Stave-Puzzle sein! Sonst erhalten Sie den Kaufpreis zurück, und als Draufgabe bekommen Sie eine Schachtel Aspirin!«

Der Amerikaner Al Burger eröffnete ein Restaurant namens ›Roasters & Toasters‹. In seinem Restaurant verspricht er auf Wandanschlägen und in den Speisekarten, daß der Kunde»ganz außergewöhnliches und hervorragendes Essen und eine ebensolche Bedienung bekommt – oder das Haus übernimmt die Rechnung«. Zusätzlich gibt das Restaurant noch eine Tüte Hefegebäck oder Kaffeebohnen gratis dazu. Das Ungewöhnliche dabei: Der Kunde definiert, was er unter einer»außergewöhnlichen Bedienung und Leistung« versteht. Al Burger hat keine Angst davor, ausgenutzt zu werden. Wenn es ein Problem gibt, dann unterhält er sich in allen Einzelheiten mit dem Kunden darüber. In einem Jahr berufen sich nur etwa ein Dutzend der Gäste auf seine Garantie – und er hat eine Stammkundenquote von 95 Prozent. Mittlerweile macht sein Restaurant eine Million Dollar Umsatz. 1993 plante er die Eröffnung weiterer Filialen.

Oder nehmen Sie das Beispiel einer französischen Supermarktkette. Dort braucht ein Kunde nur maximal zehn Minuten an der Kasse warten – oder er kann seinen gesamten Einkaufskorb ohne zu bezahlen mit nach Hause nehmen! Die Supermarktkette hatte herausgefunden, daß die langen Wartezeiten an der Kasse eine der Hauptärgernisse für den Kunden sind. Und dies ist um so bedauerlicher, da die Kasse der letzte Eindruck von seinem gesamten Einkauf ist und damit im Unterbewußtsein besonders haften bleibt. Natürlich mußte der Supermarkt in der Anfangszeit das eine oder andere Mal seine Garantie einlösen – doch erstaunlich schnell und flexibel stellte sich das Unternehmen mit seinen Mitarbeitern darauf ein. Als nächstes ist geplant, die Wartezeit-Garantie auf fünf Minuten zu verkürzen. Ich gehe bereits heute eine Wette ein, daß dies gelingen wird...

Oder wie steht es mit der Firma Delta Dental-Plan aus Massachusetts? Wenn die Frage eines Kunden nicht sofort beantwortet werden kann, ruft ein Delta-Vertreter innerhalb von 24 Stunden zurück. Und was passiert, wenn diese 24-Stunden-Garantie nicht eingehalten wird? Dann erhält der Kunde von dem Unternehmen 50 Dollar in bar bezahlt!

Es gibt viele Beispiele für positiven Kundenservice, doch leider sind dies eher die Ausnahmen. Dagmar Kieselbach von ›Wie bitte?!‹, bei der jede Woche besonders krasse Fälle von schlechtem Kundenservice veröffentlicht werden:»Jede Woche erhalten wir einen Waschkorb voller Einsendungen von unzufriedenen Kunden. Dies ist aber nur die Spitze des Eisbergs, denn die allermeisten unzufriedenen Kunden melden sich ja nicht einmal. Die Menschen schieben einen Riesenfrust in Deutschland!« Diese Aussage drückt recht deutlich aus, wie es um den Kundenservice in Deutschland bestellt ist – *miserabel!* Wenn sich die deutschen Manager noch so sehr auf die Schulter klopfen, davon schwärmen, welches Serviceprogramm sie doch in ihrem Unternehmen umgesetzt haben – die Praxis spricht eine andere Sprache:

---

69 Prozent der Kunden, die zu einem Mitbewerber wechseln, geben als Grund an:

- Zuwenig persönliche Aufmerksamkeit erhalten.
- Das Personal der alten Firma hat nichts getaugt.

Beispiele

- Als ich nach einem Vortrag von San Francisco mit Delta Airlines nach Frankfurt zurückfliegen wollte, erfuhr ich am Schalter, daß die Maschine ca. drei bis vier Stunden Verspätung hat. Nun, ich machte das Beste daraus und bearbeitete einige offene Projekte. Dreieinhalb Stunden später wurden wir dann in die Maschine eingelassen. Es gab keinerlei Erklärung, keine Entschuldigung, geschweige denn ein ›Entschuldigungsglas‹ Sekt. Einige der Passagiere hatten Bedenken, daß die Maschine vielleicht technische Probleme hätte – kein Kommentar seitens der Crew. Kurz vor Abflug ging die Stewardeß mit ihrem Zeitungswagen durch die Gänge. Als sie bei mir angelangt war, hatte sie erst etwa ein Drittel der gesamten Strecke zurückgelegt. Ich fragte, ob sie deutsche Zeitungen hätte. Dies verneinte sie. Als ich ihr nun sagte, ich fände es nicht gut, daß bereits nach wenigen Reihen die deutschen Zeitungen vergriffen seien, lautete ihre Antwort:»Entschuldigen Sie bitte, Sir, aber da kann ich nichts dazu, da müssen Sie sich bei der Delta-Airlines-Zentrale beschweren.« Das war noch nicht alles. Im Unterhaltungsprogrammheft wurde unter anderem auch der Film ›Mrs. Doubtfire‹ mit Robin Williams angekündigt – doch der Film wurde ohne ein einziges Wort der Erklärung einfach gegen einen Uraltschinken aus dem Jahr 1957 getauscht. Sie merken schon: Diese Sachen sind mir in Erinnerung geblieben – daß der Flug allerdings exakt auf die Minute pünktlich ankam (mit Ausnahme der dreieinhalbstündigen Verspätung), daß das Essen hervorragend war, daß alle sonstigen Dinge wie am Schnürchen klappten, das habe ich fast nicht bemerkt ...

- Anläßlich eines Vortrags für den Bundesverband Junger Unternehmer in Frankfurt übernachteten meine Frau und ich im erstklassigen Arabella-Grand-Hotel. Beim Frühstück hatte meine Frau Appetit auf das leckere Müsli des großzügigen Buffets. Als sie wieder am Tisch saß, bemerkte Sie, daß sie keinen entsprechenden Löffel hatte. Sie stand nochmals auf und fragte den fünf Meter von ihr entfernt stehenden Ober (der gerade nicht beschäftigt war), ob er ihr vielleicht einen Löffel für ihr Müsli geben könne. Die Antwort des Obers lautete: »Na ja, die liegen zwar unübersehbar neben dem Müsli auf dem Frühstücksbuffet – aber ich hole Ihnen halt trotzdem einen.« Vom Arabella-Grand-Hotel blieb mir nicht das großartige Ambiente, das wunderbare Zimmer, das herrliche Frühstücksbuffet in Erinnerung, sondern einzig und allein dieser eine Vorfall des Oberkellners, dieser eine ›Moment der Wahrheit‹.

- Nach einer Seminartournee machte ich auf dem Nachhauseweg einen Stopp in meiner Heimatstadt und kaufte für meine Frau einen Strauß Blumen. Exakt 14 Stunden später ließen bereits 18 der 19 Blumen den Kopf hängen. Als ich einige Tage später wieder in der Stadt war, ging ich kurz bei dem Blumenhändler vorbei und trug ihm meine Beschwerde vor. Zunächst einmal versuchte der Blumenhändler mir klarzumachen, daß dies wahrscheinlich an einem Fehler unsererseits lag, da ich entweder die Blumen zu lange ohne Wasser im Wagen hatte liegen lassen (in Wirklichkeit exakt fünf Minuten) oder meine Frau wahrscheinlich vergessen hatte, die Blumenstiele einzuschneiden (komisch, ich schenke ihr seit Jahren Blumensträuße, die immer mehrere Tage halten). Als ich diese Behauptung jedoch abstritt, lautete dann der lapidare Kommentar des Blumenhändlers:»Tja, tut mir leid, mein Herr, da kann ich leider nichts machen. Wären Sie sofort am nächsten Tag gekommen, hätte ich meinerseits bei meinem holländischen Großhändler reklamieren können. Doch nun ist bereits eine Woche vergangen, und mein Großhändler würde mir diese Blumen auch nicht mehr ersetzen.« Ich versuchte nun, dem Blumenhändler eine Brücke zu bauen, und fragte ihn, ob ihm denn nicht klar sei, daß ich mich mit einer solchen Antwort nicht zufriedengeben könne und daß er doch damit rechnen müsse, daß er mich zum einen als Kunden verliere und ich zum anderen doch bestimmt in meinem Bekanntenkreis negativ über ihn sprechen würde. Doch die Antwort war, daß es ihm leid tue, da er nichts tun könne – dem Blumenhändler war es also lieber, einen künftigen Umsatz in Höhe von Hunderten oder Tausenden von Mark zu verlieren, als mir hier in irgendeiner Art und Weise entgegenzukommen.

- Wenn ich manchmal bis spät in die Nacht arbeite, kommt es schon mal vor, daß mich regelrecht ein ›Heißhunger‹ überfällt. In diesem Falle freue ich mich dann über die nächstgelegene McDonald's-Filiale, die drei Kilometer von meinem Wohnhaus entfernt liegt. Eines solchen Abends kaufte ich einige der McDonald's-Produkte am Drive-In-Schalter (Autostopp). Als ich dann wieder zu Hause an meinem Schreibtisch saß, stellte ich fest, daß die von mir bestellten ›Chicken McNuggets‹ anscheinend versehentlich nicht eingepackt worden waren, obwohl ich sie bezahlt hatte. Nun gut, ich verzehrte die anderen Produkte, und als ich am nächsten Tag bei der McDonald's-Filiale vorbeifuhr, hielt ich kurz an, um zu reklamieren. Die Antwort der zuständigen Mitarbeiterin:»Tut mir leid, mein Herr, da kann ich leider nichts mehr machen. Sie müssen sofort Ihr Paket überprüfen, ob alles ordnungsgemäß eingepackt ist. Dafür hängt ja auch dieses Schild direkt am Schalter. Doch wenn Sie unmittelbar danach von zu Hause aus angerufen hätten, wäre es noch möglich gewesen. Doch nun hat die Schicht gewechselt, und ich kann Ihre Reklamation leider nicht mehr nachprüfen und deshalb nicht mehr anerkennen.« Im Gedächtnis haften blieb mir nicht, daß ich bei McDonald's immer spät in der Nacht noch schnell ein warmes Essen erhalte, daß mir die McDonald's-Produkte sehr gut schmecken (ich stehe dazu) und daß jeder McDonald's, den ich bis heute betreten habe, absolut sauber war.

Doch genau dieses Verhalten ist das Problem: Es wird nicht auf den Kunden eingegangen, es wird nicht versucht, dem Kunden eine Brücke zu bauen, ihn zufriedenzustellen oder sogar die Reklamation als eine Chance zu ergreifen, die Kundenbeziehung zu stärken – nein, es wird mit aller Kraft daran gearbeitet, dem Kunden zu beweisen, daß er im Unrecht ist. Eine Untersuchung des Technical Assistance Research Institute (TARP) aus den USA ergab, daß sich von 27 unzufriedenen Kunden tatsächlich dann nur ein einziger beschwert. Und was schätzen Sie, wieviel das durchschnittliche amerikanische Unternehmen (und sicherlich das durchschnittliche deutsche) von 100 Kunden verliert, die sich beschweren und die nicht zufriedengestellt werden? *Von 100 sind das 95!* Allerdings wurde bei der Untersuchung auch festgestellt: Von 100 Kunden, die sich beschweren, sind durch eine richtige Reklamationsbehandlung 86 zu behalten.

> 27 unzufriedene Kunden ⇒ 1 persönliche Beschwerde.
> 100 sich beschwerende Kunden ⇒ 95 werden
> als Kunden verloren.
> 100 richtige Reklamationsbehandlungen ⇒ 86 werden
> als Kunden behalten!

Doch die meisten Unternehmen, insbesondere die deutschen, betreiben ›Management bei Blabla‹: Ein Kunde beschwert sich – und was tun Sie? Antwort: »Wir bemühen uns, wir würden gerne, wir werden sehen... blablablablabla...« Hat sich eigentlich irgendeiner der ›Erbsenzähler‹ schon einmal die Mühe gemacht, eine genaue Berechnung vorzunehmen, was ein unzufriedener Kunde bzw. ein verlorener Kunde ein Unternehmen kostet im Vergleich dazu, was es kosten würde, den Kunden zufriedenzustellen?

In meinem ersten Buch, *Sicher zum Spitzenerfolg*, habe ich das Beispiel aus dem Disneyland beschrieben, in dem mir versehentlich statt einem verzehrten Bier aus der Minibar zwei in Rechnung gestellt wurden und nach einer Reklamation meinerseits beide Biere (also auch das verzehrte!) erlassen wurden. In diesem Falle handelte es sich um einen echten ›Moment der Wahrheit‹ für mich – dafür habe ich diese Geschichte in meinem Buch erwähnt, dafür haben sie viele tausend Menschen gelesen, dafür habe ich sie in meinen Live-Vorträgen zum besten gegeben. Für einen effektiven Verlust von 4,50 DM (soviel hätte das verzehrte Bier normalerweise gekostet) hat Disneyland also kostenlose Werbung im Wert von vielen tausend Mark erhalten. Und genau das ist das Problem der ›Zahlenmenschen‹: Sie sehen nur die 4,50 DM, die das Bier kostet, sie sehen bei einer Reklamation immer nur den entgangenen Gewinn und die entstandenen Kosten, denken aber niemals – oder zumindestens höchst selten – an den entgangenen Umsatz und den entgangenen Gewinn in der Zukunft. Die Crux der ›Zahlenmenschen‹: Sie sehen sich Zahlen an, befinden sich permanent in der Vergangenheit – und vergessen dabei die Möglichkeiten der Zukunft.

Aber es gibt auch positive Beispiele von Kundennutzen, Kundenservice und richtiger Reklamationsbehandlung:

- Im Hotel-Restaurant ›Fissler Post‹ in Stuttgart-Plieningen veranstalten wir jährlich mehrere Seminare. Bei einem dieser Seminare kam es nun zu mehreren Unannehmlichkeiten, die wir von unseren Seminarhotels, speziell von der ›Fissler Post‹, nicht gewöhnt sind. Wir reklamierten deshalb bei ›Fissler Post‹ einige Punkte, und ich möchte hier den Text des Entschuldigungsbriefes, den der Inhaber Wolfgang Fissler uns schickte, einmal wörtlich anführen: »... am 04. 05. 1994 waren Sie Gast in unserem Hause. Zu Recht waren Ihre Erwartungen sehr hoch – sonst hätten Sie die Fissler Post ja nicht ausgewählt. Um so größer ist nun die Enttäuschung, weil diese Erwartungen nicht erfüllt wurden. Ihre sachlichen Ausführungen haben wir intern beraten und analysiert. Sie sind voll berechtigt, und wir möchten uns dafür entschuldigen. Wir bedanken uns bei Ihnen ausdrücklich dafür, daß Sie sich an uns gewandt haben – wir wissen, daß der kritische Gast der beste ›Betriebsberater‹ ist. Wir werden deshalb Ihre Ausführungen zum Anlaß nehmen, unsere Mitarbeiter nochmals dahingehend zu schulen. Um unser Bedauern deutlich auszudrücken, möchten wir Ihnen eine Gutschrift von 200,00 DM zur Verrechnung mit der nächsten

Veranstaltung geben und hoffen, daß wir den immateriellen Schaden etwas lindern können. Wir wollen Sie als Gast nicht verlieren und versprechen Ihnen, bei Ihrem nächsten Besuch unseres Hauses Ihnen unsere volle Aufmerksamkeit zu schenken. Mit freundlichen Grüßen, Ihr Wolfgang Fissler und das Team der Fissler Post.«

Was für eine Reaktion! Anstatt die Vorwürfe abzustreiten, mit uns zu diskutieren, uns dabei zu verärgern, erkennt das Hotel einfach unsere Reklamationen an und entschuldigt sich dafür und verspricht, entsprechende Maßnahmen einzuleiten, um diese Vorfälle in der Zukunft zu verhindern. Das alleine hätte bereits genügt, um uns zufriedenzustellen (wir waren ja schon häufiger Gast in der ›Fissler Post‹ und waren sehr zufrieden mit dem gesamten Service). Nein, es gab noch das berühmte »Sahnehäubchen« obenauf: eine Gutschrift für das nächste Seminar. Bitte verstehen Sie mich nicht falsch: Es geht in diesem Fall nicht um die 200 Mark. Es geht einfach um die Geste. Und diese Geste, dieser hervorragende Kundenservice hat Wolfgang Fissler 200 Mark gekostet, bringt ihm aber ein Vielfaches davon wieder ein – da können Sie versichert sein!

- Der deutsche Präsident der Ritz-Carlton-Hotelkette, Horst Schulze, hat eine *Revolution* in seinem Unternehmen ausgelöst. Dabei wurden alle Bereiche unter dem Oberbegriff *Qualitätssteigerung* einer Prüfung unterzogen. Der Lohn dafür war 1992 der Malcolm Baldridge National Quality Award, der höchste Preis für Kundenzufriedenheit und Qualitätsmanagement in den USA – erstmalig überhaupt an eine Hotelgruppe vergeben. Wie bereits in diesem Buch erwähnt, war eine der Entscheidungen die, daß jeder Mitarbeiter, auch die Zimmermädchen, ohne Rücksprache mit der Direktion Gratisübernachtungen spendieren, Einladungen für ein Essen auf

Kosten des Hauses aussprechen oder einen Obstkorb aufs Zimmer bestellen kann – wenn eine Reklamation eintritt. Der Entscheidungsspielraum umfaßt einen Betrag, für den anderswo eine schriftliche Genehmigung mit drei Durchschlägen über einen Weg von drei Hierarchiestufen nötig wäre: 2500 Dollar! Doch dahinter steht eine nüchterne Kalkulation.»Wenn wir der Meinung sind, daß wir uns Fehler nicht leisten können, dann können wir uns negative Mund-zu-Mund-Propaganda erst recht nicht leisten«, sagt Verkaufsdirektor Beckett. Allzu große Kulanz ist deshalb im Zweifelsfall billiger als kleinliches Feilschen.»Wenn unsere Mitarbeiter auf Reklamationen schnell und gut reagieren, kommen die Leute wieder.« Durch einen permanenten Verbesserungsprozeß sollte die Fehlerquote in allen Häusern bis Ende 1995 von derzeit 3 auf 0,6 Prozent gedrückt werden. Doch ganz umsonst, gibt Präsident Horst Schulze zu, ist diese Qualitätsverbesserung auch nicht zu schaffen. Die Investitionen in Sachen Service betrugen bislang rund 18 Millionen Dollar. Allerdings ist auch der Gegenwert nicht unerheblich:»Wir werden alleine in diesem Jahr zwanzig Millionen Dollar sparen«, sagt Schulze. Das hat er sicherheitshalber kalkulieren lassen. Zur eigenen Gewißheit brauchte er die Zahlen jedoch nicht.»Ich hatte nie Zweifel daran, daß es sich rechnet, wenn man seinen Kunden glücklich macht«, betonte der Ritz-Carlton-Präsident. Dennoch mochte er auf die Fehlerkostenanalyse nicht verzichten.»Ich habe sie gebraucht, um meine Vizepräsidenten zu überzeugen. Die schauen bei allem immer zuerst auf die ›Bottom Line‹.«

- Die Rank Xerox GmbH in Düsseldorf, Hersteller von Kopiergeräten, hat ein computergesteuertes System zur Bearbeitung von Kundenbeschwerden eingeführt. Da jede Reklamation in den Rechner eingegeben wird, sucht der Computer automatisch den richtigen Ansprechpartner. Sollte dieser den Fall nicht innerhalb einer Stunde bearbeitet haben, schaltet sich sein Bildschirm automatisch ab. Ziel von Rank Xerox ist es, daß spätestens innerhalb von 48 Stunden jede Reklamation zur vollsten Zufriedenheit des Kunden erledigt ist. Sollte dies einmal nicht umgesetzt werden, dann landet der Vorgang automatisch auf dem Schreibtisch des Vorgesetzten.

- Oder nehmen wir die amerikanische Einzelhandelskette Nordstrom. In *Sicher zum Spitzenerfolg* habe ich bereits einige ›Storys‹ von Nordstrom erzählt, doch Nordstrom schreibt immer wieder neue ›Geschichten‹. Der Grundsatz von Firmengründer Jim Nordstrom:

»Sollte ein Kunde einen Zweihundert-Dollar-Goodyear-Reifen in unseren Laden rollen und der Meinung sein, er ist mit der Qualität nicht zufrieden, dann gebt dem Mann, verdammt noch mal, seine zweihundert Dollar zurück!«

Es sei nochmals darauf hingewiesen, daß es sich bei Nordstrom nicht um einen Reifenhändler, sondern um einen Textileinzelhändler handelt. Im März 1993 befand ich mich auf einem Kongreß in San Diego. Dabei begleiteten mich einige unserer Kunden. Etwa 300 Meter vom dortigen ›Mariottes Hotel‹ entfernt befindet sich die Nordstrom-Filiale von San Diego. Meine Kunden kannten Nordstrom natürlich aus vielen Erzählungen von mir und wollten unbedingt in einer der ersten Pausen Nordstrom besuchen. Wir gingen also hin – und wir waren alle begeistert. Ob es sich nun um die riesigen Umkleidekabinen handelte (in der täglich ein frischer Strauß Blumen steht), die besondere Art, die Ware zu präsentieren, oder der freundliche, alles überragende Service – Nordstrom war noch besser, als ich es in all meinen Erzählungen dargestellt hatte. Einer meiner Kunden, Christian Giesecke aus der Nähe von Hannover, kaufte sich ein Paar Schuhe. Diese zog er natürlich am nächsten Tag gleich morgens an, erwarb sich jedoch nach kurzer Zeit mehrere Blasen. Er sprach mich darauf an, daß ich ihm doch einmal erzählt habe, bei Nordstrom würden alle Reklamationen anerkannt. Mir wurde nun etwas ›unwohl‹ in meiner Haut – denn ich kannte die Geschichten bislang ja auch nur aus der Theorie, aus zahlreichen Veröffentlichungen. Ich druckste also ein wenig herum und sagte ihm, daß dies zumindest vor einigen Jahren der Fall gewesen sei. Nun, wir gingen also wieder zu Nordstrom zurück. Er sprach die erste Verkäuferin an, der er begegnete, und schilderte ihr sein Problem – und ohne Rücksprache und ohne daß sie sich näher danach erkundigte, bot sie ihm an, sie würde die Schuhe zurücknehmen, er könne sich entweder ein Paar neue Schuhe aussuchen oder er erhielte sein Geld zurück.

Sie mögen nun den Kopf schütteln, sie mögen Nordstrom und die anderen, die ich hier als Beispiele angeführt habe, für verrückt erklären – Tatsache ist, daß diese Firmen nicht nur über den besten Kundenservice ihrer Branche verfügen, sondern darüber hinaus überproportional hohe Wachstumsquoten bei Umsatz und Ertrag erzielen. Nordstrom zum Beispiel konnte von 1980 bis 1987 Umsatz und Gewinn versiebenfachen – während gleichzeitig viele andere Mitbewerber ums Überleben kämpften. Bei all unseren Managementtechniken, unserem Denken in Kosten, Zahlen, Daten und Fakten vergessen wir oft das Wichtigste – *den Kunden*, der schließlich unsere Produkte kaufen soll. Das beste Schlankheitsprogramm nützt nichts, wenn die Kunden das Produkt nicht kaufen. Und hier liegt der ›Knackpunkt‹: Wieviel Gedanken machen Sie sich darum, was Ihr Kunde haben möchte? Wie stark erhöhen Sie Ihren Kundennutzen? Welche Entscheidungsspielräume haben Ihre Mitarbeiter, um in jedem ›Moment der Wahrheit‹ dem Kunden ein positives persönliches Erlebnis zu vermitteln? Welchen Etat investieren Sie in Ihre Ausbildungsmaßnahmen, um die notwendige Sensibilisierung bei allen Mitarbeitern zu erreichen? Und zum Schluß will ich auf meine Lieblingsfirma zurückkommen, McDonald's. Sie erinnern sich noch an meine negative Erfahrung mit den fehlenden ›Chicken McNuggets‹? In meiner Verärgerung schrieb ich einen Beschwerdebrief an den Inhaber. Drei Tage später hatte ich einen dreiseitigen Entschuldigungsbrief, persönlich von ihm unterschrieben, mit zehn Gutscheinen für Big Mac's als Anlage! Perfekter kann eine Kundenreklamation nicht beantwortet werden. (PS: Ich liebe Big Mac's . . .)

Leitthesen zu 5.2.

① Der Kunde in Deutschland schiebt einen Riesenfrust, auch in Ihrem Unternehmen?

② Bei den meisten Kundenreklamationen lehnen wir die Anerkennung der Reklamation aus Gründen des Stolzes ab und vertreiben dadurch den Kunden!

③ Bei 100 Reklamationen schaffen wir es, 95 als Kunden zu verlieren, obwohl jede Kundenreklamation die beste Möglichkeit ist, einen Kunden auf Lebenszeit zu gewinnen!

④ Eine Reklamation ist die beste Möglichkeit, einen Kunden zum Stammkunden zu machen!

5.3. Hören Sie auf Ihren Kunden!

Das größte Problem der meisten Manager ist, daß sie nicht auf ihre Kunden hören. Mercedes beispielsweise produzierte ein Automobil, das die Kunden so gar nicht haben wollten.

Wären die Kunden *wirklich* gefragt worden, wären andere Ergebnisse herausgekommen. Mag sein, daß irgendwelche Marktforschungen betrieben wurden, daß irgendwelche Trend-Gurus befragt wurden – doch die Kunden richtig befragt hat anscheinend niemand! Es gibt einige einfache Möglichkeiten, ständig mit dem Kunden zu kommunizieren:

● *Kundenbeirat*: In den meisten der von uns beratenen Betriebe haben wir einen Kundenbeirat à la Stew Leonard ins Leben gerufen. Hier werden Kunden gebeten, sich ab und zu in einer Runde zusammenzusetzen und ihre Verbesserungsvorschläge (natürlich auch mal ein Lob und Anerkennung für etwas Gelungenes!) vorzutragen. Die Kunden suchen wir dabei so aus, daß die verschiedenen Zielgruppen, die wir ansprechen *wollen*, durch einen Vertreter in der Gruppe beteiligt sind. Dabei kann die Gruppe ruhig aus bis zu zwanzig Personen bestehen – desto mehr Informationen werden Sie erhalten. Diese ein, zwei oder drei Stunden mögen vielleicht hart für Sie sein. Diese geballte Ladung an Reklamationen, ob nun berechtigt oder unberechtigt, diese geballte Ladung an Verbesserungsvorschlägen mag Ihre Motivation vielleicht kurzfristig senken – doch wenn Sie diese Informationen als Möglichkeit zur Verbesserung sehen, dann ist es doch eine wunderbare Einrichtung, oder? Kunden sind nicht böse. Die Kunden sind nicht gemein und hinterträchtig. Die Kunden wollen gehört und gefragt werden und sind begeistert, wenn sie um ihre Meinung gebeten werden. Die Kunden helfen Ihnen auch bei der Lösung Ihrer Probleme. Probieren Sie es einfach aus – was haben Sie schon zu verlieren?

● *Umfragen*: Starten Sie Umfragen, immer wieder – aber nach Möglichkeit nicht schriftlich, sondern mündlich, durch Kommunikation mit den Kunden.

- *Verbesserungskasten*: Stellen Sie riesige Behälter dort auf, wo die meiste Kundenfrequenz besteht. Behandeln Sie diesen Verbesserungskasten gut. Leeren Sie ihn täglich – setzen Sie die meisten Verbesserungsvorschläge um, und veröffentlichen Sie die Ergebnisse in unmittelbarer Nähe des Kastens. Vielleicht starten Sie auch Wettbewerbe, indem Sie einmal pro Woche unter allen eingereichten Verbesserungsvorschlägen (egal, ob nun umsetzbar oder nicht) einen entsprechenden Preis verlosen.

- *Secret Service*: Wissen Sie eigentlich, daß Sie den besten ›Geheimdienst‹ der Welt besitzen? Ihre Mitarbeiter an der Kundenfront! Also Ihre Vertreter, in Einzelhandelsgeschäften Ihre Kassierer, die Mitarbeiter an den Theken, Ihr Autoverkäufer usw. Diese Menschen haben direkten Kundenkontakt, diese Menschen sehen sich den Reklamationen, Verbesserungsvorschlägen und der Anerkennung Ihrer Kunden direkt konfrontiert. Je mehr Reklamationen eintreffen – und bisher im Unternehmen als ›negative Störfaktoren‹ behandelt wurden –, desto größer ist natürlich der Frust Ihrer Mitarbeiter. Wenn jedoch die entsprechende Sensibilisierung durch das Top-Management für das diffizile Thema fehlt, dann wandelt sich dieser Frust häufig in Aggression gegenüber dem Kunden um. Auf der anderen Seite hat es das Top-Management in der Hand, die Mitarbeiter zu sensibilisieren und vielleicht sogar für die richtige Kundenbehandlung, für den richtigen Kundenservice zu belohnen. Doch wie sieht die Praxis aus? Die Außendienstler tragen die Beschwerden der Kunden vor, sie bringen sogar Verbesserungsvorschläge oder sogar fertige Lösungen mit und werden vom Innendienst ›abgebürstet‹.

- *Top-Management*: Das Top-Management sollte viel weniger Zeit in seinem Büro verbringen als bei der Kommunikation mit dem Kunden. Wenn sich einer der Top-Manager die Mühe machen würde, sich mit dem Kunden zu unterhalten, vermittelt er diesem bereits wieder ein außergewöhnliches Erlebnis. Aber darum geht es natürlich nicht in erster Linie, sondern hier erfährt der Manager unverfälscht, aus erster Hand, was in seinem Betrieb für eine Lage vorherrscht und was er verändern kann. Doch meistens kommen die Informationen über die Mitarbeiter, wobei, je mehr Hierarchiestufen bestehen, die Gefahr besteht, daß die Informationen verfälscht werden. Bis dann über fünf, sechs, acht oder zehn Hierarchiestufen Informationen beim Top-Management ankommen, wurde aus einer ernsten Beschwerde ein anerkennendes Lob...

Es ist für mich unfaßbar, wie leichtfertig sich die meisten Unternehmen und deren Manager über die einfachsten Formen der geschäftlichen Grundlage hinwegsetzen. Das alte Sprichwort: »Der Kunde ist König« hat, so scheint es, weniger Bedeutung als jemals zuvor. Doch einen schlechten Kundenservice, einen niedrigen Kundennutzen können Sie auch durch einen noch so hohen Marketingetat auf Dauer nicht ausgleichen. Ausgeklügelte Werbekampagnen mögen gut sein, um zu kurzfristigen ›One-Night-Stands‹ zu gelangen – doch zu einer ›Ehe‹ führen diese Arten der Begegnungen selten. Kennen Sie eigentlich den Wert eines Kunden? Ich möchte Ihnen hierzu das Beispiel eines Restaurantgastes verdeutlichen, der bei jedem Besuch den erwünschten und unerwarteten Kundennutzen erfährt:

Der Wert eines Kunden am Beispiel eines Restaurant-
besuchers

Eigenumsatz 1. Jahr	
(Ehepaar, 6 Besuche p. a.):	= 600,00 DM
Eigenumsatz 2. bis 5. Jahr:	= 2000,00 DM
Drei neue Kunden im ersten Jahr	
geworben, Eigenumsatz:	= 1200,00 DM
Umsatz der drei neuen Kunden,	
2. bis 5. Jahr:	= 2700,00 DM
Zwei neue Kunden im 2. Jahr	
geworben, Eigenumsatz	= 600,00 DM
Zwei neue Kunden, Umsatz 3. bis 5. Jahr	= 1500,00 DM
Einen neuen Kunden im 3. Jahr	
geworben, Eigenumsatz	= 200,00 DM
Umsatz der neugewonnenen Kunden	
im 4. und 5. Jahr	= 200,00 DM
Gesamtumsatz innerhalb von fünf Jahren	= 9000,00 DM

Dabei unberücksichtigt bleiben natürlich die Umsätze, die auch nach den fünf Jahren noch erzielt werden, sowie die positive Mundpropaganda, die von den neu geworbenen Kunden weitergegeben wird und für weitere neue Kunden sorgen. In einem durchschnittlichen Restaurant könnte also der Verlust eines Kunden durchaus 10 000 bis 20 000 Mark bedeuten. Wie viele Kunden haben wir leichtfertig durch Kleinlichkeit, durch falsche Reklamationsbehandlung, durch zuwenig Kundennutzen, überhaupt durch zuwenig Hinwendung zu Kunden in den letzten Jahren verloren?
Um eine solche Philosophie umsetzen zu können, ist es jedoch notwendig, daß Ihre Mitarbeiter in allen Bereichen, vor allem im Umgang mit Menschen, hochqualifiziert sind und Verantwortung erhalten. Ich halte nichts davon, den

Mitarbeitern allzu starre Regeln vorzugeben – besser ist es, sie für die Thematik zu sensibilisieren. Allerdings sollten Sie folgende Regeln zu Grundsatz machen:

- *1. Regel: Freiheit der Entscheidung.* Wenn es dem Wohle des Kunden dient, ist jede Entscheidung des Mitarbeiters in Ordnung.

- *2. Regel: Verantwortlichkeit.* Der Mitarbeiter entscheidet selbst, im ›Moment der Wahrheit‹, wie er im Sinne des Kunden eine Entscheidung trifft.

- *3. Regel: No-Report.* Dieser sollte in jedem Unternehmen Pflicht sein!

- *4. Regel: Lächeln und Freundlichkeit.* Wie die Chinesen in einem Sprichwort sagen: Wer nicht lächeln kann, kann nicht verkaufen!

In den letzten Jahren hat sich immer mehr herauskristallisiert, daß sich der Markt nur noch in zwei Bereiche aufteilt: den Low- und den High-Sektor. Der Low-Sektor wird dabei als der Bereich bezeichnet, in dem es hauptsächlich um einen möglichst günstigen Preis geht, während im High-Sektor der Preis nicht so wichtig ist, dafür aber die entsprechende Leistung gewährleistet sein muß. Doch dieser Theorie widerspreche ich energisch. Ich bin absolut davon überzeugt, daß in Zukunft *Preis und Leistung* gleich bedeutend sein werden. Der Kunde ist nicht mehr bereit, für einen Markennamen mehr zu bezahlen als für ein gleichwertiges Produkt. Auch im Low-Sektor wird der Wettbewerb immer härter. Dann entscheidet auch hier wieder der Kundenservice, der Kundennutzen. Am erfolgreichsten werden in Zukunft die Unternehmen sein, die also die beiden Faktoren ›günstiger Preis‹ und ›hoher Nutzen‹ integriert haben.

- Ein Hotel wird akzeptable Preise und ein Höchstmaß an Leistung, Service und Nutzen anbieten müssen!
- Der Autohersteller wird ein technisch hochwertiges Fahrzeug qualitativ erstklassig zu einem möglichst günstig kalkulierten Preis verkaufen.
- Der Autohändler wird nicht nur seinen Gewinnaufschlag auf den Einkaufspreis eines Autos möglichst knapp kalkulieren, sondern sich darüber hinaus Gedanken machen müssen, welchen Service und welchen Nutzen er dem Kunden zusätzlich noch bieten kann.
- Ein Restaurant muß Spitzenleistung bieten, nicht nur hochwertige Nahrungsmittel, erstklassigen Geschmack, sondern auch entsprechendes Ambiente, erstklassigen Service, außergewöhnlichen Kundennutzen usw.

Die Liste der Beispiele ließe sich beliebig fortführen, doch die Zeiten, in denen es nur darum geht, Leistung oder Qualität, sind vorbei. Heute heißt es:

Leistung und niedriger Preis!

Wer dies am schnellsten in seiner Branche umsetzt, der wird allen anderen Mitbewerbern immer die berühmte ›Nasenlänge‹ voraus sein. Doch handeln Sie immer antizyklisch – und seien Sie der erste! Denken Sie nur an den mittlerweile abgedroschenen ›Schlußverkauf‹, der oftmals sogar eine große Belastung für den Einzelhandel darstellt. Die ersten Einzelhändler, die den Schlußverkauf massiv nutzten, um ihre alten Lagerbestände zu verkaufen, boten einen außergewöhnlichen Nutzen – mittlerweile ist dieser Kundennutzen nicht mehr vorhanden, ja, mittlerweile belastet er die Ertragskraft des Einzelhandels. Der Einzelhandel hat in diesem Falle nur zwei Möglichkeiten: Entweder er ›verramscht‹ seine Lagerware wirklich zu abenteuerlich günstigen Preisen, oder er verzichtet gänzlich auf den Winterschlußverkauf. Verhalten Sie sich also auch hier antizyklisch. Seien Sie bei den ersten dabei – oder machen Sie genau das Gegenteil. Kopierer, Nachahmer werden vom Markt immer als Kopierer erkannt. Und kopieren bedeutet ja auch nicht automatisch kapieren. Und wenn Sie die Strategie dieses Kapitels wirklich mit Ihrer ganzen Energie umsetzen, dann müssen Sie sich auch um Ihr Image keine Sorgen zu machen. Ein Unternehmen, das einen hohen Standard im Bereich Kundennutzen und Kundenservice bietet, hat automatisch in seinem Kundenkreis ein hohes Image, da können Sie absolut sicher sein!

Leitthesen zu 5.3.

① Jede Information, die Sie benötigen, erhalten Sie von Ihren Kunden!

② Dazu ist allerdings notwendig, daß Sie ein Kommunikationsklima mit Ihren Kunden schaffen!

③ Mit dem Kunden kommunizieren kann oft anstrengend und aufreibend sein – aber nur so erhalten Sie die Chance, sich weiterzuentwickeln!

Leitthesen zu Kapitel 5:

① Überlegen Sie nicht, was Ihre Kunden für Sie tun könnten, sondern was Sie für Ihre Kunden tun könnten!

② Wenn Ihre Kunden wirklich so begeistert wären, wie Sie glauben, warum verdoppeln Sie nicht jährlich Ihre Kundenzahl?

③ Fragen Sie sich täglich: »Was habe ich heute für meine Kunden gemacht?«

④ Der Kunde von heute besitzt eine größere Ich-Stärke, ist bindungsscheu, hochinformiert, sprunghaft, menschenorientiert, hat Interesse an Ehrlichkeit, ist serviceorientiert und autoritätskritisch!

6. Kapitel
Die Risiko-Strategie

Armut kommt von ›arm an Mut‹!

Sollte ich Sie in diesem Buch bereits zu diesem Zeitpunkt in so manchem Bereich überrascht haben, so warten Sie erst einmal ab, was in diesem Kapitel auf Sie zukommt...

In diesem Kapitel geht es nämlich darum, daß Sie Risiken eingehen sollen. Sie sollen nicht nur Risiken eingehen, Sie sollen das Risiko immer und überall suchen! Sie sollen bereit sein, Fehler zu machen, um diese Fehler zu einem Fortschritt zu nutzen. Sie sollen bereit sein, Rückschläge in Kauf zu nehmen – im Interesse einer erfolgreichen Zukunft.

In den heutigen verrückten, chaotischen Zeiten können nur verrückte, chaotische Produkte erfolgreich sein – und hinter verrückten und chaotischen Produkten müssen verrückte und chaotische Ideen stecken. Doch das Problem daran ist: Die meisten verrückten und chaotischen Ideen sind... *Flops!* Doch die Zeiten sind vorbei, in denen Sie alles richtig machen können, indem Sie ein Produkt entwickeln und dieses Produkt so richtig ›knallt‹. Es gibt zu viele Mitbewerber, es gibt zu viele vergleichbare Produkte auf dem Markt, als daß Sie auf Nummer Sicher gehen könnten. Sie müssen außergewöhnliche Ideen anpacken und umsetzen – in der Hoffnung, daß einer unter den vielen Flops dann irgendwann einmal der große ›Knaller‹ ist.

Die Coca-Cola-Company füllte zu Beginn der Firmengeschichte ihr Erzeugnis in die gleichen, schlichten, geraden, glatten Flaschen wie alle anderen Anbieter von Softdrinks.

Coca-Cola kam deshalb auf die Idee, eine speziell geformte Flasche für ihr Produkt zu kreieren und patentrechtlich absichern zu lassen. Die Kreierung einer neuen Coca-Cola-Flasche nutzte das Unternehmen gleichzeitig dazu, den Füllinhalt von 8 Unzen auf 6,5 bis 6 Unzen zu senken, so daß sich dadurch auch die Gewinne erhöhen würden. Der Coca-Cola-Flaschen-Lieferant, die Root Glass Company, begann 1930 Ideen für einen neuen Flaschentyp zu entwikkeln. Einer der Angestellten, Alex Samuelson, hatte dabei eine Eingebung: Er war überzeugt davon, daß eine Flasche, die so aussehen würde wie eine der Coca-Cola-Zutaten, einmalig sein würde. Samuelson schickte einen seiner Angestellten in die städtische Bibliothek, um Informationen über Coca-Blätter und Cola-Nüsse (damals noch Zutaten des Coca-Cola-Gemisches) einzuholen. Der Angestellte, ein gebürtiger Schwede, hatte jedoch unzureichende Englischkenntnisse. Deshalb schlug er in der Encyclopaedia Britannica nach. Statt einem Modell des Coca-Blattes oder der Cola-Nuß verwechselte er die Form mit der völlig anders gearteten Samenkapsel des Kakao-Baumes, dem Rohstoff der Schokolade. So basiert die typische unverwechselbare Coca-Cola-Flasche auf einem Irrtum.

Wer heute nicht bereit ist, viele und große Fehler zu begehen, wird auch keine überragenden Erfolge erzielen. Nur zu Ihrer Beruhigung: Auf der anderen Seite nützt es Ihnen auch nichts, kein Risiko einzugehen. Mercedes beispielsweise hat in den USA innerhalb von achtzehn Monaten das verloren, was sie sich vierzig Jahren aufgebaut hatten! IBM, GM, Kodak und viele weitere Firmen haben innerhalb von zwölf Monaten ihren Vorstandsvorsitzenden gewechselt, weil diese eben *keine Risiken* eingegangen sind. Denken Sie immer an folgenden Grundsatz, und machen Sie ihn zu Ihrer persönlichen Philosophie:

Wenig Risiko bedeutet wenig Ruhm!

Sie können nicht immer alles absichern, unter Kontrolle haben, immer und überall den ›Durchblick‹ besitzen. Ein Maler, der ein Bild zu zwei Dritteln fertiggestellt hat, geht immer das Risiko ein, in der nächsten Sekunde in einem einzigen Augenblick das ganze Bild zu riskieren. Doch wie viele Kunstwerke wurden geschaffen, die uns heute, noch Jahrhunderte später, verzaubern?

Dr. Spencer arbeitete in der F+E-Abteilung von 3M. Mit seinen Experimenten suchte er nach einem neuen Klebstoff, erhielt dabei jedoch ein Produkt, mit dem er wenig anfangen konnte. Es war zwar stark haftend, doch jedes aufgeklebte Teil konnte problemlos wieder entfernt werden – auch noch Tage oder Wochen später. Der Klebstoff verschwand dann erst einmal in der Versenkung. Ein Fehler? Einige Jahre später hatte Arndt Frey, der ebenfalls bei der 3M-Company in der Produktforschung tätig war, ein großes Problem: Dem leidenschaftlichen Kirchenchorsänger fielen die Zettelchen, die er als Markierung in sein Gesangbuch legte, immer wieder heraus, worüber er sich jedesmal von neuem ärgerte. Eines Tages erinnerte er sich an den seltsamen Klebstoff Dr. Spencers. Er brachte den Klebstoff auf kleine Zettelchen – und dies war der Beginn der legendären 3M-Haftnotizen, die heute viele Millionen Dollar an Umsatz und Erträgen erwirtschaften und weltweit zu finden sind. Übrigens bediente sich 3M damals einer weiteren Strategie (die in meinem ersten Buch beschrieben wurde): der ›Affenfauststrategie‹! Dabei wurden einfach diese selbstklebenden Haftnotizen kostenfrei an die 500 erfolgreichsten Firmen geschickt – und zwar direkt an die Sekretärinnen gerichtet. Das Feedback dieser ersten Anwender war überragen, und es ›prasselten‹ nur so Bestellungen ein . . .
Wer weiß heute schon, daß die weltweit meistverkaufte

Zigarettenmarke, Marlboro, 1924 als teure, filterlose Zigarette, basierend auf türkischen Tabaksorten, startete, die hauptsächlich auf Frauen abzielte? Erst dreißig Jahre später, nach unzähligen Variationen zum gleichen Thema, kam der durchschlagende Erfolg mit dem neuen ›Abenteuer-Konzept‹.

Oder wie steht es mit der Pepsi-Company, die heute ca. 1,5 Milliarden Gewinn pro Jahr erwirtschaftet? Wußten Sie, daß Pepsi-Co. schon zweimal in Konkurs gegangen ist, bevor sie schließlich zum Erfolg durchstartete?

Ich habe viele erfolgreiche Unternehmer kennengelernt, die zuvor aufgrund vieler und/oder großer Fehler in allergrößte Schwierigkeiten gerieten. Ja, ich kenne einige Unternehmer, die pleite waren, ehe sie dann schließlich – basierend auf den gesammelten negativen Erfahrungen – den Weg zum Erfolg fanden. Denn genau das ist der Punkt: Jeder Fehler, jeder Mißerfolg ist ein Verkehrszeichen, das die Richtung zeigt: »Hier geht's nicht weiter, stopp! Hier geht's nicht weiter, bitte die Richtung wechseln!« Möglicherweise wechseln Sie nach einem Fehler die Richtung und ernten den nächsten Mißerfolg. Dann ist auch dies wieder ein richtungweisendes Zeichen. Doch seien Sie sicher: Je mehr Fehler Sie begehen (wenn Sie die Richtungszeichen dann auch richtig beachten), desto größer wird später der Erfolg ausfallen. Nehmen Sie Walt Disney: Er mußte erst zweimal mit seiner Firma in Konkurs geraten, ehe er seine Träume und Visionen in die Tat umsetzte und als einer der größten Visionäre in die Geschichte einging.

Was mußten nicht zahlreiche Forscher aus dem Bereich der Medizin für Mißerfolge einstecken, für Fehler begehen, ehe sie dann irgendwann die Lösung für ein Problem entdeckten! Was mußte ein Dr. Robert Koch für ›Fehler‹ begehen, ehe er den Tuberkelbazillus entdeckte? Wieviel tausend Versuche startete Thomas Alva Edison, ehe er schließlich das Geheimnis des Glühlampengases entdeckte? Was mußte dieser Edison doch für einen unerschütterlichen Glauben an sich und seine Zukunft haben, was mußte er für ein Optimist sein, um alles, was er sich zuvor durch harte, jahrelange Arbeit erschaffen hatte, für diese einzige Sache, die Glühlampe, aufs Spiel zu setzen? Kurz bevor er die richtige Gaszusammensetzung entdeckte, war er so gut wie pleite, und es war nur noch eine Frage von wenigen Tagen, ehe er Konkurs anmelden mußte. Doch dann – wie es der ›Zufall‹ so wollte, glückte ein Versuch . . .

Wir sehen aber oft auch Fehler als Fehler an (3M-Haftnotizen), die sich im nachhinein nicht als Fehler, sondern als Geniestreich entpuppen. Der Schah von Persien wollte in Teheran einen neuen Palast bauen. Dieser sollte einen Spiegelsaal haben wie das Schloß in Versailles. Der Architekt hatte entsprechend viele Spiegel bestellt, die jeweils ein Einzelmaß von zwei auf drei Meter haben sollten. Schließlich kam der große Augenblick: Die Kisten wurden angeliefert. Der Architekt öffnete höchstpersönlich die erste Kiste – Bruch! Er öffnete die zweite Kiste – Bruch! Er öffnete die dritte Kiste – Bruch! Der Architekt war sehr verzweifelt. Er hatte Pläne und Visionen gehabt und wollte doch den Ansprüchen des Schahs gerecht werden. Schließlich öffnete er die vierte Kiste: Hier waren die Spiegel noch ganz. Er nahm nun einen Hammer und zertrümmerte alle Spiegel in kleine, ca. ein Zentimeter große Stückchen. Mit diesen Stückchen stattete er dann den Spiegelsaal aus, was ihm gestattete, auch die Säulen und Bögen zu verspiegeln – dadurch wurde dieser ›Fehler‹ (oder besser ausgedrückt: ›Mißerfolg‹) in einen grandiosen Erfolg umgewandelt!

Allerdings meine ich damit keine Fehler, keine Risiken, die aufgrund von Zögern und Zaudern entstehen.

> **Angst kommt von Angustus und bedeutet ›Enge im Bewußtsein‹!**

Viele Unternehmen und deren Manager sind entweder zu bequem, oder sie haben zuviel Angst, Fehler zu begehen, und lehnen deshalb tolle Ideen und tolle Möglichkeiten für den Ausbau ihres Erfolges ab. Man denke nur an Steve Jobs bei Hewlett Packard. Er hatte die Idee, einen völlig neuen Computer für jedermann zu bauen (PC) – und stieß damit auf größte Ablehnung bei der Geschäftsleitung. Begründet wurde dies damit, daß IBM und andere Firmen, die sich schon viel länger auf EDV spezialisiert hatten, eine solche Idee wahrscheinlich schon viel früher umgesetzt hätten. (Kommt Ihnen diese Argumentation nicht vielleicht auch aus Ihrer Firma bekannt vor? »Wenn das wirklich so einfach wäre oder so einfach klappen würde, hätten es bestimmt schon andere probiert!«) Nun, Steve Jobs und Stephen Wozniak gründeten zusammen die Firma Apple Computers – und der Rest ist Geschichte...

Oder wie steht's mit der Geschichte der Firma Hell, einer Tochter des Siemens-Konzerns? Wußten Sie, daß die ersten Faxgeräte auf einer Entwicklung dieser kreativen Firma zurückzuführen sind? Doch ›Kleinmut‹, ›Kleinkariertheit‹ und ›Erbsenzählerei‹ sorgten dafür, daß die Siemens-Manager diese Idee kategorisch ablehnten. Sie befürchteten, dadurch ihr lukratives Geschäft mit den Fernschreibern zu gefährden. Eine katastrophale Fehleinschätzung, denn das Siemens-Telefaxgeschäft ist heute auf dem Nullpunkt angelangt, währenddessen die Japaner aus dem Telefax ein weitbenutztes Massenkommunikationsmittel entwickelten (übrigens bezieht Siemens inzwischen seine eigenen Telefaxgeräte aus Japan).

Sie sind noch nicht überzeugt? Gut, ich gebe Ihnen noch ein Beispiel: Ist Ihnen die Firma Rank Xerox ein Begriff? Sicherlich, denn die ist der Weltmarktführer für Kopierer. Gemeinsam mit seinem Freund Otto Kornei entwickelte der damals 29jährige Chester Floyd Carlson die erste Fotokopie in der Art, wie wir sie heute kennen. Carlson stellte seine

Idee dem Entwicklungsleiter einer Firma für fotografische Herstellungsverfahren vor, der die Erfindung kategorisch ablehnte. Der Name dieser Firma ist heute nicht mehr bekannt, der Name Rank Xerox dagegen…

Das größte Risiko, das es gibt, ist es, ›nichts‹ zu riskieren.

Sie haben, bei ihren knallharten Wettbewerbern, gar keine andere Wahl, als immer wieder neue Risiken einzugehen. Damit es jedoch überhaupt zu ›Weiter-Entwicklungen‹ kommen kann, ist es notwendig, ein Klima der Neugierde in ihrem Unternehmen zu schaffen. Akio Morita, Gründer des Unterhaltungs-Weltkonzerns Sony, hält das Entfachen einer latenten Neugierde im Unternehmen für die erste Hauptaufgabe der Führungskräfte. Und wenn man sich die Geschichte von Sony einmal so betrachtet, dann sehen wir diese theoretische Aussage in der Praxis bestätigt. Akio Morita hat es nie gescheut, ein Risiko einzugehen – daraus entstand ein Weltkonzern. Nun gut, es werden mir nun einige vorhalten, daß es unklug war, in das amerikanische Film- und Unterhaltungsgeschäft einzusteigen (z. B. Columbia), aber Sony plant keine kurzfristigen, sondern langfristige Erfolge. Warten wir mal einige Jährchen ab…

Wer aufhört, neugierig zu sein, hört auf zu wachsen!

Schaffen Sie ein Klima des Risikos. Lassen Sie Ihren Mitarbeitern die Freiheit, zu arbeiten, Fehler zu begehen, hinzufallen – wenn sie dann wieder aufstehen und sich weiterentwickeln, dann halten Sie sie nicht zurück und sehen einfach zu, wie Ihre Mitarbeiter Mißerfolge in Erfolge umwandeln. Wie oft waren Sie sich absolut sicher, daß eine Sache nicht funktionieren würde – und sie hat doch funktioniert! Wie oft waren Sie sich dagegen absolut sicher, die Idee (die Sie natürlich meist selbst hatten) würde der absolute ›Knaller‹ – und sie ging sang- und klanglos unter!

> **Wer arbeitet, macht Fehler,**
> **wer viel arbeitet, macht viele Fehler,**
> **wer wenig arbeitet, macht weniger Fehler,**
> **Chefs machen keine Fehler!**

Lassen Sie mich hierzu Jan Carlzon zitieren: »Leider mangelt es ausgesprochen vielen Managern an Intuition, Mut und Überzeugung. Das hierarchische Unternehmen wird traditionsgemäß von Kräften geleitet, deren Expertise im ökonomischen, finanziellen oder in einem anderen technischen Bereich liegt. Diese Leute mögen zwar hochintelligent sein, aber was Entscheidungsfindung und -durchführung anbelangt, sind sie oft eine Katastrophe. Für jedes Problem finden sie zehn Lösungen, und wenn sie vor der Entscheidung stehen, welche sie davon in die Tat umsetzen wollen, entdecken sie weitere fünf. In der Zwischenzeit haben sie eine ganze Reihe von Gelegenheiten verpaßt. Jetzt sind sie mit völlig neuen Problemen konfrontiert und müssen den ganzen Prozeß wieder von vorne durchlaufen. Manchmal vermute ich, sie denken sich immer neue Alternativen aus, um den entscheidenden Sprung nicht wagen zu müssen.«

Sind Sie der Marktführer in Ihrem Bereich? Gut, dann legen Sie einen gehörigen Zwischenspurt ein, denn von hinten spüren Sie bereits den Atem Ihrer Verfolger. Sind Sie nicht die Nummer 1? Ja, wie lange wollen Sie denn noch in kleinen Trippelschritten hinter den Marktführern herlaufen? Kleine Schritte genügen heutzutage nicht mehr, um erfolgreich zu sein: *Springen Sie! Sie müssen es!*

Die Risiko-Strategie läßt sich dabei nicht logisch begründen. Sie müssen dabei auf etwas hören, dem Sie schon lange nicht mehr zuhören wollten oder vertrauen konnten:

> **Ihrer inneren Stimme, Ihrer Intuition.**

Ich weiß, daß viele Manager dies nicht gerne hören, denn sie verlassen sich lieber auf ihren analytischen, logischen, strategischen Verstand. Doch wie viele Menschen wurden erfolgreich und bedeutend aufgrund Ihres logischen Verstandes?

Fast alle berühmten Persönlichkeiten, die wir heute noch kennen, folgten ihre Intuition, folgten ihren Visionen, ihren Eingebungen. Selbst Einstein als Naturwissenschaftler hat seine Relativitätstheorie nicht im Büro an seinem Schreibtisch entwickelt, sondern erhielt eine ›Eingebung‹. Vertrauen Sie doch Ihrer Intuition, und haben Sie den Mut, diese in der Praxis umzusetzen.

Ihr Unternehmen hat eine Idee, aber sie scheint ›unmöglich‹ zu sein? Der bekannte amerikanische Motivationsexperte und Prediger Dr. Robert Schuller hatte die Vision, eine Kathedrale zu bauen, die vollständig – Seiten und Dach – aus Glas besteht. Als er damit zum ersten Architekten ging, sagte ihm dieser:»Das ist unmöglich. Sie befinden sich hier in Los Angeles (genauer in Anaheim), und das ist ein Erdbebengebiet. Ein solches riesiges Gebäude für dreitausend Menschen würde beim ersten leichten Beben zusammenfallen.« Dr. Schuller reichte ihm sein Wörterbuch und bat ihn, ihm das Wort ›unmöglich‹ einmal zu buchstabieren. Der Architekt suchte die richtige Seite, fuhr mit dem Finger über die einzelnen Wörter und stutzte:»Das Wort ›unmöglich‹ gibt es in diesem Wörterbuch nicht, jemand hat es herausgeschnitten« – »Stimmt«, antwortete ihm Dr. Schuller, »denn das Wort ›unmöglich‹ existiert in meinem Wortschatz tatsächlich nicht.« Dr. Schuller fand schließlich einen Architekten, und heute steht in Anaheim (2 Meilen von Disneyland entfernt) die Crystal Cathedral und ist mittlerweile ein Wahrzeichen von Los Angeles geworden. Als ich der Kathedrale und Dr. Schuller im April 1994 einen Besuch abstattete, hatte gerade einmal acht Wochen vorher ein großes Erdbeben Kalifornien erschüttert. Viele Gebäude waren beschädigt, und einige der Freeways waren vollständig zerstört – nur die Crystal Cathedral stand immer noch und hat bisher alle Erdbeben überstanden!

Haben Sie also den Mut, einmal ungewöhnliche Sachen umzusetzen. Alles, was heute möglich ist, war früher einmal unmöglich. Allerdings ist es wichtig, daß Sie trotzdem realistische Risiken eingehen. Wägen Sie alles ab, holen Sie sich Informationen ein, beratschlagen Sie sich mit zahlreichen Experten, nehmen Sie Rücksprache mit Ihren Mitarbeitern, mit Ihren Kunden – aber dann müssen Sie aus dem ›Bauch‹ heraus entscheiden.

Handeln kommt von ›Hand‹ – und nicht von ›Maul‹!

Leitthesen zu Kapitel 6

① Armut kommt von ›arm an Mut‹!
② Wenig Risiko bedeutet wenig Ruhm!
③ Angst kommt vom Angustus und bedeutet ›Enge im Bewußtsein‹!
④ Das größte Risiko, das es gibt, ist es, nichts zu riskieren!
⑤ Wer aufhört, neugierig zu sein, hört auf zu wachsen!
⑥ Hören Sie auf Ihre innere Stimme, auf Ihre Intuition!
⑦ Handeln kommt von ›Hand‹ und nicht von ›Maul‹!

7. Kapitel
Die Brennglas-Strategie

Tanzen Sie nicht auf allen Hochzeiten!

Der italienische Nationalökonom und Soziologe Vilfredo Pareto stellte um die Jahrhundertwende bei einer Untersuchung fest, daß 20 Prozent der italienischen Bevölkerung über ca. 80 Prozent des gesamten Vermögens verfügten. Ausgehend von dieser Erkenntnis, wurde seither die Pareto-Regel (80 : 20) immer wieder für Untersuchungen herangezogen. Und wenn wir heute unterschiedliche Sozialstrukturen und Regionen ansehen, so werden wir feststellen, daß diese Pereto-Regel immer wieder zutrifft (es geht nicht um die exakte Prozentzahl, sondern um Größenverhältnisse). Nehmen wir die Stadt Moskau mit ihren ca. acht bis zehn Millionen Einwohnern. Hier verfügen heute 10 bis 15 Prozent der Bevölkerung über mehr als 90 Prozent des gesamten Vermögens. Und bei uns im Westen? Nun, ich brauche Ihnen wohl nicht zu verdeutlichen, daß die Pareto-Regel auch hier zutrifft...

Aber die Pareto-Regel läßt sich nicht nur im Bereich der Vermögensverteilung ansetzen, sondern auch in vielen anderen Bereichen des wirtschaftlichen und privaten Lebens. Wir werden immer wieder im Laufes des Kapitels auf die Pareto-Regel zurückkommen. Bitte merken Sie sich einstweilen dieses Prinzip:

Pareto-Prinzip = 80 : 20

Was ist nun die Revolution bei der »Brennglas-Strategie«? Es geht mir um Ihre *Konzentrationsfähigkeit*! Nehmen Sie beispielsweise die Sonne: Die Sonne ist unglaublich stark und besitzt eine grenzenlose Energie. Doch wenn Sie ein Blatt Papier in die Sonne legen, wird es vielleicht warm, vielleicht wellt es sich nach einiger Zeit – aber ansonsten passiert nichts. Wenn Sie nun jedoch die Strahlen der Sonne mittels eines Brennglases auf einen Punkt bündeln, also die Sonnenenergie *konzentrieren*, fängt das Blatt bereits wenige Augenblicke später zu brennen an!

Und dieses kosmische Gesetz, daß die Wirkung um so größer ist, je stärker die Energie *konzentriert* wird, besitzt selbstverständlich auch Gültigkeit in Unternehmen. Doch anscheinend beschäftigen sich die Unternehmer mit allem möglichen – nur nicht mit den Gesetzen, die uns bereits die Natur vormacht und vorgibt. Wie anders wäre es zu erklären, daß in den achtziger Jahren die Diversifizierungs-Strategie von den allermeisten Unternehmen angestrebt wurde? Das Ergebnis dieser Diversifizierung, also der *Nicht-Konzentration*: Die meisten Unternehmen haben sich wieder von der Diversifizierung abgewandt, konzentrieren sich wieder auf ihr Kerngeschäft – und sind wieder erfolgreich!

In den 80er Jahren unternahm die amerikanische Firma Kodak einige großangelegte Diversifikationsversuche und kaufte einen Pharmakonzern. Die Folge waren enorme Umsatzsprünge – in Verbindung mit kräftigen Ertragseinbrüchen. Seit 1993 führt George Fisher, der neue Chairman, das Unternehmen wieder konsequent auf den angestammten Kernbereich, nämlich dem Fotogeschäft, zurück. Daraufhin fiel der Umsatz von 1993 auf 1994 um ca. 5 Milliarden DM. In der Fortune-Liste der 500 größten US-Unternehmen fiel Kodak von Rang 20 auf Rang 43. Der Gewinn hingegen stieg jedoch um rund 2 Milliarden Dollar. Interessanterweise sieht die Firma – anders als vor zehn Jahren – in ihrem Fotogeschäft durchaus noch weitere Wachstumspotentiale, da sie in vielen Regionen der Welt erst schwach vertreten ist. Ein weiteres Beispiel ist die deutsche Firma Schering. Ab 1992 hat Schering alle Nichtpharma-Aktivitäten verkauft oder in Gemeinschaftsunternehmen eingebracht, deren bekanntestes die gemeinsam mit Hoechst betriebene Pflanzenschutzfirma Agrevo ist. Schering ist heute wieder eine reine Pharmafirma. Diese Fokussierung sorgte dafür, daß der Umsatz von Schering innerhalb von zwei Jahren um 1,6 Milliarden DM zurückging – gleichzeitig stieg jedoch der Umsatz auf dem Pharmamarkt um gut 800 Millionen DM. Percy Barnevik, der Chef von ABB, sagt dazu: »I believe big organizations are inherently negative. They create so much slowness, bureaucracy, distance from other customers, take away initiative from the people and attract the sort of people who survive in a big organization.« Ein weiteres Beispiel ist der größte Halbleiter-Hersteller der Welt, Intel. Heute tickt in fast jedem Personalcomputer ein Chip von Intel, und das Unternehmen baut seinen Vorsprung unaufhaltsam auf. Andy Grove, Mitgründer und Chef von Intel, führt den Erfolg auf die Innovationskraft und die rechtzeitige Konzentration auf das Kerngeschäft zurück. Und bei dieser Konzentration liegt das Hauptaugenmerk von Intel auf der Weiterentwicklung und Verbesserung der bestehenden Produkte. Ursache dafür ist ›Moore's law‹ von Gründer Gordon Moore. Er hatte seinerzeit vorgegeben, daß sich die Geschwindigkeit eines Prozessors alle 18 Monate verdoppeln müsse. Dieses Gesetz hatte vor 20 Jahren seine Gültigkeit und wird – laut Chairman Barrett – auch noch die nächsten 20 Jahre Gültigkeit haben. Nun, ein Unternehmen, das sich ausschließlich auf sein Kerngeschäft konzentriert, kann natürlich auch alle finanziellen Ressourcen auf diesen Bereich bündeln und sich dadurch permanent weiterentwickeln. Der Aktienkurs von Intel hat sich innerhalb von zehn Jahren um ca. 2000 % gesteigert.

Ein Sportler muß, will er erfolgreich sein, die Regel dieser Brennglas-Strategie umsetzen – und alle Sportler setzen sie instinktiv um. So muß sich ein Sportler zunächst einmal für das entsprechende Gebiet entscheiden (Zielgruppe), ehe er dann eine bestimmte Disziplin für sich auswählt (Produkt). Ein Sportler, der also sehr kräftig gebaut ist, wird sicherlich nicht unbedingt eine Ausdauersportart auswählen. Auf der anderen Seite wird ein schmächtiger, kleiner Mensch sicherlich keine Kraftsportart auswählen. Der eine Sportler entscheidet sich also für die Gruppe der Kraftsportarten, ein anderer für das Kugelstoßen. Nun wird er Kugelstoßen trainieren, er wird üben, er wird sich die Technik aneignen, er wird immer besser und besser werden – ehe er dann nach einer zeitlichen Verzögerung, falls er die nötige Disziplin und Ausdauer aufgebracht hat, die verdienten Erfolge ernten kann.

Was bei einem Sportler jedoch völlig klar ist, von niemandem angezweifelt wird und instinktiv wieder von der Mehrheit (80 Prozent) richtig gemacht wird, wird von den Managern in den Unternehmen ›über den Haufen geworfen‹. Nein, Manager lassen sich nichts von der Natur vorschreiben, Manager gehen ihren eigenen Weg, Manager wissen alles besser. Logische Folgerung dieser Denkweise: Es wird diversifiziert in allen Bereichen, so schnell und so stark es nur geht.

Ein Künstler muß sich zunächst einmal für ein entsprechendes Gebiet entscheiden (Zielgruppe), ehe er dann ein bestimmtes Fach (Produkt) auswählt. Ein künstlerisch begabter Mensch entscheidet sich für die Musik und wählt dort das Klavier. Er wird viele Jahre lang ausdauernd, diszipliniert immer wieder Klavier spielen, üben und immer wieder üben! Er wird sich zunächst die Technik aneignen, er wird das notwendige Instrument dafür organisieren, er wird fleißig sein – ehe er mit einer zeitlichen Verzögerung die Erfolge ernten kann (Die Betonung liegt auf kann und nicht auf muß).

Doch was machte Daimler-Benz? Nun, erfolgreich wurde Daimler-Benz durch Mercedes. Mercedes erwirtschaftet auch heute noch den überwiegenden Umsatz und steuert den größten Teil des Gewinns bei (man beachte auch hier das Pareto-Prinzip). Doch dann fiel es dem Top-Management urplötzlich ein, man müßte diversifizieren. Also wurden die verschiedensten neuen Bereiche eingekauft, ob es sich nun um den Elektronikkonzern AEG oder den Technologie- und Rüstungskonzern MBB handelte. Die Folge der ganzen Diversifizierungsstrategie? Nun, Energie, Denke und Kapital wurden von Mercedes abgezogen und in die neuen Felder investiert. In den neuen Feldern trat aber – trotz immenser Investitionen an Energie, Zeit und Geld – wenig Erfolg ein. Und wie steht es mit Mercedes, dem Flaggschiff, dem Konzernteil, der heute immer noch fast 80 Prozent (Pareto-Prinzip) zu Umsatz und Gewinn beiträgt? Nun, nach einer kleinen Krise (die mit Sicherheit aufgrund der fehlenden Konzentration bedingt war) hat sich Mercedes wieder gefangen. Nach wie vor ist Mercedes Flaggschiff des Daimler-Konzerns – doch wieviel größer, schlagkräftiger und besser könnte Mercedes sein, wenn sich der Konzern ausschließlich auf diese Sparte konzentriert hätte? Wie würde Mercedes heute dastehen, wenn all diese Milliarden-Investitionen in weltweit neue Märkte getätigt worden wären?

PepsiCo hatte bereits mit Pepsi light und Cherry Pepsi Flops gelandet, ehe das Unternehmen das Crystal-Pepsi-Getränk einführte – und damit den nächsten Flop erntete. Warum konzentrierte sich PepsiCo nicht darauf, in den weltweiten Märkten, die noch offenstehen, die Nummer 1 zu sein und auf diese Weise näher an Coca-Cola heranzurükken? Schließlich kaufte PepsiCo auch noch die amerikanischen Fast-food-Ketten Kentucky Fried Chicken, Taco-Bell und Pizza-Hut auf. Natürlich, in diesen Ketten wird nur Pepsi-Cola verkauft, Umsatz und Gewinn sind seitdem gestiegen – und doch wage ich einmal die Prognose, daß – langfristig – diese Strategie Pepsi niemals an die Spitze kommen läßt. Ich sage ja gar nicht, daß Pepsi da nichts verdienen kann, aber sie wären bei einer Konzentration vielleicht noch erfolgreicher. McDonald's konzentriert sich seit über vierzig Jahren ausschließlich auf Fast-food-Restaurants mit Franchise-System – mit durchschlagendem Erfolg. Da weltweit noch jede Menge Standorte nicht abgedeckt sind, sollten Sie deshalb unbedingt in McDonald's-Aktien investieren. Kurssteigerungen sind quasi vorprogrammiert!

Oder nehmen wir den Automobilhersteller BMW. BMW ist erfolgreich geworden durch das Image, technisch anspruchsvolle Fahrzeuge für sportlich ambitionierte Fahrer herzustellen. Nun, bisher ist dieses Konzept glänzend aufgegangen – BMW war von allen europäischen Automobilfabriken am wenigsten von der Rezession der letzten Jahre betroffen und hatte selbst im Krisenjahr 1993 immerhin noch ca. 500 Millionen Mark Gewinn erwirtschaftet. Doch nun wurde 1994 Rover dazugekauft.

Hintergrund der Strategie ist: Es geht um die Diversifizierung, es geht darum, in allen Bereichen, in allen Klassen mit Fahrzeugen vertreten zu sein. Nun, momentan gibt der Erfolg BMW recht. Doch wenn BMW weitere Diversifizierungen fährt, wage ich die Prognose, daß sich dies langfristig rächen würde. Und ich bin mehr als gespannt, wie sich die gefeierte Akquisition von Rover noch auswirken wird.

Nun, untersuchen wir einmal, in welchen Bereichen sich der Unternehmer überhaupt konzentrieren bzw. diversifizieren kann:

① Zielgruppe,
② Produkt,
③ Aufwand,
④ Image.

Konzentration auf die Zielgruppe!

Ein Unternehmen stellte hochklassige Schreibtische für das Top-Management her. Das Unternehmen hatte sich darauf konzentriert und sich immer tiefer in diese Zielgruppe »eingebohrt«. Im Laufe der Zeit wurden dabei viele Verbesserungen vollzogen, denn gerade Manager haben ganz bestimmte Anforderungen und Erwartungen an ihren Schreibtisch. So muß der Schreibtisch entsprechend groß sein, es müssen die edelsten Materialien verwendet werden, er muß optisch gut aussehen usw. Das Geschäft lief glänzend, Umsätze und Erträge stiegen. Das Unternehmen machte sich Gedanken – wie alle anderen Unternehmen auch –, wie dieser Erfolg noch weiter gesteigert werden könnte. Schließlich kam man auf die Idee, daß man bisher nur einen Bruchteil der möglichen Zielgruppen eigentlich angesprochen hatte, nämlich die Unternehmensleitung. Doch es gibt ja auch noch die Sekretärinnen, die in den Vorzimmern der Chefs sitzen. Demzufolge wurden entsprechende Forschungen betrieben, und schließlich brachte man einen Schreibtisch auf den Markt, speziell für Sekretärinnen entwickelt. Der Erfolg war relativ groß. Zwar wurden damit nicht die Spitzenerfolge von den Chefschreibtischen erzielt, aber trotzdem stiegen Umsatz und Gewinn. Dies machte das Management noch mutiger, und es wurde die Idee geboren, daß man zwar bisher für die Bürobereiche der Unternehmen Produkte herstellte, aber es gab ja auch noch die Meister in den Produktionshallen, die ebenfalls Schreibtische benötigten. Auch hier wurden spezielle Schreibtische gefertigt – sie wurden den Meistern vorgestellt und angeboten. Zunächst lief das Geschäft mit den Meisterschreibtischen auch ganz gut an, vergrößerte kurzfristig Umsatz und Gewinn. Doch kurze Zeit später brach das Geschäft der Chefschreibtische praktisch über Nacht zusammen und konnte – trotz aller Anstrengungen und Preisnachlässe – nicht mehr gesteigert werden. Später ging auch der Verkauf an Sekretärinnenschreibtischen mehr und mehr zurück, bis die Firma eines Tages Konkurs anmelden mußte. Was, glauben Sie, waren die Ursachen für den Niedergang der einstmalig florierenden Firma?

Nun, wenn Sie etwas länger darüber nachdenken, dann werden Sie sicherlich die Erkenntnis erhalten, daß die Firma am Anfang erfolgreich war, weil sie sich auf *eine* Zielgruppe, die der »Chefs«, konzentrierte. Hier bohrte man sich ein, hier wurden die Schreibtische ständig verbessert. Mittlerweile waren die Manager stolz darauf, einen besseren (und auch teureren) Schreibtisch als Kollegen oder Mitarbeiter zu besitzen. Es war so etwas wie ein »Markenbewußtsein«, ein Image entstanden. Doch als die Firma dann die Zielgruppe der Sekretärinnen und dann später sogar die Werkshalle als Markt entdeckte, verlor der Name des Unternehmens seine »Magie«. Der Name des Produktes war keine Besonderheit mehr, er stand nun in jeder Firma, bei jeder Sekretärin, bei jedem Sachbearbeiter, bei jedem Meister – und bei jedem Chef. Mittlerweile gab es jedoch neue Wettbewerber, die sich ausschließlich auf gehobene Ansprüche spezialisierten (noch besser und wesentlich teurer), und die Chefs liefen in Scharen zu diesen neuen Mitbewerbern davon.

Doch nicht nur das *Image* verliert an Bedeutung, sondern auch die *Konzentrationsfähigkeit* läßt nach. Solange das Unternehmen sich auf die Chefschreibtische konzentrierte, wurden alle Gelder für Forschung, Entwicklung, Marketing, Werbung und Verkauf ausschließlich auf diese Zielgruppe konzentriert. Dementsprechend wurde das Produkt immer besser, dadurch steigerte sich das Image, dadurch wurde mehr verkauft, und durch die gestiegenen Umsätze konnte noch mehr in Forschung, Entwicklung, Image und Marketing investiert werden usw. Es wurde also eine positive Kettenreaktion ausgelöst. Das Unternehmen war der

Trendsetter in seiner Branche und hatte vor seinen Mitbe-
werbern stets die berühmte ›Nasenlänge‹ Vorsprung.
Können Sie sich noch an die SAS-Fluglinie erinnern? Diese
hatte als Firmenvision festgelegt, »die beste europäische
Fluggesellschaft für den Geschäftsreisenden« zu werden.
Darauf haben sie sich konzentriert – *ausschließlich!* Die
SAS bekommt jeden Monat über hundert geschäftliche
Angebote und Vorschläge, wovon viele sehr günstig sind –
doch stimmte nur ein Bruchteil mit dem Ziel überein! So
besuchten zwanzig SAS-Mitarbeiter jedes Jahr aus reiner
Gewohnheit einen Kongreß der Touristikbranche in San
Diego. Dieser komplette Bereich wurde gestrichen, denn
warum sollte SAS an einem Kongreß der Touristikbranche
interessiert sein? Es paßte nicht zu der auf Geschäftsreisende abzielenden Strategie.
Der verstorbene Simon Spieß, ein alter Weiser der skandina-
vischen Pauschalreisenbranche, hatte sich mit seinem
Unternehmen auf Urlaubsreisen für Erwachsene spezialisiert. Deshalb hatte er auch niemals attraktive Urlaubsra-
batte oder Spezialangebote für Kinder offeriert, denn »um
gute Geschäfte zu machen, mußt du den schlechten widerste-
hen. Mir ist egal, wie viele Familien mit Kindern uns durch
die Lappen gehen, solange wir beschlossen haben, mit einer
anderen Kundengruppe Geschäfte machen zu wollen, und
bereit sind, uns auf diesem Gebiet besonders einzusetzen.«
Die amerikanische Warenhauskette Interstate stand kurz
vor der Pleite. Schließlich wurde die komplette Geschäfts-
strategie geändert. Interstate spezialisierte sich ausschließlich auf Spielwaren und wurde in das Spielzeugwarenfach-
geschäft Toys'Я'Us umgewandelt – und erzielte im letzten
Jahr 326 Millionen Dollar Gewinn! Damit hielt Toys'Я'Us
einen Marktanteil aller in den USA verkauften Spielwaren
von ca. 26 Prozent.
In den letzten dreißig Jahren der Industriegesellschaft
haben immer mehr Unternehmen aufgrund von Sicher-

heitsdenken und Risikostreuung ihre Angebote vergrößert: Das nennt man Diversifikation! Eine dieser Firmen, die dadurch an den Rand des Ruins geriet, ist die Firma FAG Kugelfischer in Schweinfurt. Dieses Traditionsunternehmen, spezialisiert auf Kugel- und Wälzlager und dadurch weltweit zu einer der größten Unternehmen der Branche aufgestiegen, begann nach vielen Jahren des Erfolgs mit der Diversifikation. Immer mehr Unternehmen in immer mehr Ländern der Welt wurden aufgekauft. Eine Zeitlang besaß FAG eine Schokoladenfabrik, eine Nähmaschinenfabrik und ein landwirtschaftliches Gut. Schließlich kaufte man auch noch von der Treuhand die deutschen Kugellagerfabriken des Ostens. Was war der Lohn für die ganze Anstrengung? Ende 1992 mußte Deutschlands härtester Sanierer, Kajo Neukirchen, engagiert werden, der mit einem Kahlschlag die Firma wieder auf das Kerngeschäft zurückführte. Sämtliche Unternehmensteile, die nichts mit dem Kerngeschäft zu tun hatten, wurden veräußert oder ausgelagert. Allerdings mußten, um das Unternehmen überhaupt zu retten, auch die gesamten Aktiva verkauft werden, unter anderem auch das Firmengelände und die Firmengebäude, die an eine Leasinggesellschaft veräußert und von dort wieder (für teures Geld) ›angemietet‹ wurden. Doch zumindest konnte FAG durch diese Rückkehr zum Kerngeschäft mittlerweile wieder in die Gewinnzone zurückgeführt werden.

Die Liste der Beispiele ließe sich unbegrenzt fortführen. Doch warum ist ein Unternehmen mit nur einer Zielgruppe erfolgreicher als mit mehreren?

↪ Konzentration auf eine Zielgruppe bedeutet Bündelung aller Kräfte und Ressourcen (Zeit, Denke, Energie, finanzielle Mittel, Marketing usw.).

↪ Durch die Konzentration erhält man mehr Informationen über die Zielgruppe und deren Bedürfnisse.

→ Dadurch wird das Know-how, der Vorsprung vor den Mitbewerbern bei dieser Zielgruppe immer größer.

→ Durch den Informationsvorsprung gelingt es, ein auf die Bedürfnisse der Zielgruppe optimal angepaßtes Produkt bereitzustellen.

→ Durch das den Mitbewerbern überlegene Produkt werden Image und der Ruf der Firma und des Produktes gesteigert.

→ Durch diesen gesteigerten Ruf steigt die Nachfrage.

→ Durch die erhöhte Nachfrage werden mehr Umsätze getätigt.

→ Durch die höheren Umsätze wird mehr Gewinn erzielt.

→ Durch die höheren Gewinne ist man in der Lage, Forschung und Entwicklung bei der Weiterentwicklung der von dieser Zielgruppe gewünschten Produkte zu forcieren.

→ Durch eine weitere Erhöhung von Produkt und Kundennutzen steigen Image und Ruf noch stärker.

→ Dadurch steigert sich die Weiterempfehlungsrate.

→ Dadurch steigert sich der Umsatz.

→ Die positive Kettenreaktion ist ausgelöst, und die Kräfte verstärken sich!

Die Konzentration auf eine Zielgruppe ergibt also letztendlich eine positive Kettenreaktion. Wie sollten Sie jedoch vorgehen, um herauszufinden, was Ihre Hauptzielgruppe ist? Nun, dazu gibt es ja das Pareto-Prinzip. Nehmen Sie einfach Ihre bestehenden Kunden heraus, und stellen Sie die 20 Prozent umsatzstärksten Kunden fest. Wenn Sie diese Aufgabe erfüllt haben, werden Sie folgende verblüffende Erkenntnis gewinnen:

> **20 Prozent Ihrer Kunden erbringen**
> **80 Prozent Ihres Umsatzes!**

Wenn ich diese These in meinen Seminaren vorbringe, schnellen meist einige Finger in die Höhe, die mir, bezogen auf ihren eigenen Betrieb, erklären wollen, daß dies für sie nicht zutrifft. So beispielsweise ein Mitarbeiter eines Verlages. Er erzählte mir, sie hätten Tausende von Abonnenten, wobei jeder Abonnent gleich viel zahle. Als ich fragte, auf welche Zeitdauer er seine These aufgestellt hätte, antwortete er:»Auf ein Jahr.« Nun, auf ein Jahr bezogen, stimme ich zu. Doch dehnt man die Zeitspanne auf fünf oder zehn Jahre aus, stellt man fest, daß auch hier wieder das Pareto-Prinzip Gültigkeit besitzt: 20 Prozent der Kunden erbringen 80 Prozent des Umsatzes, da viele Abonnenten nur für ein oder wenige Jahre Kunde bleiben, während viele Stammabonnenten dauerhaft Kunde sind. Außerdem erhalten Sie 90 Prozent Ihrer neuen Kunden durch positive Weiterempfehlungen Ihrer zufriedenen Altkunden. Wenn Sie diesen Faktor ebenfalls berücksichtigen, dann stimmt das Pareto-Prinzip mit Sicherheit auch in Ihrem Unternehmen.

Und nun müssen Sie diese Zielgruppe analysieren. Gehen Sie ins Detail, stellen Sie sich die Frage:

> **»Mit welchen Kunden arbeite ich gerne zusammen?«**

Denn es kommt nicht nur darauf an – aus strategischen Gründen –, mit einer Zielgruppe zusammenzuarbeiten, sondern natürlich auch darauf, ob Ihnen diese Zielgruppe liegt, ob es Ihnen Spaß nacht, ob Sie mit ihr auf einer »Wellenlänge« liegen. Denn nur wenn diese Dinge übereinstimmen, werden Sie auch die Kundenbedürfnisse erfühlen und erfüllen können. Wenn Sie dann Ihre Kernzielgruppe erkannt haben, fragen Sie sich:

> **»Wie groß ist das Potential dieser Zielgruppe?«**

Im Prinzip erreichen Sie eine Umsatzsteigerung um 80 Prozent einfach dadurch, indem Sie die Anzahl der Kunden in Ihrer Kernzielgruppe einfach verdoppeln – theoretisch könnten Sie dann sogar auf 80 Prozent Ihrer bisherigen Kunden und damit wahrscheinlich auch auf 80 Prozent Ihres Aufwandes verzichten, denn:

> **Für 20 Prozent Ihres Umsatzes investieren Sie 80 Prozent Ihres Aufwandes!**

In der Regel ist es nämlich so, daß Sie wesentlich mehr Zeit in die 80 Prozent Ihrer Kunden investieren, die tatsächlich nur 20 Prozent vom Umsatz erwirtschaften.

Wer sich auf seine Kernzielgruppe konzentriert, kann es sich erlauben, bei Angeboten und Anfragen aus der »Nichtzielgruppe« auch einmal *nein* zu sagen. Denn auch das zeichnet ein Unternehmen aus: Einmal nein sagen können! Dadurch ergeben sich möglicherweise Leerlaufzeiten, Freiräume. Doch diese Freiräume können genutzt werden für die Kernzielgruppe. Es kann das Angebot verbessert werden, es kann eine Weiterentwicklung stattfinden, es kann der Kundenservice gesteigert werden – all diese Anstrengungen werden letztendlich dazu führen, daß die Kernzielgruppe noch zufriedener ist und sich dadurch Weiterempfehlungen ergeben.

Doch natürlich ist es nicht möglich, hier innerhalb weniger Seiten dieses Buches eine solche Strategie zu erklären. Diese muß individuell auf ein Unternehmen abgestimmt sein und erfordert mehrere Analysen, etwas mehr Nachdenken.

Konzentration auf die Produkte!

**20 Prozent der Produkte erwirtschaften
80 Prozent der Umsätze!**

Auch dieses Pareto-Prinzip trifft den »Nagel auf den Kopf«. Fast alle Unternehmen haben heute ein breitgefächertes, auf Masse aufgebautes Leistungs- und Produktangebot. Sie werden einander immer ähnlicher, so daß der Preis- und Kostendruck ihre Energien verbraucht. Der Kraftaufwand und das Risiko steigen also überproportional an. Deshalb ist es besser, nicht mehr »breit«, sondern »spitz« in den Markt zu gehen.

Je »konzentrierter« Sie in den Markt gehen (weniger Produkte und Zielgruppen), desto größer wird der Nutzen sein, den sie geben, und demzufolge wird Ihr Erfolg um so größer ausfallen!

Doch viele Unternehmen werden das nie verstehen. Nehmen wir nur einmal das Beispiel der Firma Seven Up aus den USA. 1978 hatte Seven Up ein Zitronenlimonadengetränk auf dem Markt und hatte einen Marktanteil am Softdrink-Markt von 5,7 Prozent (hört sich wenig an, da aber der weitaus überwiegende Teil am Softdrink-Markt von Cola-Konzernen bestimmt wird, bedeuten 5,7 Prozent vom Gesamtmarkt die Marktführerschaft der Nicht-Cola-Drinks). Doch dann kam Seven Up die glorreiche Idee, sein Sortiment zu erweitern. Dies scheint überhaupt eine der Lieblingsbeschäftigungen von Managern zu sein: »Wie kann ich mehr Produkte im Sortiment anbieten?«. Seven Up führte Seven Up Gold, Cherry Seven Up und verschiedene Diät-Versionen ein. Heute hat Seven Up einen Marktanteil von lediglich 2,5 Prozent.

Ebenfalls beliebt ist es bei vielen Managern, das Erfolgspro-
dukt – eigentlich ohne jeden Grund – zu ändern oder sich auf
neue Produkte zu konzentrieren. Am 23. April 1985 wurde
New-Coke der Weltöffentlichkeit vorgestellt, und das alte
Coke verschwand von der Bildfläche. Man hatte bei ca.
200 000 Geschmackstests herausgefunden, daß der Geschmack der neuen New-Coke nicht nur wesentlich besser
als das mit der alten Formel war, sondern darüber hinaus
auch wesentlich besser als das des Mitbewerbers Pepsi-
Cola. Einziges Problem bei der ganzen Geschichte war – der
Verbraucher zog nicht mit und boykottierte das neue New-
Coke (obwohl es besser schmeckte!). Ergebnis: Fünf Wochen
später wurde das alte Classic-Coke wieder eingeführt, und
heute spricht kein Mensch mehr vom New-Coke – dafür
wurden die Gewinne seitdem fast verfünffacht! Heute konzentriert sich Coca-Cola nicht mehr darauf, neue und andere Produkte auf den Markt zu bringen, sondern mit seinen
klassischen Produkten auf den weltweiten Wachstums-
märkten stärker vertreten zu sein.

Der Kern aller Managementanstrengungen sollte die Konzentration aller Aktivitäten sein. Sie können nur an Schlag-
kraft gewinnen, wenn Sie die Spannweite Ihrer Geschäfts-
tätigkeit verringern.

> **Alles interessiert die Unternehmen, aber nicht alles ist
> für das Unternehmen wichtig!**

Untersuchen wir zum Beispiel eines der weltweit erfolgreichsten Unternehmen: McDonald's. McDonald's macht
nur Hamburger. Getreu dem Motto:»Schuster, bleib bei dei-
nen Leisten« hält sich das Unternehmen streng an das
Stammgeschäft und hat allen Diversifizierungs-Versuchen
widerstanden. Dieses Selbstverständnis drückt sich auch in
der Überzeugung des McDonald's-Gründers Ray A. Kroc

aus, als er sagte: »Wir nehmen den Hamburger etwas ernster als die anderen.« Auch heute noch, vierzig Jahre nach Gründung der ersten McDonald's-Filiale, ist die Produktpalette überschaubar geblieben. Das Geschäft basiert hauptsächlich auf dem Hamburger, den Pommes frites, den Softdrinks, dem Big Mac und den Milch- und Eisprodukten. McDonald's startet gelegentlich eine Sonderaktion, wie etwa Hamburger Royal TS, China-Wochen usw., aber diese werden nur als Köder genutzt, um zusätzliche Kunden in die McDonald's-Filialen zu ziehen.

Die konzentrierte Marktbearbeitung gibt dem Unternehmen einen Vorsprung im Bereich der Information, einen Vorsprung bei der Problemerfahrung, mehr Einfluß, ein schnelleres Vorankommen und jedem Beteiligten mehr Lebensfreude bei weniger Kraftaufwand. Beachten Sie dabei immer, daß hinter jedem Produkt, das Sie verkaufen wollen, ein zentrales Problem Ihrer Kunden stecken sollte. Kommen wir noch einmal auf das Beispiel von New-Coke zurück: Welches zentrale Problem sollte denn bei der Zielgruppe existiert haben, das klassische Cola-Rezept für ein neues aufzugeben? Aufgrund des Mythos, der Legende, die sich um die geheime Formel gesponnen hatten, und aufgrund des wirklich geringen Geschmacksunterschiedes zwischen allen auf den Markt erhältlichen Cola-Sorten gab es überhaupt keinen meßbaren Grund, die Formel zu wechseln. Um das zentrale Problem Ihrer Kernzielgruppe herauszufinden, gibt es folgende Möglichkeiten:

- Stimmt das Produkt mit den Bedürfnissen Ihrer gewünschten Kernzielgruppe überein?
- Wie viele Ihrer Mitbewerber sind zur Zeit in Ihrem Einzugsgebiet mit ähnlichen oder gleichen Leistungen wie Sie tätig?
- Starten Sie sofort eine ausführliche Motiv-Werte-Bilanz bei Ihrer Zielgruppe (siehe *Sicher zum Spitzenerfolg*)!

- Führen Sie sofort fünfzehn Gespräche innerhalb Ihrer Kernzielgruppe über deren genauen Vorstellungen und Probleme!
- Stimmen die wesentlichen Faktoren Ihrer fünfzehn Kunden, also die zentralen Probleme, überein?
- Analysieren Sie die zehn *erfolgreichsten* Kunden Ihrer Kernzielgruppe: Was gibt es für Gemeinsamkeiten?
- Finden Sie das zentrale Problem Ihrer Kernzielgruppe, und legen Sie es fest. Faktoren könnten zum Beispiel sein:
  - zuwenig Kapital,
  - zuwenig Nachfrage,
  - schlechte Mitarbeiter,
  - mangelnde Qualität,
  - zu teure Rohstoffe (Einkauf),
  - zu hohe Kosten,
  - vergleichbare Produkte.
- Was wird das zentrale Problem Ihrer Kernzielgruppe in fünf Jahren sein?
- Legen Sie aus den Erkenntnissen der letzten Punkte die zentralen Probleme nochmals neu fest!
- Konzentrieren Sie sich auf diesen zentralen Faktor (zeitlich begrenzt). Der zentrale Faktor bestimmt alle übrigen Faktoren.
- Nehmen Sie Know-how über das zentrale Problem Ihrer Kernzielgruppe auf = *Lernen!*
- Schnüren Sie ein *Problemlösungspaket* zusammen. Bieten Sie also nicht ein einzelnes Produkt an, sondern immer ein komplettes Paket. Das besteht aus Produkt- und Kundennutzen. Dadurch werden Sie im Markt unvergleichbar!
- Erarbeiten Sie alle Schritte immer gemeinsam mit Ihren Mitarbeitern im eigenen Unternehmen!
- Wenn Sie alle vorhergehenden Schritte genauestens durchgeführt haben (natürlich nicht innerhalb der letz-

ten zehn Minuten beim Lesen dieser Seiten), dann können Sie nun folgende Aufgabe lösen:

> **Beschreiben Sie bitte, mit welchem Problemlösungspaket Sie künftig welcher Zielgruppe die bessere Problemlösung als Ihre Mitbewerber anbieten wollen!**

- Entwickeln Sie das Problemlösungspaket nach und nach, das heißt ohne Hast und Eile, und passen Sie es auf Ihre Kernzielgruppe an!
- Konzentrieren Sie sich immer stärker auf die Zielgruppe!
- Konzentrieren Sie sich immer stärker darauf, das Problemlösungspaket für Ihre Kernzielgruppe zu verbessern!
- Beachten Sie folgenden Grundsatz: Je stärker Ihr Unternehmen (Führung, Verkäufer usw.) das zentrale Problem Ihrer Kernzielgruppe in Verkaufsgesprächen usw. anspricht und trifft, desto mehr Aufträge werden Sie erhalten!
- Stellen Sie nach drei Monaten eine erste Analyse der Ergebnisse von Gesprächen, Verkäufen, Reaktionen der Kunden auf. Nach der Analyse von Erfolg und Mißerfolg muß das Problemlösungspaket neu abgestimmt und angepaßt werden!
- Überprüfen Sie ständig, daß das Leistungspaket noch mit den zentralen Problemen der Kernzielgruppe übereinstimmt!
- Achtung: Probleme der Kunden ändern sich immer schneller und damit auch Ihre Flexibilisierungsfähigkeit!
- Pflegen Sie die ständige Kommunikation mit Ihrem Kunden, um immer wieder auf die veränderten Bedürfnisse reagieren zu können und Ihre Problemlösungspakete anzupassen!
- Beginnen Sie wieder von vorne!

Konzentration auf den Aufwand!

80 Prozent des Aufwandes investieren Sie in 20 Prozent Ihres Erfolgs!

Nun, auch dieses Pareto-Prinzip wird Ihnen schnell klar, wenn Sie die Erkenntnisse aus der Konzentration auf Zielgruppe und Produkt nun auf Ihren Aufwand, Ihre Zeit, auf Ihre Investition übertragen. 20 Prozent Ihrer Kunden erbringen 80 Prozent vom Umsatz: Ist es nicht so, daß sie aber gerade auf die Kunden, die den wenigsten Umsatz bringen, einen Großteil Ihrer Zeit und Energie investieren müssen?

20 Prozent Ihrer Produkte erbringen 80 Prozent des Umsatzes: Ist es aber nicht so, daß Sie ständig neue Produkte einführen und dafür soviel Zeit und Energie und auch finanzielle Mittel investieren müssen, daß für Ihr Hauptprodukt/ -produkte nur noch ein Bruchteil Ihrer Ressourcen übrigbleibt?

Wenn ein Unternehmen mit großem Einsatz und riesigem Aufwand ein neues Produkt im Markt plazieren möchte, ist es doch eigentlich ganz logisch und verständlich, daß diese im Gegenzug vom alten, erfolgreichen Produkt abgezogen werden. Denn wenn nicht, müßten Sie ja vorher entweder mit angezogener Handbremse gearbeitet haben, oder Sie hatten massenhaft Freizeit. War dies so? Ich glaube Ihnen, daß dies nicht der Fall war. Bevor Sie neue Produkte oder komplett neue Bereiche in Ihr Unternehmen integrieren, haben Sie genauso zu 100 Prozent Einsatz gezeigt wie vorher. Auch all Ihre Mitarbeiter, all Ihre Kooperationspartner hatten einzig und allein das Ziel, sich zu 100 Prozent einzusetzen. Diese gemeinsamen Aktivitäten, diese Konzentration führten letztendlich dazu, daß Ihr Unternehmen erfolgreich wurde. Doch was ist dann der nächste Schritt? Der

Erfolgsweg wird verlassen, und Sie konzentrieren sich auf alles mögliche – nur nicht mehr auf das ursprünglich erfolgreiche Produkt, auf die ursprünglich angepeilte Zielgruppe. Nun gut, wenn Sie der Typ Mensch sind, der sich das Leben gerne etwas schwerer macht, dem es einfach zu langweilig ist, mit geringem Aufwand das Maximum an Erfolg zu erzielen, dann diversifizieren Sie weiter, gliedern Sie weitere Zielgruppen und Produkte Ihrem Unternehmen an. Wenn Sie aber daran interessiert sind, mit weniger Zeitaufwand, geringerem Energieeinsatz und wesentlich geringeren Investitionskosten gleichermaßen erfolgreich – oder noch besser: *erfolgreicher* – zu sein, dann sollten Sie sich *auf das Wesentliche konzentrieren.*

Versuchen Sie nicht, alles machen zu wollen oder alles machen zu können. Werden Sie *einmalig!* Das einmalige Ziel entwickelt den Sog, nicht das, was es schon Tausende Male gibt.

> **Nicht der Alleskönner fasziniert,
> sondern der Einmalige.**

Je mehr Sie sich auf das zentrale Problem Ihrer Kernzielgruppe spezialisieren, desto mehr Freizeit, Sicherheit, Erfolg und Freiraum werden Sie haben. Und wenn Sie denn schon diversifizieren wollen, weil Sie vielleicht diesen Reiz auskosten wollen, dann gehen Sie den in diesem Buch bisher bereits beschriebenen konsequenten Weg, das heißt, gründen Sie wirklich völlig eigenständige, völlig dezentrale, eigenverantwortliche, aber auch selbsthaftende Firmen. Glauben Sie nicht an das Märchen durch den Zukauf von Firmen, durch die Angliederung neuer Bereiche, Synergieeffekte schaffen zu können. Wenn Sie schon diversifizieren, dann aber bitte vollkommen spezialisiert!

Konzentration auf das Image!

Das Image ist nichts anderes als der Ruf, den Sie sich im Laufe der Jahre geschaffen haben. Dafür verantwortlich waren unter anderem Ihr Marketing (und hier Ihr entsprechender Werbeslogan), Ihr Auftreten im Markt, die Qualität Ihrer Produkte usw. Es gibt Firmen, die haben es geschafft, daß eine bestimmte Produktart mit ihrem Firmen- oder Produktnamen gleichgesetzt wird:

- Papiertaschentuch:»Könnte ich bitte mal ein Tempo haben?«
- Ketchup:»Geben Sie mir doch bitte mal das Heinz!«
- Klebeband:»Wären Sie bitte mal so freundlich, mir das Tesa zu reichen?«
- Cola:»Könnte ich bitte mal eine Coke haben?«
- Aktenordner:»Ich benötige bei der Bestellung noch fünf Leitz!«
- Mind Machines:»Ich trainiere mental mit Brainlight!«
- Zeitplan-System:»Ich arbeite täglich mit meinem Helfrecht!«

Sich einen solchen Namen, sich eine solche Machtposition geschaffen zu haben, ist »Gold wert«. Welche Macht ein Name besitzen kann, mag Ihnen das Beispiel von Honda verdeutlichen: Honda liegt in den USA von den japanischen Autoherstellern an der Spitze der Verkäufe, in Japan selber jedoch nur auf Platz drei – dort verkauft Toyota viermal soviel Autos wie Honda. Der Unterschied besteht ganz einfach im Ruf, den sich Honda erworben hat. Während Honda in den USA stellvertretend ist für Automobile, verstehen die Japaner darunter mehrheitlich ein Motorrad. Denn begonnen hatte Honda in Japan als Motorradhersteller – dieses Image, dieser Ruf hängt noch heute, viele Jahre später, Honda an und sorgt vermutlich dafür, daß deshalb in Japan weniger Hondas verkauft werden. Denn das Produkt – als solches für sich gesehen – ist ja in den USA und Japan gleich gut.

Was könnte nun die Konsequenz aus diesen Erkenntnissen für Sie sein? Nun, ganz einfach: Schaffen Sie sich einen Markennamen! Konzentrieren Sie sich auf ein Produkt, und prägen Sie den Markennamen im Bewußtsein der Kunden ein. Wenn Sie denn schon diversifizieren, dann bitte möglichst unter einem eigenen, konzentrierten Namen – und möglichst mit einem eigenständigen Unternehmen!

Die Bedeutung der Konzentration, also »spitz in den Markt« zu gehen, können Sie an einem ganz einfachen Beispiel selbst testen. Nehmen Sie Ihren Kugelschreiber, drehen Sie ihn herum, und drücken Sie ihn nun mit der Rückseite auf Ihren Handrücken. Was stellen Sie fest? Nun, ein leichter Druck, aber sonst eigentlich wenig. Und nun drehen Sie den Kugelschreiber herum, setzen Sie die Spitze auf den Handrücken und investieren Sie den gleichen Kraftaufwand. Was bemerken Sie nun? Nun, ich hoffe, Sie haben nicht so stark gedrückt, daß Sie nun Schmerzen verspüren, aber zumindest haben Sie folgende Erkenntnis gewonnen:

> **Bei gleichem Aufwand erfolgt durch Konzentration eine stärkere Wirkung!**

Die Frage ist heute also nicht mehr, ob Sie sich konzentrieren sollten, sondern nur noch, auf *was und wie*!

Leitthesen zu Kapitel 7

① Tanzen Sie nicht auf allen Hochzeiten!
② Konzentrieren Sie sich auf Ihre Hauptzielgruppe!
③ Konzentrieren Sie sich auf Ihre Kernkompetenzen!
④ Konzentrieren Sie sich möglichst auf nur wenige Produkte!
⑤ 20 Prozent Ihrer Kunden erbringen 80 Prozent Ihres Umsatzes!
⑥ 20 Prozent Ihrer Produkte erwirtschaften 80 Prozent Ihres Umsatzes!
⑦ 80 Prozent Ihrer Zeit, Denke und Energie investieren Sie in 20 Prozent Ihres Erfolgs!
⑧ Alles interessiert die Unternehmen, aber nicht alles ist wichtig!
⑨ Bei gleichem Aufwand erfolgt durch Konzentration eine stärkere Wirkung!

8. Kapitel
Die Nischen-Strategie

Wer zu spät kommt, den bestraft ... der Markt!

Wer hätte sich wohl träumen lassen, daß Steve Jobs mit der Idee seines »Computers für jedermann« erfolgreich sein würde? Niemand. Genau aus diesem Grund wurde er regelrecht »gezwungen«, die Firma Apple zu gründen. Das Ergebnis kennen wir: Apple wurde das erfolgreichste »Früchtchen«...

Oder nehmen wird den verrückten Bill Gates: Wer nimmt schon einen Jungen ernst, der in Jeans, T-Shirt und Turnschuhen ein neues Betriebssystem entwickelt hat? Nun, Gates ist heute einer der reichsten Menschen der Welt und hat nie aufgehört, seine Visionen weiter zu träumen.

Um erfolgreich zu sein, müssen Sie immer etwas *anders* tun als die Masse. Daß die entsprechende Nische, die Sie damit besetzen, dann auch richtig vermarktet wird, setze ich an dieser Stelle einmal voraus. Rank Xerox wurde deshalb ein riesiger Konzern, weil sich der Gründer entschlossen hatte, ein neues Fotokopiersystem zu entwickeln. Vor vielen Jahren gab es lediglich die Möglichkeit, durch Knöpfe ein Kleidungsstück zu schließen – ehe jemand auf die Idee kam, den Reißverschluß zu erfinden.

Solche Beispiele gibt es viele. Doch seien Sie versichert, daß die erfolgreichsten Menschen immer irgend etwas ›anders als gewohnt‹ machten. Sie entwickelten ein völlig neuartiges Produkt und/oder setzten sich in einer völlig neuen Branche fest. Denn dies ist ein weiteres Kennzeichen der »Elefanten«: Oft erscheinen den »Elefanten«, den Großkonzernen, Zielgruppen oder Produktnachfrage so klein, daß es sich für ihre riesigen Apparate nicht rentiert, sich mit diesen Nischen zu beschäftigen. Wo ein großer Konzern vielleicht 100 Millionen Dollar für Forschung und Entwicklung investieren müßte, gelingt dies drei Hobbyentwicklern vielleicht für 20 000 Mark – und einer gehörigen Portion Einsatz, Fleiß, Mut und Visionen.

Zwei Jungen aus Bayern waren leidenschaftliche Surfer. Sie arbeiteten immer einige Monate in ihrer Heimat, um sich so viel Geld zu sparen, so daß sie anschließend wieder einige Monate auf Hawaii und anderen wunderbaren Surfplätzen der Welt eine Zeitlang leben können. Eltern und andere Verwandte redeten immer auf sie ein, sie sollten doch das »unsinnige« Surfen lassen und endlich einmal einen richtigen Beruf lernen. Doch die Jungen wollten einfach Spaß haben. Eines Tages begannen Sie in einer Garage T-Shirts zu bedrucken. Sie waren damit sehr erfolgreich. Schließlich entwarfen sie eigene Designs. Sie waren viele Jahre mit sehr vielen jungen Menschen zusammengekommen und kannten die Vorlieben dieser Zielgruppe. Später entdeckten sie dann auch die Nische der Snow-Boarder, von denen gerade eben einige »Verrückte« und »Spinner« auf den Pisten herumzutoben begannen. Aus dieser winzigen Nische, aus diesen »Spinnern«, Christoph und Martin Imdahl, entwickelte sich eine Weltfirma – die Firma Chiemsee!

Richtigen Erfolg haben Sie immer nur dann, wenn Sie etwas anders tun als gewohnt. McDonald's ist heute ein unglaublich großer Konzern – begonnen hat alles damit, daß die Gebrüder McDonald's ein Restaurant eröffneten, ein »etwas anderes Restaurant«: Sie verzichteten darauf, die Kunden zu bedienen, und führten ein Fast-food-Restaurant ein. Die weitere Geschichte ist allgemein bekannt...

Oder wie war es mit der Swatch-Uhr? Wie war es mit dem Videorecorder? Viele Menschen betreiben jedoch genau das Gegenteil: Sie versuchen in einem Markt, in einem Produktbereich ein weiteres Produkt zu plazieren, sie versuchen sich als weiterer Mitbewerber im Markt durchzusetzen – obwohl bereits die Märkte vergeben sind. Glauben denn diese »Anfänger« wirklich, sie könnten gegen die etablierten, teilweise mit starken finanziellen Mitteln ausgestatteten Unternehmen bestehen?

Seien Sie erster in einem Bereich, und belegen Sie eine Nische mit Ihrem Unternehmen. Vor einigen Jahren kam in Deutschland das alkoholfreie Bier auf den Markt. Niemand gab diesem Produkt eine Chance. Eine Firma jedoch besetzte konsequent diese Nische und schaffte es, zum Synonym für alkoholfreies Bier zu werden – »Clausthaler alkoholfrei«. Mittlerweile hat sich aus dieser winzigen Nische ein beträchtlicher Markt entwickelt und absoluter Marktführer ist... na, wer wohl?

Bleiben wir im Biersektor (Sie merken schon, auch ich bin ein Fan dieses köstlichen Gebräus...): Vor gar nicht allzu langer Zeit wurde Weißbier (Weizenbier) nur in Bayern getrunken. Doch in Bayern spezialisierte sich ein Unternehmen ausschließlich auf Weißbier und löste bundesweit eine regelrechte »Welle« aus: »Erdinger«! Wer, glauben Sie, hat im Bereich Weißbier die Marktführerschaft?

Alexander der Große trat mit einem viel kleineren Heer gegen seine Gegner an. Diese formierten sich in Reihen, wie es zur damaligen Zeit bei der Kriegsstrategie üblich war. Hätte nun Alexander der Große genau das gleiche gemacht, so hätte er – ich wage mal die nachträgliche Prophezeiung – die Schlacht verloren. Doch Alexander reagierte *anders als gewohnt*: Er formierte seine Reihen in Form eines Keiles (Dreieck), drang dadurch spitz in die Reihen seiner Gegner ein – und gewann eine Schlacht nach der anderen!

Wo ist Ihre Nische, wo ist das Produkt, das *anders ist als gewohnt*? Sie müssen ja nicht gleich in einer völlig neuartigen Nische beginnen. Es ist so, daß in den meisten Branchen, Bereichen usw. immer noch Platz für eine weitere Nische ist.

Als McDonald's die Fast-food-Hamburger-Restaurants popu-
lär machte (und natürlich zahlreiche Nachahmer nach sich
zog), gab es Platz für weitere Fast-food-Ketten, jedoch mit
einem anderen Produktangebot (Kentucky Fried Chicken,
Taco-Bell, Domino's-Pizza). Trotz Mercedes gab es in Deutschland noch Platz für VW (Kleinwagen), BMW (sportliche Fahrzeuge), Porsche (Prestigewagen) usw.

Die Interstate-Warenhaus-Kette spezialisierte sich auf die
Nische der Spielwaren – und ist heute absoluter Marktführer. Anita Roddick spezialisierte sich mit Ihrem Body Shop
auf Naturkosmetikprodukte – und ist damit unglaublich
erfolgreich geworden (zumeist bis jetzt).

Es ist häufig zu beobachten, daß innovative und kreative
Menschen etwas anders machen als gewohnt, in einer
»Mininische« beginnen, damit erfolgreich werden, die Mininische wächst zu einer Nische heran, bis die Nische schließlich in einen bestimmten Marktsegment sehr viel Platz einnimmt – und dann wird das ›Nischen-Unternehmen‹ von
einem der Elefanten für teures Geld aufgekauft. – Es wäre
eigentlich ja auch ungeheuer demotivierend, wenn nicht
junge, kreative Köpfe die Möglichkeit hätten, sich gegen die
Giganten zu behaupten, oder?

> **Die ›Spinner‹ von heute sind die Giganten
> von morgen!**

Leitthesen zu Kapitel 8

① Wer zu spät kommt, den bestraft... – der Markt!
② Um erfolgreich zu sein, müssen Sie »anders als gewohnt«
   sein!
③ Seien Sie Erster!
④ Die Spinner von heute sind die Giganten von morgen!

9. Kapitel
Die 800er-Strategie

> **Die meisten Manager sind Umsatz- und Kundenzahlfetischisten!**

Mir ist immer wieder aufgefallen, daß die meisten Manager und Unternehmer immer zwei Zahlen als Hauptziel verfolgen:

- Umsatz,
- Kundenzahl.

Auch bei mir selbst beobachte ich das Phänomen, daß die pure Größe als solche eine ungeheure Faszination ausübt. Kein Wunder, wenn sich zahlreiche Unternehmer »zu Tode expandieren«. Es spricht nichts gegen Expansion. Es gibt keine Gründe, die gegen eine Ausweitung des Unternehmens sprechen würden. Aber dennoch darf bei aller Liebe zur Größe und der damit verbundenen Macht ein Ziel niemals vergessen werden:

> **Der Ertrag!**

Denn daran mißt man letztendlich, ob ein Unternehmen erfolgreich oder weniger erfolgreich geführt wird, ob die ganzen Strategien Sinn machen oder nicht. Ich weiß, ich habe im Laufe des Buches geschrieben, daß es auch höhere Werte als die Erträge gibt – aber erzählen Sie das als Manager einmal den Inhabern (und dies sind bei den meisten Unternehmen immer mehr die Aktionäre und damit zu einem Großteil die Banken!). Nun ist jedoch folgendes Phänomen allgemein zu beobachten:

> **Je stärker Kundenzahl und Umsätze wachsen, desto niedriger fällt proportional die Rendite aus!**

Im Klartext: Ein Unternehmen mit einem Jahresumsatz von 5 Millionen Mark erwirtschaftet vielleicht eine Umsatzrendite von 15 Prozent. Verdoppelt das Unternehmen nun seinen Umsatz auf 10 Millionen, beträgt die Umsatzrendite vielleicht noch 10 Prozent. Erreicht sie irgendwann 20 Millionen, liegt sie vielleicht noch bei 7,5 Prozent usw. Ganz große Konzerne sind dann bereits glücklich, wenn eine Umsatzrendite von ein bis zwei Prozent herausspringt (Siemens etwa erwirtschaftet fast überhaupt kein operatives Ergebnis mehr, sondern hat 20 Milliarden Mark auf dem Konto, was alleine für ein positives Betriebsergebnis von 1,5 Milliarden Mark pro Jahr verantwortlich ist!).

Bei den Hunderten Betrieben, die wir in den letzten Jahren beraten haben, habe ich eine Größenordnung festgestellt, die wieder auf die Mehrzahl aller Unternehmen zutrifft (gemäß dem Pareto-Prinzip 80 Prozent).

> **80 Prozent aller Unternehmen erzielen mit maximal 800 Kunden den optimalen Ertrag!**

Die Zahl ›800‹ scheint dabei beinahe eine ›magische‹ Zahl zu sein. Wird diese Zahl überschritten, so läßt sich ein ideales Betriebsergebnis dann erst wieder bei einer Verdoppelung, also 1600 Kunden, erzielen (wenn überhaupt!). Planen Sie deshalb Ihren Betrieb und die Größe immer für 800 (bzw. 1600 bzw. 2400 Kunden usw.).

Und damit erklärt sich auch der Name dieses Kapitels, nämlich die 800er-Strategie. Sie besagt im Klartext nichts anderes, als daß die Mehrheit der Firmen ihre Kundenzahl auf 800
beschränken sollte. Interessant dabei ist auch folgende Vorge-
hensweise von Rubbermaid, dem Heimprodukthersteller.
Laut Firmenchef Wolfgang Schmitt versucht er, seine Anla-
gen in der Größenordnung von ca. 600 bis 800 Beschäftigten
zu halten. Warum gerade diese Größe? Um Geld zu sparen?
Eigentlich nicht. Für Schmitt sind die zwischenmenschlichen
Beziehungen entscheidend. Wird die Anzahl der Beschäftigten auf diese Zahl erhöht, findet man, so wie er meint, die persönliche Seite in der Beziehung zum anderen, das Verständnis, das Einfühlungsvermögen. Man muß anfangen aufzutei-
len, um künstlich Verständnis zu schaffen, statt es sozusagen
organisch vor sich zu haben. Es ist also sowohl aus menschli-
cher Sicht wie auch aus reinen Kostengründen vernünftig, in
etwa bei diesen Größenordnungen zu bleiben, so Schmitt. Um
Ihnen dies zu verdeutlichen, hier einige Beispiele:

- *Ein Fitneßclub*

Beispiel A: Dieser Club besitzt 1500 feste Mitglieder,
die einen Jahresbetrag von 900 Mark entrichten. Demzufolge erwirtschaftet der Club einen Jahresumsatz von
1,35 Millionen Mark.

Beispiel B: Ein zweiter Fitneßclub hat nur 800 Kunden,
erhebt jedoch eine Jahresgebühr von 1200 Mark. Dementsprechend beträgt sein Jahresumsatz nur 960 000
Mark.

Club A:	1500 Kunden x	900 DM	=	1350 TDM
Club B:	800 Kunden x	12 000 DM	=	960 TDM
Mehrumsatz Club A			=	390 TDM

Der Club A erwirtschaftet also einen um 40 Prozent höheren Umsatz als der Club B. Welcher Club, glauben Sie, erwirtschaftet aber die höheren Gewinne? Natürlich der Club B mit maximal 800 Kunden. Sie werden sich nun vielleicht fragen warum, und genau das gleiche habe ich mich auch gefragt. Dabei kam ich auf verschiedene Faktoren, wie etwa den folgenden: 1500 Mitglieder verursachen mehr Betreuung als 800 Mitglieder. Dementsprechend müssen mehr Mitarbeiter eingestellt werden. Ein guter Mitarbeiter (Diplom-Sportlehrer) kostet aber den Betrieb 50 000 Mark pro Jahr. Außerdem ist klar, daß 1500 Mitglieder, die regelmäßig trainieren, mehr Wasser verbrauchen als 800 Mitglieder. Weiterhin leuchtet wahrscheinlich jedem ein, daß 1500 Mitglieder mehr Geräte benötigen als 800 Mitglieder. Entsprechend mehr Fitneßgeräte benötigen jedoch mehr Platz, das heißt, es müssen Räumlichkeiten gemietet oder gebaut werden. Dies sind nur einige Faktoren, die letztendlich dafür verantwortlich sind, daß ein Club mit fast doppelter Kundenzahl und 40 Prozent mehr Umsatz dennoch weniger Erträge erwirtschaftet.

- *Computerhaus*

Beispiel A: Ein Computerhaus hat in einem Jahr 1500 Kunden mit einem durchschnittlichen Auftragswert von 1500 Mark bewältigt. Dabei haben die Kunden Käufe (Hard- und Software) in Höhe von 2,25 Millionen Mark getätigt.

Beispiel B: Ein zweites Computerhaus mit nur 800 Kunden hat seine Preise etwas höher kalkuliert und einen durchschnittlichen Umsatz je Kunde in Höhe von 1800 Mark erzielt. Dementsprechend erwirtschaftete das Computerhaus einen Jahresumsatz von 1,44 Millionen Mark.

Betrieb A: 1500 Kunden x 1500 DM = 2,25 Mio.
Betrieb B: 800 Kunden x 1800 DM = 1,44 Mio.

Mehrumsatz Betrieb A   = 0,71 Mio.

Unternehmen A hat also einen um 56 Prozent höheren Jahresumsatz als Unternehmen B erzielt. Bei welchem Unternehmen, glauben Sie, lag der Ertrag höher? Nun, auch hier ganz eindeutig bei Unternehmen B. Bei der Untersuchung dieses Ergebnisses erkennt man dann folgende Faktoren: In der Computerindustrie sind die Rohaufschläge drastisch gesunken, und häufig beträgt der Rohertrag nur noch 15 bis 18 Prozent vom Umsatz. Nun, genau diese Marge, nämlich 15 Prozent, kalkulierte auch Unternehmen A. Bei einem Umsatz von 2,25 Millionen Mark erwirtschaftete das Unternehmen also einen Rohertrag von 337 500 Mark. Unternehmen B dagegen kalkuliert einen Gewinnaufschlag von 30 Prozent. Demzufolge hat es natürlich weniger Kunden, aber dafür pro Verkauf auch einen höheren Rohertrag. Bei einem wesentlich geringerem Umsatz erwirtschaftete das Unternehmen B bei dieser Kalkulation 432 000 Mark. Würde dann noch berücksichtigt, daß es natürlich wesentlich mehr Personal erfordert, die doppelte Kundenanzahl zu bewältigen, berücksichtigt man die anfallenden Finanzierungskosten (Zinsen) für den höheren Umsatz, berücksichtigt man die größeren Räumlichkeiten für Lager und Verkaufsfläche usw., dann ist leicht auszurechnen, daß bei einer wesentlich geringeren Kundenanzahl und einem wesentlich geringeren Umsatz der Gewinn möglicherweise zwei- oder dreimal so hoch wie bei Unternehmen A liegt.

● *Fahrschule*

Beispiel A: Diese Firma hat vier Filialen und bewältigt dort insgesamt 1500 Fahrschüler. Der durchschnittliche Führerschein kostet dort 1600 Mark, so daß ein Jahresumsatz von insgesamt 2,4 Millionen Mark erzielt wird.

Beispiel B: Diese Fahrschule hat nur zwei Filialen, bewältigt dort nur 800 Fahrschüler. Je Führerschein werden dort jedoch, aufgrund höherer Fahrstundenpreise, 2000 Mark erzielt, was einem Gesamtjahresumsatz von 1,6 Millionen Mark entspricht.

Fahrschule A:	1500 Kunden à 1600 DM	=	2,4 Mio.
Fahrschule B:	800 Kunden à 2000 DM	=	1,6 Mio.
Mehrumsatz Fahrschule A		=	0,8 Mio.

Unternehmen A hat also fast die doppelte Kundenanzahl und erzielt einen um 50 Prozent höheren Umsatz als Unternehmen B. Trotzdem ist es auch in diesem Beispiel so, daß Unternehmen B einen wesentlich höheren Gewinn erzielt als Unternehmen A. Folgende Faktoren sind dafür verantwortlich: Fahrschule A verlangt eine Gebühr von 44 Mark je Fahrstunde. Fahrschule B verlangt zum einen eine höhere Grundgebühr, außerdem hat diese einen Fahrstundenpreis von 55 Mark. Fahrschule A erwirtschaftet eine Umsatzrendite von 5 Prozent. Fahrschule B dagegen erwirtschaftet eine Umsatzrendite von über 20 Prozent. Auch hier sind die Faktoren wieder ähnlich: Doppelt soviel Fahrschüler verursachen natürlich auch fast doppelt soviel Kosten. Entsprechende Mitarbeiter müssen die Fahrstunden absolvieren, es fallen höhere Betriebskosten der Fahrschulautos an, es müssen mehr Theoriestunden abgehalten werden usw.

● *Automobilhersteller*

Die Automobilhersteller können sich natürlich nicht mit
800 Endverbraucherkunden zufriedengeben, aber der
eigentliche Kunde eines Automobilherstellers ist nach
meiner Philosophie auch nicht unbedingt der Endver-
braucher, sondern der Händler. Denn der Händler hat es
letztendlich in der Hand, ob er sich vor Ort gegenüber den
vielen anderen Mitbewerbern durchsetzt oder nicht. Der
BMW-Händler kann es letztendlich schaffen, daß ein ›ein-
gefleischter‹ Mercedes-Fahrer aufgrund des besseren
Services und des höheren Kundennutzens zu ihm wechselt. Deshalb sehe ich bei Automobilherstellern die Händler als die eigentlichen Kunden an. Auch hier sollten sich
die Automobilhersteller Gedanken um die 800er-Strate-
gie machen. Einige Hersteller (zum Beispiel BMW), straf-
fen seit einiger Zeit auch tatsächlich ihr Händlernetz.

Ich könnte nun hier die meisten Branchen einzeln zerle-
gen, aber ich denke, diese wenigen Beispiele genügen, um
Ihnen zu verdeutlichen, daß die 800er-Strategie oftmals
einen viel größeren Erfolg bringt als jede Art von Kosten-
einsparung. Ich weiß, daß nun jede Menge Betriebswirt-
schaftler vor Ort andere Rechnungen anstellen und mir
beweisen, es gebe aber auch so etwas wie einen ›Fixkosten-
Deckungsbeitrag‹, weshalb eine entsprechende Preispolitik
(bei Preispolitik sind natürlich in der Regel immer niedrigere Preise gemeint) Erfolg bringt. Doch ich bleibe dabei:
Bei den meisten Unternehmen ist es ratsamer, sich über
die 800er-Strategie Gedanken zu machen. Doch der Ehr-
geiz, der Stolz und die Borniertheit vieler »Betonköpfe« verhindern oftmals einen Mehrerfolg. Da muß das Unternehmen, koste es, was es wolle, eine Umsatzsteigerung erreichen – auch wenn dabei die Rendite wieder ein bißchen
mehr auf der Strecke bleibt.

Ich möchte nochmals die einzelnen Punkte festhalten, die gegen eine Steigerung der Kundenzahl sprechen, insbesondere über die magische Zahl ›800‹:

- Mehr Kunden verursachen mehr Betreuung, mehr Service – also Mitarbeiter und damit höhere Personalkosten!
- Mehr Kunden, höhere Produktzahlen verursachen eine größere Anzahl an Maschinen, also höhere Investitionskosten!
- Mehr Maschinen erfordern mehr Raum!
- Mehr Kunden und ein dadurch verursachter höherer Abverkauf verursachen einen höheren Wareneinkauf!
- Ein erhöhter Wareneinkauf verursacht höheren Arbeitsaufwand, damit steigende Personalkosten!
- Ein höherer Waren- und Materialeinkauf benötigt ein größeres Lager!
- Ein größeres Lager steigert den Zinsaufwand!
- Ein größeres Lager erfordert mehr Räumlichkeiten!
- Mehr Räumlichkeiten verursachen mehr Kosten!
- Mehr Kunden verursachen mehr Verbrauch!
- Mehr Kunden verursachen mehr Verwaltung!
- Mehr Verwaltung verursacht eine noch stärkere Organisation!
- Größere Verwaltung und Organisation verursachen weiter steigende Personalkosten!
- Eine ständige Steigerung der Kundenzahl verursacht höhere Marketingkosten!
- Um die Kundenzahl und den Abverkauf ständig zu steigern, sind mehr Verkaufsanstrengungen notwendig, also höhere Personalkosten!
- Um die Kunden und Verkaufszahlen zu steigern, müssen den Kunden mehr Rabatte gewährt werden. Demzufolge sinken die Roherträge!

> **Eine Steigerung von Kunden und Verkaufszahlen führt zu einer Vergrößerung des Unternehmens, nicht selten auch zu einem Neubau, so daß oftmals mehr Kunden gleichbedeutend mit weniger Ertrag sind!**

Was ist nun zu tun, wenn Sie bereits mehr als 800 Kunden haben oder wenn Sie die magische 800er-Zahl überschreiten?

- Sobald Sie 800 Kunden übersteigen, konzentrieren Sie sich wieder gezielt auf die Kernzielgruppe. Sie werden jederzeit feststellen, daß 20 Prozent Ihrer Kunden (also 160) 80 Prozent Ihres Umsatzes erwirtschaften. Es ist also nicht wichtig, die Kundenanzahl zu erhöhen, sondern die Anzahl der »guten Kunden« zu steigern. Dafür können Sie dann beruhigt auf eine bestimmte Anzahl der »unwichtigen« Kunden verzichten. – Ich weiß, es gibt keine unwichtigen Kunden, aber in diesem Fall fällt mir keine bessere Bezeichnung ein.

- Wenn Sie 800 Kunden übersteigen, sollten Sie des öfteren *nein* sagen. »Nein« zu Aufträgen, die nicht lukrativ sind. »Nein« zu Kunden, die nicht zu Ihrer Kernzielgruppe gehören. »Nein« zu Kunden, mit denen Sie nicht gut zurechtkommen. »Nein« zu Aufträgen, die nur mit Rabatten oder Zugaben zu gewinnen sind.

> **Wer nicht ›Nein‹ sagen kann, wechselt in der Regel nur Geld!**

- Sobald Sie die magische Zahl von 800 Kunden übersteigen, sollten Sie Ihre Einzelpreise erhöhen. Nehmen wir an, Sie sind Händler eines Kleinwagenherstellers, und

von den vom Hersteller gewährten 17 Prozent Einkaufs-
rabatt haben Sie bislang im Schnitt immer 9 Prozent an
Ihre Kunden weitergegeben (damit Sie auch ja jeden Auftrag bekommen). Jetzt nehmen wir an, im letzten Jahr
haben Sie 800 Neuwagen zum durchschnittlichen Stück-
preis von 25 000 Mark verkauft. Dann haben Sie einen
Jahresumsatz von 20 Millionen Mark erzielt. Bei 8 Prozent verbleibender Provision und 20 Millionen Umsatz
erwirtschafteten Sie demzufolge 1,6 Millionen Rohertrag.
Und nun nehmen wir an, es kommt Ihnen in Zukunft
nicht mehr auf eine Steigerung an. Nehmen wir an, Sie
beherzigen diese Strategie und setzen sie in die Tat um.
Deshalb erhöhen Sie Ihre Preise, Sie räumen also nicht
mehr so hohe Rabatte ein. Sie senken im nächsten Jahr
die Höhe der durchschnittlichen Rabatte auf 7 Prozent.
Jetzt verbleibt Ihnen eine Bruttorendite von 10 Prozent.
Natürlich werden Sie nun die ganze Härte des Marktes
spüren. Ihre Verkäufer haben es nun viel schwerer, die
gleiche Stückzahl an Autos zu verkaufen. Etliche Ihrer
Kunden laufen zu den Mitbewerbern über. Und am Ende
des Jahres haben Sie tatsächlich statt 800 Neuwagen nur
noch 640 an den Mann gebracht. Ihr Umsatz ist also um
20 Prozent gefallen. Da jedoch Ihre Umsatzrendite von 8
auf 10 Prozent gestiegen ist, hat sich Ihr Rohertrag bei 1,6
Millionen gehalten. Und nun kann jeder Kaufmann
selbst ausrechnen, in welchem Jahr letztendlich der
höhere Reingewinn erzielt wurde. Das Ganze mag sich
für manchen Leser wie banalste Wirtschafts-Weisheiten
anhören – und das ist es tatsächlich. Doch warum – wenn
denn das Ganze so ›banal‹ und ›einleuchtend‹ ist – handeln die meisten Manager genau entgegengesetzt?

Eine andere Möglichkeit ist natürlich – falls Sie weiter
wachsen wollen –, Ihr jetziges Unternehmen zu ›zerschlagen‹ und eine völlig neue Firmenstruktur zu schaffen. Dies

könnte beispielsweise so aussehen, daß Sie Ihr Unternehmen in Einzelfirmen neu unterteilen. Wie bereits ausführlichst in diesem Buch beschrieben, müssen diese natürlich
eigenständig, dezentral und voll verantwortlich sein.
Außerdem müssen alle Mitarbeiter der einzelnen Unternehmen am Erfolg, aber auch am möglichen Mißerfolg beteiligt sein – ansonsten wird auch eine solche Firmenauftei-
lung letztlich nur für weniger Erfolg sorgen. Diese Strategie
haben wir auch bei INLINE umgesetzt, da wir der Meinung
sind, es ist noch ein solch großer Markt, ein solch großer
»Kuchen« da, daß wir uns jetzt nicht beschränken dürfen.
Außerdem haben wir ein gewisses »Sendungsbewußtsein«,
das uns praktisch automatisch vorgibt, möglichst viele weitere Unternehmen zu betreuen. Doch wir werden unsere
Strategie der dezentralen kleinen Firmen weiter vorantrei-
ben, und ich sehe heute schon meine Vision vor Augen, daß
es eines Tages Dutzende von einzelnen INLINE-Firmen
gibt, die letztlich aber doch alle zur INLINE-Familie gehören und miteinander verbunden sind – *und synergetisch
funktionieren!*

Leitthesen zu Kapitel 9

① Die meisten Manager sind Umsatz- und Kundenzahlfeti-
schisten! Je stärker jedoch Kundenzahl und Umsätze
wachsen, desto niedriger fällt oft proportional die Rendite
aus!

② Die Zahl 800 scheint eine ›magische‹ Zahl zu sein! Planen
Sie deshalb in Ihrem Unternehmen immer für 800 Kunden,
für 1600, für 2400 usw.!

③ Wer nicht ›nein‹ sagen kann, wechselt in der Regel nur
Geld!

10. Kapitel
Die Software-Strategie

Die Denke Ihrer Mitarbeiter entscheidet über den zukünftigen Erfolg Ihres Unternehmens!

Die Mitarbeiter sind der Erfolgsfaktor Nummer 1 jeden Unternehmens. Diese simple Tatsache scheint zwar – vordergründig gesehen – allen bewußt zu sein, doch meist beschränkt sich die Mitarbeitermotivation auf entsprechende Prämienanreize. Dabei lassen sich Mitarbeiter durch Geld alleine schon lange nicht mehr motivieren. Natürlich, Geld ist wichtig, Geld ist eine Grundvoraussetzung – aber es ist kein Ersatz für eine Erfüllung, für eine Selbstverwirklichung am Arbeitsplatz.

Was Mitarbeiter erwarten
(Mehrfachnennungen möglich):

	0	20	40	60	80	100 %
Sichere Arbeitsplätze					70 %	
Gute Bezahlung				57 %		
Gutes Betriebsklima			49 %			
Umwelt-Engagement			48 %			
Weiterbildung		23 %				

Quelle: Sample-Institut

Der erfolgreiche Unternehmer der Zukunft (und natürlich auch schon in der Gegenwart!) ist deshalb nicht mehr der Antreiber, der Patriarch, sondern er ist der Motivator. Denn was wir dem Team nicht ›verkaufen‹ können, läßt sich auch am Markt nicht absetzen. Darunter verstehe ich, daß alle Entscheidungen, die Sie treffen, auch mit dem gesamten Team besprochen und mehrheitlich akzeptiert sein müssen. Führung per Dekret ist deshalb megaout. Doch wenn wir schon von Motivation sprechen, dann beginnen wir gleich mit einem ersten wichtigen Punkt...

Vermeiden Sie Demotivation!

Beginnen möchte ich mit einer Geschichte, die es nie gegeben hat – und die dennoch einen wahren Kern besitzt:

Wir sitzen alle in einem Boot

Vor einiger Zeit verabredete eine deutsche Firma ein jährliches Wettrudern gegen eine japanische Firma, das mit einem Achter auf dem Rhein ausgetragen werden sollte. Beide Mannschaften trainierten lange und hart, um ihre höchste Leistungsstufe zu erreichen. Als der große Tag kam, waren beide Mannschaften topfit, doch die Japaner gewannen mit einem Vorsprung von einem Kilometer.
Nach dieser Niederlage war das deutsche Team sehr betroffen und die Moral auf dem Tiefpunkt. Das obere Management entschied, daß der Grund für diese vernichtende Niederlage unbedingt herausgefunden werden mußte. Ein Projektteam wurde eingesetzt, um das Problem zu untersuchen und um geeignete Abhilfemaßnahmen zu empfehlen. Nach langen Untersuchungen fand man heraus, daß bei den Japanern sieben Leute ruderten und ein Mann steuerte, während im deutschen Team ein Mann ruderte und sieben Mann steuerten. Das

obere Management engagierte sofort eine Beraterfirma, die eine Studie über die Struktur des deutschen Teams anfertigen sollte. Nach einigen Monaten und beträchtlichen Kosten kamen die Berater zu dem Schluß, daß zu viele Leute steuerten und zu wenig ruderten... Um einer weiteren Niederlage gegen die Japaner vorzubeugen, wurde die Teamstruktur geändert. Es gab jetzt vier Steuerleute, zwei Obersteuerleute, einen Steuerdirektor und einen Ruderer. Außerdem wurde ein Leistungsbewertungssystem eingeführt, um dem Ruderer mehr Ansporn zu geben. »Wir müssen seinen Aufgabenbereich erweitern und ihm mehr Verantwortung geben.« Im nächsten Jahr gewannen die Japaner mit einem Vorsprung von zwei Kilometern. Das Management entließ den Ruderer wegen schlechter Leistungen, verkaufte die Ruder und stoppte alle Investitionen für ein neues Boot. Der Beratungsfirma wurde ein Lob ausgesprochen, und das eingesparte Geld wurde dem oberen Management ausgezahlt.

Eine fiktive Geschichte, die jedoch den Humor aus der Tatsache bezieht, daß im Grunde genommen in vielen Firmen noch immer *genau so* verfahren wird. Das Problem liegt nur darin, daß sich alles, was ›innen‹ (Mitarbeiter) falsch gemacht wird, auch fatal nach ›außen‹ (Markt) auswirkt.
Bei einem Schweinfurter Unternehmen der Kugellagerindustrie wurde von einem Mitarbeiter aus der Produktion ein Verbesserungsvorschlag eingereicht. Dieser gelangte an die entsprechende Entscheidungsstelle. Der Mitarbeiter besaß große Schwächen in der Rechtschreibung und Grammatik, und entsprechend sah der Vorschlag aus. Der Mitarbeiter, der über die Durchführung der Verbesserungsvorschläge zu entscheiden hatte, beurteilte den Verbesserungsvorschlag dann folgendermaßen: »Wer so schlecht Deutsch kann, dessen Verbesserungsvorschlag wird wohl keinen großen Wert haben!« und legte den Vorschlag zu den Akten. Zwei Jahre

später wurde von diesem Unternehmen für einen größeren Aufwand eine große deutsche Unternehmensberatung engagiert. Diese schlug in ihrem Maßnahmenkatalog unter anderem genau diesen Verbesserungsvorschlag vor. Als der Mitarbeiter die Umsetzung in seiner Abteilung dann bemerkte, beschwerte er sich darüber, daß seinerzeit sein Vorschlag nicht umgesetzt wurde. Doch da hätte es der Firma ja auch viel weniger gekostet...

Ich weiß, daß solche Dinge in Ihrem Unternehmen natürlich *niemals* passieren könnten. Ich weiß, daß in Ihrem Unternehmen die Motivation perfekt abläuft und für Ihre Mitarbeiter Demotivation ein Fremdwort ist. Doch vielleicht denken sie trotzdem ein wenig darüber nach. Frederic Herzberg unterschied zwischen negativer und positiver Motivation. Die negative Motivation nennt Herzberg KITA, was soviel bedeutet wie »Kick in the Ass« (»Tritt in den Allerwertesten«): KITA ist also gleichzusetzen mit der Motivation per Druck oder Zwang. Der Mitarbeiter wird also nicht durch entsprechende Motivation ›gezogen‹, sondern er muß geschoben werden! Diese ›Motivation‹ (die übrigens immer noch in 90 Prozent aller deutschen Unternehmen praktiziert wird) wirkt natürlich nur so lange, wie der Druck auch wirklich ausgeübt wird. Stellen Sie sich das Ganze mit einem Esel vor: Es muß immer jemand hinter dem Esel stehen, der ihm durch mehr oder weniger sanfte Hiebe mit einer Gerte antreibt. Der Esel läuft ein Stückchen, bleibt wieder stehen, wird wieder ›motiviert‹, läuft wieder ein Stückchen, bleibt wieder stehen usw.

Doch bei aller Ablehnung – diese Art von Motivation funktioniert! Sie funktioniert jedoch nur so lange, wie immer jemand ›dahinter‹ steht, um zu motivieren. (Ist es da noch verwunderlich, wenn noch vor kurzem bei der Firma FAG Kugelfischer auf einen Mitarbeiter in der Produktion 1,2 Mitarbeiter in der Verwaltung kamen?) Hinter jedem Esel steht ein ›Motivator‹, der tritt. Doch auch der ›Motivator‹

könnte ja die Lust am Treten (Motivieren) verlieren. Deshalb steht hinter dem ›Motivator‹ wieder ein ›Motivator‹ (Fortsetzung ohne Grenzen). Und dies ist der springende Punkt: Die Unternehmen können es sich, gerade bei den hohen Arbeitskosten in Deutschland, nicht mehr leisten, fast ebenso viele ›Motivatoren‹ wie ›Esel‹ zu beschäftigen. Einige Unternehmen haben das begriffen und deshalb die Art ihrer Motivation völlig umgestellt, dadurch viele der ›Motivatoren‹ eingespart – was sich letztendlich positiv auf die Kosten und damit auf die Wettbewerbsfähigkeit und Erträge auswirkt.

Aber es geht nicht nur um die Motivation unmittelbar bei der Arbeit, es geht auch um das Arbeitsumfeld und das Klima. Hierzu fällt mir folgende nette Geschichte ein: Der Inhaber einer Werbeagentur lud seine Mitarbeiter in der Mittagspause zum Eisessen ein. Die Mittagspause dauerte normalerweise nur eine Stunde, und schließlich wurde die Pause (mit Fahrzeit usw.) fast um eine Stunde überzogen. Die Mitarbeiter waren begeistert, daß ihr Chef so großzügig war. Doch der große Frust erfolgte am Monatsende: Auf ihren Abrechnungen war genau diese eine Stunde wieder vom Lohn abgezogen worden...

> **Motivation beginnt damit,**
> **die Mitarbeiter nicht zu demotivieren!**

Eine der Hauptquellen für demotivierte Mitarbeiter sind die aufgeblähten Hierarchieebenen. Je mehr Hierarchiestufen existieren, desto mehr ›Führungskräfte‹ gibt es, die führen wollen und dies den Mitarbeitern auch so verdeutlichen. Die Auswüchse der Hierarchie haben dann zu so merkwürdigen Dingen geführt, daß zum Beispiel ab einer bestimmten Hierarchiestufe vorreservierte Parkplätze direkt am Eingang existieren, daß ab einer bestimmten Hierarchiestufe eine extra Kantine für Führungskräfte existiert, daß das Geschäftsauto um so größer wird, je höher der Mitarbeiter in der Hierarchiestufe steht, daß ab einer gewissen Hierarchiestufe die Mitarbeiter in der Businessclass und ab einer der obersten Stufen dann in der Firstclass fliegen dürfen usw. Nun gut, eines ist klar: Diese Hierarchiestufen mit all ihren Annehmlichkeiten und Statussymbolen haben natürlich auch eine gewisse ›Motivation‹ zur Folge gehabt. Denn nicht die absolute Gleichheit, sondern die Ungleichheit motiviert den Menschen (These des Kapitalismus). Ein wenig stimmt das ja auch, nur: Es läßt sich alles übertreiben! Es wird immer Ungleichheit geben, es muß immer so sein, daß einige Mitarbeiter besser gestellt sind als andere. Doch: Muß diese Ungleichheit durch feste Ränge, durch feste Positionen für alle Zeiten festgelegt sein? Ein Mitarbeiter, der sich besonders anstrengt, der besonders gute Ideen in das Unternehmen einbringt, der soll auch mehr verdienen als andere. Doch kann es wohl nicht der besonderen Motivation dienen, wenn ein Mitarbeiter – meist noch aufgrund guter Beziehungen oder seiner Fähigkeit, gut ›radzufahren‹ – eine Position erhält und dann für alle Zeiten dort bestimmte Vorteile genießt.

Bei der englischen Automobilfirma Rover, die 1994 von BMW übernommen wurde, wurde zum Beispiel die unterschiedliche Arbeitskleidung abgeschafft. Die Manager und Arbeiter tragen alle die gleiche Kluft: graue Hose, grauer Blouson, rechts oben der Name, nicht der Rang. Stundenlöhner sind abgeschafft, Arbeiter und Angestellte gleichgestellt. Die Arbeitnehmer heißen nicht mehr *Mitarbeiter*, sondern *Partner*.

Als Jan Carlzon noch bei der kleinen Firma Linjeflyg im Sessel des Vorstandsvorsitzenden saß, schaffte er den Chefspeisesaal ab, wandelte sein großes Büro in einen Kommunikations-Besprechungsraum für alle Mitarbeiter um – und stellte seinen Schreibtisch in die Betriebskantine!

Wenn Sie also tatsächlich eine Revolution in Ihrem Unternehmen in allen Bereichen auslösen wollen, dann fangen Sie am besten bei sich und Ihren Managern an, denn:

> **»Die besten Reformer, die die Welt kennt, sind diejenigen, die zuerst bei sich selbst anfangen!«**
> *George Bernard Shaw*

Um diese Revolution zu verdeutlichen, sollten Sie mit einem ›Paukenschlag‹ beginnen. Lassen Sie sich irgend etwas einfallen, mit dem Sie symbolisch ausdrücken, daß die Revolution, die durch alle Ebenen, durch alle Bereiche des Unternehmens gehen soll, sich nicht nur auf die Arbeiter und kleinen Angestellten beschränkt, sondern eben auch und gerade die Manager und das Top-Management betrifft. So habe ich in meinem eigenen Unternehmen bei der letzten Weihnachtsfeier zusammen mit den Führungskräften die Mitarbeiter bedient. Ich erklärte Ihnen, daß sie das ganze Jahr für die Führungskräfte und vor allen Dingen für die Kunden da sind – da sehe ich es als selbstverständlich an, daß einmal im Jahr ich für sie da bin. Die ganze Aktion löste natürlich eine große Überraschung aus, andererseits verstanden die Mitarbeiter sehr wohl die Bedeutung dieser Geste.
Motivation stammt aus dem Lateinischen und bedeutet soviel wie »jemanden in Bewegung setzen«. Laut Frederic Herzberg heißt Motivation, dem Mitarbeiter ein attraktives Ziel zu setzen. Wenn wir bei dem Beispiel mit dem Esel bleiben: Es ist besser, dem Esel eine Karotte als Ziel vor Augen zu halten, um ihn dadurch zu motivieren, statt ihn ständig durch KITA anzutreiben. Natürlich dürfen Sie die Karotte nur symbolisch sehen, denn es nützt natürlich nichts, wenn Sie hinter dem Esel stehen und die Karotte an einer langen Leine ständig vor den Augen des Esels baumeln lassen – er würde sich zwar in Bewegung setzen, würde vielleicht eine

größere Strecke laufen – doch irgendwann erkennen, daß er die Karotte nie erreichen würde. Nein, Motivation heißt, daß Sie etwas, was der Mensch haben möchte, als Ziel setzen, aber gerade einmal in dem Abstand, daß der Mitarbeiter das Ziel noch sehen und schließlich auch erreichen kann. Doch Vorsicht: Denken Sie bitte zurück an die Geschichte mit dem Jungen und der in einen Frosch verzauberten Prinzessin. Überlegen Sie immer, welches Ziel Ihre *Mitarbeiter* haben könnten, und überlegen Sie nicht, welches Ziel für Sie interessant ist. Sie müssen sich schon ein wenig Gedanken machen und auch Zeit investieren, um hier gemeinsame Ziele festzulegen.

Denn das ist der nächste springende Punkt: Die Ziele der einzelnen Mitarbeiter und die Ziele des Unternehmens müssen übereinstimmen. Denn wenn die am Unternehmen unterschiedlich beteiligten Mitarbeiter in verschiedene Richtungen ziehen, dann wird vielleicht eine Menge Energie eingesetzt – doch es »bewegt« sich keiner und damit auch nicht die Firma. Eine der ersten Aufgaben, die es zu bewältigen gibt, ist also, ein gemeinsames Firmenziel, eine gemeinsame Vision ins Leben zu rufen.

Während die Vision ein Fernziel, eine in Bildern beschreibbare Wunschvorstellung ist, müssen dann als nächstes erreichbare Zwischenziele gesteckt werden. Beispiel: Wenn Sie die Vision gemeinsam mit Ihren Mitarbeitern erarbeitet und festgesteckt haben, daß Ihr Unternehmen den mit Abstand besten Kundenservice Ihrer Branche verwirklichen wird, dann sollten nun Teilziele erarbeitet und festgelegt werden. Diese Teilziele müssen klar formuliert und für jeden verständlich sein. Unklare Ziele (»Tun Sie Ihr Bestes«) führen zu unklaren Ergebnissen.

Ein weiterer wichtiger Punkt ist das Betriebsklima. Wenn Sie eine Vision und klar definierte Ziele in Ihrem Unternehmen festgelegt haben und alle Mitarbeiter dahinterstehen und Bescheid wissen, dann ist die nächste wichtige Aufgabe, ein positives *Betriebsklima* zu schaffen. Die meisten Führungskräfte meinen immer, es läge am Team, an den einzelnen Menschen, ein positives Betriebsklima zu schaffen. Doch genau wie in den meisten anderen Dingen ist hier die Führungsspitze verantwortlich. Wenn wir ein Unternehmen beraten, dann ist einer der ersten Bereiche, den wir in Angriff nehmen (neben der Visions- und Zielfindung), das Betriebsklima. Hierzu sammeln wir zunächst einmal Informationen, indem wir ausführliche anonyme Betriebsklimaanalysen durchführen und indem wir sehr viele Gespräche mit den Mitarbeitern einzeln und persönlich führen. Bei Auswertung dieser ganzen Informationen werden dann meist schon die wichtigsten Punkte deutlich, die es möglichst schnell zu ändern gilt. So beginnen wir dann mit Seminaren für alle Mitarbeiter, in denen die Notwendigkeit eines guten Betriebsklimas und der Vorteil für alle Mitarbeiter deutlich wird. Die Mitarbeiter werden auch dafür sensibilisiert, daß es sehr wohl auch auf Ihre Mitarbeit und auf das Wirken jedes einzelnen ankommt. Wir erklären ihnen in diesen Seminaren unter anderem auch, daß es oft zu Konflikten kommt, weil die Mitarbeiter unterschiedliche Charaktere sind und Veranlagungen besitzen. Hierzu folgendes Beispiel:

Es gibt in Ihrem Team zwei völlig unterschiedliche Mitarbeiter.
Mitarbeiter A: Mitarbeiter A ist ein sogenannter ›Verstandesmensch‹. Er arbeitet fast ausschließlich mit seiner linken Gehirnhälfte, also der Hälfte, die für das rationale, logische Denken zuständig ist. Mitarbeiter A arbeitet in der Buchhaltung und hat dort alles sicher im Griff. Auf ihn ist hundertprozentig Verlaß, er ist ein genauer, organisierter, zuverlässiger Mitarbeiter. Doch diese Stärken sind gleichzeitig seine Schwächen: An Kreativität, Ideen, Innovationsfähigkeit mangelt es ihm.

Mitarbeiter B: Mitarbeiter B ist ein typischer »Kreativer«. Alleine schon sein Äußeres ist im Vergleich zum Mitarbeiter A schon fast chaotisch zu nennen. Seine Veranlagung zeigt sich natürlich auch in seinem Verhalten. Er nimmt es mit der Pünktlichkeit nicht so genau, sein Arbeitsplatz sieht meist aus, als hätte ›eine Bombe eingeschlagen‹, und es ist praktisch unmöglich, von ihm eine organisierte Arbeit zu verlangen. Auf der anderen Seite ist B aber ungeheuer kreativ. Viele seiner Ideen haben dafür gesorgt, daß das Unternehmen wahre Quantensprünge zurückgelegt hat. Er ist ein Mensch, dem im richtigen Augenblick die richtige Idee kommt.

Wenn nun die beiden Mitarbeiter einmal ehrlich ihre Einstellung zum Kollegen erläutern, dann würden vermutlich folgende Aussagen dabei herauskommen...

Mitarbeiter A: »Also der B ist ein ungeheurer Schlamper. Unmöglich, mit einer so unzuverlässigen Person zusammenzuarbeiten. Nie ist er pünktlich. Wie schon sein Arbeitsplatz aussieht. Da ist doch kein systematisches Arbeiten möglich.«

Mitarbeiter B. »Der A? Ein unmöglicher Pedant. Stammt bestimmt aus einer Lehrerfamilie und wäre wahrscheinlich besser ›Oberlehrer‹ geworden. Weiß immer alles besser. Guck mal hin, wie der schon seinen Schreibtisch organisiert hat. Der braucht doch drei Viertel seiner Zeit dafür, alles immer ›Eck auf Eck‹ zu legen. So was von einem knochentrockenen Menschen mit so wenig Humor ist mir überhaupt noch nicht untergekommen.«

Nun, aus seiner ›Wirklichkeit‹ heraus hat jeder den anderen entsprechend eingeschätzt und bewertet. Wird nun der Vorgesetzte um seine Meinung befragt, der keine der beiden Veranlagungen so stark bei sich ausgeprägt hat, dann würde dieser seine Mitarbeiter vielleicht folgendermaßen beurteilen: »Der Mitarbeiter A ist absolut zuverlässig. Es ist schon phantastisch, wie genau er in unserer Buchhaltung arbeitet. Da weiß ich, uns geht kein Pfennig verloren. Er ist ein pünktlicher, ehrlicher und fleißiger Mann. Na ja, besonders kreativ ist er nicht, das stimmt schon, aber in der Buchführung kommt es ja auch nicht so sehr auf Kreativität wie auf Zuverlässigkeit an. Und über B: Ja, das ist schon ein Hauptgewinn für unser Unternehmen. Er ist zwar ein typischer ›Chaot‹ – aber was der uns durch seine Ideen schon an Geld eingebracht hat, das ist unglaublich.«

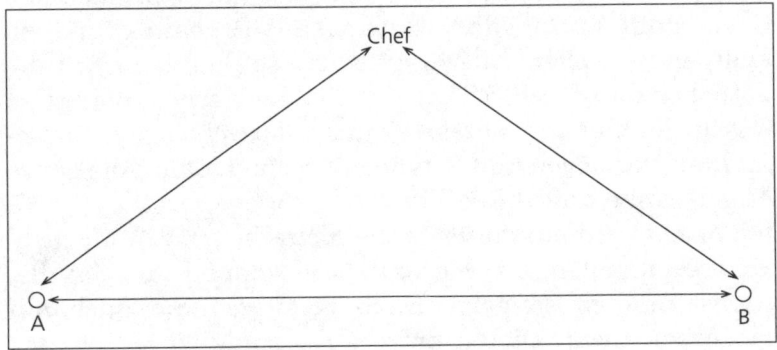

Wenn wir diese und andere Situationen den Mitarbeitern verdeutlichen und aus der eigenen Einstellung und Veranlagung heraus die anderen Kollegen beurteilen, ergibt sich meist eine größere *Toleranzfähigkeit* untereinander. Wobei Beurteilen noch relativ ist, denn in der Regel werden die Menschen, die einem von der Veranlagung her entgegenstehen, völlig abgelehnt und ›bekämpft‹. Wir stellen dann den Toleranzkreis (nach Gerd Ammelburg) vor und lassen diesen, in Plakatform vergrößert, immer im Besprechungsraum hängen. Auch in allen Abteilungen wird dieser Toleranzkreis mit den verschiedenen Charakteren und deren Veranlagungen aufgehängt. Kommt es zu Konflikten, werden die »Streithähne« immer erst einmal zu diesem Toleranzkreis geführt, sie lesen ihn durch, und es wird darüber gesprochen – und oft löst sich dann der Konflikt zu einem Großteil auf.

Was ebenfalls eine sehr positive Wirkung auf das Betriebsklima haben kann, ist ein sogenannter ›heißer Stuhl‹. Dabei durchlaufen die Mitarbeiter in kleinen Gruppen verschiedene Prozesse, bei denen dann am Ende ganz offene Konfliktund Lobrunden stehen. Dieser ›heiße Stuhl‹ ist für viele Menschen vielleicht das Härteste, was sie in ihrem Leben durchgemacht haben – aber er schweißt das Team zusammen, löst viele Konflikte auf und legt damit oftmals den Grundstein für die dann stattfindende Revolution in allen anderen Bereichen. Allerdings ist ein solcher ›heißer Stuhl‹ natürlich nur durchführbar mit einem externen, neutralen Coach, der hier über entsprechend viel psychologisches Einfühlungsvermögen und Erfahrung verfügt, damit die ganze Angelegenheit nicht eskaliert.

Ich möchte nun an dieser Stelle nicht die ganzen Möglichkeiten aufzählen, die Sie umsetzen können, um das Betriebsklima zu steigern. Dazu benötigen Sie mich mit Sicherheit nicht. Die Grundvoraussetzung ist jedoch, daß Sie sich generell einmal Gedanken über die Beziehung zwischen dem Top-Management zu den Mitarbeitern und den Mitarbeitern untereinander machen. Sind die Mitarbeiter nur ›Humankapital‹ (welch schreckliches Wort, drückt es doch aus, daß die Mitarbeiter, die Menschen, nichts anderes als eine Ressource sind – genauso wie Material und sonstiges), oder sind die Mitarbeiter der zentrale Erfolgsfaktor Nummer 1 für Sie? In *Sicher zum Spitzenerfolg* habe ich viele Möglichkeiten dargestellt, wie Mitarbeiter zu motivieren sind, das Betriebsklima gesteigert werden kann usw. Doch all dies sind nur die Auswirkungen – entscheidend für den Erfolg ist Ihre Grundeinstellung. Lieben Sie Ihre Mitarbeiter? Sie schmunzeln? Doch bedenken Sie: Das ist die wesentliche Voraussetzung, um die von mir beschriebenen Maßnahmen letztendlich erfolgreich umsetzen zu können.

Sehr gut umgesetzt hat dies anscheinend Wolfgang Grupp von der Trigema in Burladingen. Grupp sieht sich zwar selber als Unternehmer mit einem patriarchalisch zu bezeichnenden Führungsstil, jedoch bezeichnet er sein Unternehmen und seine Beschäftigten etwas altmodisch als eine große Familie. Im Hause Trigema gibt es, egal auf welcher Ebene, kaum Fluktuation. Die Mitarbeiter verehren und vergöttern ihren Firmenchef, weiß ein Burladinger zu berichten, der ausnahmsweise nicht bei Trigema arbeitet. Einen Betriebsrat hat die Belegschaft zwar gewählt, jedoch gibt es hier keinerlei Probleme. Warum auch? Wolfgang Grupp kümmert sich um seine Mitarbeiter. Jederzeit können diese ihn anrufen oder zu ihm kommen, wenn sie ein Problem haben – ohne jegliche vorherige Anmeldung. Die Kinder seiner Beschäftigten erhalten alle ausnahmslos einen Ausbildungsplatz in seinem Unternehmen. Und er bezieht die Beschäftigten sogar in sein Familienleben mit ein. Als Grupp 1988 seine Hochzeit feierte, war es für ihn selbstverständlich, seine gesamte Trigema-Betriebsfamilie einzuladen. Essen und Getränke kamen dabei von Münchens Edel-Gastronom Käfer…!!

Hüten Sie sich allerdings auch vor einem allzu harmonischen Betriebsklima. Etwas ›Zoff‹ ist dann und wann gar nicht so negativ, ›rüttelt‹ es doch das Unternehmen wieder einmal so richtig ›durch‹. Konflikte sind nicht schlimm, schlimm ist nur, wenn Konflikte nicht offen ausgetragen werden. Ich habe die Erfahrung gemacht, daß ausgetragene Konflikte, die in einer entsprechenden Form besprochen werden, oftmals der Anfang eines weiteren Fortschritts sind. Jedes Problem, jeder Mißerfolg, also auch jeder Konflikt ist eine Krise, und in jeder Krise liegen genügend Chancen, die es zu nutzen gilt.

Auf jedes Chaos folgt eine Neuordung!

Zum einen gibt es auf Dauer die ›Friede-Freude-Eierkuchen-Mentalität‹ in der Praxis sowieso nicht, zum anderen ist es oftmals so, daß die Konflikte, die überall existieren, lediglich unterdrückt und »unter den Teppich gekehrt« werden. Schaffen Sie also ein Klima, in dem Konflikte vorgetragen werden können. Beginnen Sie auch hier wieder als Reformer bei sich selbst. Schaffen Sie ein offenes Klima, öffnen Sie Ihre Bürotüre. Seien Sie bereit, die Kritik Ihrer Mitarbeiter anzunehmen und sich darüber zu unterhalten.

Ein weiterer wichtiger Faktor ist das Arbeitsklima. Schaffen Sie für den einzelnen Mitarbeiter ein angenehmes Arbeitsklima, geben Sie ihm alle Möglichkeiten und Mittel, die er benötigt, um seinen Job erfolgreich auszuführen. Das wichtigste ist, daß Sie Ihren Mitarbeitern zuerst Sicherheit geben. Hier spreche ich vor allen Dingen eine Arbeitsplatzgarantie an. Diese gilt natürlich nicht uneingeschränkt und soll kein Freifahrtschein für Faulpelze oder Verweigerer sein, aber sie soll den eigentlich motivierfähigen Mitarbeitern die Grundlage für eine stärkere Beteiligung am Betriebsgeschehen geben. Der englische Automobilhersteller Rover gab seinen Mitarbeitern 1994 diese Beschäftigungsgarantie. Auch wenn sich die Mitarbeiter mit kostensenkenden Verbesserungsvorschlägen die eigenen Jobs wegrationalisieren, werden sie weiterhin bei Rover beschäftigt sein. Dies gibt natürlich Sicherheit und schafft erst das Klima, das notwendig ist, damit alle Mitarbeiter gemeinsam an der Verwirklichung der Teilziele und der Vision arbeiten können.

Rover hat aber noch viel mehr grundlegende Wandlungen im Unternehmen durchgeführt: Die Arbeiter müssen nicht mehr an der Stechuhr stempeln, wer krank ist, muß nicht mehr wie früher zwei Tage Lohnabzug hinnehmen. Dafür führen Teamleader, wie Gerald Thomson, jetzt genau Buch, wer wie häufig fehlt. Strichlisten prangen – für jedermann sichtbar – an Steckwänden am Fließband. Notorisch Abwesende und Zuspätkommer, die das nicht abschreckt, kriegen schnell Ärger mit den Kollegen, die ihre Arbeit mitmachen müssen. »So was«, klatscht Teamleader Thomson laut in die

Hände, »bedeutet einen riesigen Druck für die Leute, die zur Arbeit kommen.« Rover-Personalchef Bower konnte gleich den Erfolg dieser neuen Einstellung an die Mutter in München mit Zahlen belegen. Die Fehlzeiten sind von 9 auf 6 Prozent gefallen, und die Produktivität ist in manchen Werken um 20 Prozent gestiegen. 1993 gaben bei einer Umfrage unter den Beschäftigten ca. 65 Prozent der Mitarbeiter an, sie seien stolz darauf, bei Rover zu arbeiten – 1994 waren es bereits 87 Prozent. Diese Zahlen belegen, welche Erfolge möglich sind, wenn es ein Unternehmen wirklich ernst meint mit einer grundlegenden *Revolution im Software-Bereich*.

Die Produkte werden immer ähnlicher, die Preise immer vergleichbarer. Kein Wunder, daß die »weichen« Faktoren, also die ›*Software*‹, immer mehr an Bedeutung gewinnen. Doch die ›*Software*‹, das sind eben in erster Linie die Mitarbeiter. Diese müssen an vorderster Front die Strategien und Visionen des Unternehmens umsetzen, und sie sind verantwortlich für die ›Momente der Wahrheit‹ – deshalb gebührt ihnen ein Großteil der Aufmerksamkeit des Top-Managements. Wie wäre es denn damit, daß nicht die Führungskräfte die Mitarbeiter jährlich beurteilen, sondern einmal jährlich die Mitarbeiter ihre Vorgesetzten? Dies kehrt natürlich die ganze Hierarchie von oben nach unten komplett um, aber vielleicht hilft das, Ihren Führungskräften zu verdeutlichen, daß nicht mehr das Anordnen von oben, sondern das Coachen, das Zusammenhalten, das Motivieren des Teams die Führungsaufgabe der Zukunft sind. Wie bereits mehrfach erwähnt, ist es zwingend notwendig, daß Ihre Manager für diese Aufgaben zum einen sensibilisiert werden, zum anderen hier eine entsprechende Aus- und Fortbildung in den Bereichen Persönlichkeitsentfaltung und Umgang mit Menschen erfolgt.

Eine Gruppe Ihrer Mitarbeiter ist es, die der Demotivation am stärksten ausgesetzt sind: Ihr Außendienst. Die Außendienstler erhalten Druck von beiden Seiten: Auf der einen

Seite laden die Kunden all ihre Beschwerden, ihre Mißstände, ihre Preisforderungen bei den Außendienstlern ab. Auf der anderen Seite, wenn sie dann in den Kontakt mit dem Innendienst treten, erhalten sie hier ebenfalls Druck. Kaum erreichbare Verkaufsvorgaben und Forderungen, die Abschmetterung von Verbesserungsvorschlägen, die vom Außendienst (eigentlich Ihrem ›Secret Service‹) an den Innendienst weitertransportiert werden. Nutzen Sie doch lieber Ihren Außendienst dazu, möglichst rasch »Frühwarnindikatoren« zu erhalten. Lange bevor Ihre Zahlen Rückschlüsse über Strategien zulassen, erhalten Sie bereits ein Feedback Ihrer Kunden. Warum aber verhalten sich die meisten Manager genau gegenläufig? Anstatt den Außendienst zu motivieren, zu begeistern, ihn als Informationsquelle zu nutzen, wird der Außendienst unter Druck gesetzt und eher ›mundtot‹ gemacht.

Gestalten Sie den Arbeitsplatz, die Arbeitsumgebung Ihrer Mitarbeiter so angenehm wie möglich. Um dies durchzuführen, benötigen Sie jedoch wieder die Informationen Ihrer Mitarbeiter, was diese darüber denken. Bevor Sie also investieren oder mit dem Umorganisieren beginnen, stellen Sie Ihren Mitarbeitern doch einmal folgende Fragen:

Fragen an jeden Mitarbeiter (einmal jährlich)

① Was haben Sie für Ziele?
② Was ist für Sie der wichtigste Grund, in unserer Firma zu arbeiten?
③ Was würden Sie gerne verbessern?
④ Haben Sie alle Möglichkeiten und Mittel dazu?
⑤ Was erwarten Sie von mir als Führungskraft? Wie kann ich Sie unterstützen?
⑥ Sind Sie mit Ihrer Arbeitsumgebung zufrieden?
⑦ Was wünschen Sie sich für Dinge und Mittel in Ihrer Umgebung?

⑧ Haben Sie irgendwelche Sorgen oder Probleme? Kann ich Ihnen dabei irgendwie helfen?

⑨ Welche Arbeiten und Tätigkeiten machen Sie gerne, welche nicht so gerne?

⑩ Was könnte ein Grund für Sie sein, einmal bei unserer Firma aufzuhören?

⑪ Wie könnte das Betriebsklima verbessert werden?

⑫ Was könnte ich als Vorgesetzter besser oder anders machen? Wie könnte ich mich besser verhalten?

Dies sind natürlich nur einige Fragen, die Sie allen Ihren Mitarbeitern in regelmäßigen Abständen stellen sollten. Sie werden überrascht sein, mit welchen Kleinigkeiten Sie oft das Leben Ihrer Mitarbeiter angenehmer gestalten können. Eine meiner Mitarbeiterinnen führte viele Arbeiten, vor allem Arbeiten, bei denen sie Ruhe benötigte, zu Hause aus. Im Laufe der Zeit sammelte sich hier natürlich sehr viel Material und Unterlagen an. Auf obige Fragen bemerkte sie, ob es denn möglich wäre, eines der alten Regale, die wir im Keller ausrangiert hatten, mit nach Hause zu nehmen und dort zu nutzen. Natürlich war das möglich. Diese kleinen Dinge, die oftmals überhaupt keine finanziellen Investitionen bedeuten, sind es, die das Leben der Mitarbeiter angenehmer machen können. Und Mitarbeiter verbringen 50 bis 80 Prozent ihrer zur Verfügung stehenden bewußten Lebenszeit innerhalb der Firma. Ist es da nicht sogar unsere Pflicht, ihnen das Leben angenehm zu machen, dafür zu sorgen, daß sie dort, wo sie die meiste Zeit ihres Lebens verbringen, ein wenig Spaß und Freude haben? Und wenn Ihnen diese »Revolution« gelingt, dann werden Sie erleben, wie aus diesem Spaß, aus dieser Freude mehr Leistung entsteht – ohne Druck, ohne Zwang, einfach aus der Freiwilligkeit, aus der Selbstverwirklichung der Mitarbeiter heraus.

Das beste Arbeitsklima schaffen Sie dann, wenn Sie Ihre

Mitarbeiter anerkennen und loben. Jeder Mensch strebt danach, und vielfach ist das eines der Hauptantriebsmotive für den Menschen. Bei McDonald's gibt es schon seit vielen Jahren einen weltweiten Wettbewerb, den sogenannten ›Mitarbeiterzehnkampf‹ (wie z. B. Pommes braten, Hamburger belegen usw.). Hier gibt es dann in den einzelnen Regionen verschiedene Ausscheidungswettkämpfe, die Sieger kommen zu Landeswettbewerben, ehe dann bei einem Treffen der ›Besten‹ der Weltsieger gekürt wird. Der ganze Wettkampf dauert ein halbes Jahr und kostet McDonald's eine halbe Million Dollar. Ziel von McDonald's ist es, den Stolz der Mitarbeiter auf ihr Unternehmen und auf sich selbst zu fördern.

Kommunizieren Sie mit Ihren Mitarbeitern

Sicherlich werden einige Manager diesen Absatz sehr schnell ›überlesen‹ – denn alles ist doch selbstverständlich, ist ein alter Hut für sie. Ist es das wirklich? Die fehlende, mangelhafte Kommunikation ist schuld, daß in vielen Unternehmen die Möglichkeiten nur zu einem Bruchteil genutzt werden. Ja, in vielen Unternehmen hat man es verstanden, Büros derart zu rationalisieren, daß möglichst kurze Wege zum Kopierer entstehen, daß Kaffeepausen und Kaffeeholen möglichst eingeschränkt werden usw. Soll ich Ihnen verraten, was wir anstreben? Wir planen möglichst weitläufige Wege. Wir schaffen Möglichkeiten, Kaffee zu holen und sich dort mit den Kollegen, vielleicht auch aus ganz anderen Bereichen, zu unterhalten. Wir überlegen uns jede auch nur erdenkliche Möglichkeit, um Mitarbeiter zusammenzubringen und die Kommunikation anzuregen. Natürlich sollten dabei auch die Manager möglichst oft mit dabeisein.
Wissen Sie eigentlich, daß die meisten Innovationen und Problemlösungen nicht während der Arbeitszeit, sondern

abends bei einem Glas Bier oder bei einem gemeinsamen Saunabaden nach einem Tennismatch entstehen? Reißen Sie die Barrieren in Ihrem Unternehmen ein. Lösen Sie das ›Schubladendenken‹ auf, und mischen Sie die einzelnen Abteilungen. Wie wäre es zum Beispiel, wenn Sie in Ihrem Unternehmen ein Betriebscafé oder eine Betriebsbar einrichten? Sehen Sie sich doch die meisten Kantinen einmal an: unpersönlich, steril – Krankenhausatmosphäre. Haben Sie da etwa Lust – von den Mittagspausen einmal abgesehen –, sich dort auch nach Feierabend noch zwei Stunden zu unterhalten, ein Glas Bier zu trinken und sich mit netten Kollegen zu unterhalten? Aber nein, denn auf eine solch ›schwachsinnige‹ Idee kann ja auch nur ein völlig theoretisch denkender Unternehmensberater kommen. Und die Kosten, die dabei entstehen, die Ablenkung für die Mitarbeiter – diese sollen schließlich im Unternehmen arbeiten und Leistung erbringen, denn dafür werden sie bezahlt und nicht fürs Biertrinken!

Die Kommunikation ist in den meisten Unternehmen deshalb so katastrophal, weil sich niemand wirklich Gedanken darum macht, wie Information durch verschiedene Kommunikationswege und -mittel transportiert werden könnte. Wie viele Unternehmen besitzen eine Firmenzeitung? Und wie viele dieser Firmenzeitungen sind wirklich für die Mitarbeiter gemacht? Sehen Sie sich die Firmenzeitungen an: Da gibt es einen Vorstandsvorsitzenden (der sich meist selbst beweihräuchert), der ein paar Informationen, ein paar Vorschriften herausgibt – das war's! Nein, so kann Kommunikation nicht funktionieren. Kommunikation muß Spaß machen, Kommunikation muß die Mitarbeiter zum Mitmachen und Nachdenken anregen. Für eine Firmenhauszeitung braucht man deshalb einen absoluten Profi. Er muß die Fähigkeit besitzen, in Kontakt mit den Mitarbeitern zu treten. Er muß aus den Mitarbeitern »heraushören«, was diese fühlen, denken und wollen. Er muß aber auch gleichzeitig einen guten Draht zum Top-Management besitzen, um auch dessen Ziele und Wünsche zu transportieren. Das Ganze muß dann außerdem noch hübsch verpackt werden, denn eine solche Firmenhauszeitung muß den öffentlichen Medien in puncto Layout schon standhalten können, wenn sie nicht unmittelbar nach dem Verteilen sofort im Papierkorb landen soll.

Ein weiterer Punkt sind die Pinwände. Pinwände werden viel zuwenig in den Firmen eingesetzt. Wie sieht eine gute Pinwand aus? Nun, in jeder Abteilung existiert eine möglichst große Pinwand, die in unterschiedliche Bereiche eingeteilt ist. Dort werden nun Informationen und Rundläufe, welche die Abteilung betreffen, veröffentlicht. Jeder Mitarbeiter hakt dabei einfach seinen Namen ab, und sobald der letzte Mitarbeiter unterschrieben hat, verschwindet die Information. Natürlich gibt es hier auch bestimmte ›Pinwand-Regeln‹: Wer die Nachricht nicht gelesen und abgehakt hat, obwohl er an diesem Tag arbeitete, erhält dafür sicherlich einen ›Rüffel‹. Für die Pinwand-Pflege muß natürlich ebenfalls jemand zuständig sein (allerdings nicht gleich wieder eine neue Stelle schaffen, denn es gibt meist einen kreativ veranlagten Mitarbeiter, der sich gerne um die Pflege der Pinwand kümmert). Neben Infos können aber auch mal ein Witz, eine Anekdote, Zahlen und Betriebsergebnisse, Vorgaben und vieles mehr veröffentlicht werden.

Eine weitere Möglichkeit besteht in der universalen Vernetzung aller Mitarbeiter. Gibt es in Ihrem Unternehmen zentrale Datenbanken, auf die alle Mitarbeiter jederzeit zugreifen können? Die weltweit größte Unternehmensberatung, McKinsey, besitzt eine solche Datenbank: Alle Berater in allen Ländern können jederzeit auf diese Datenbank zurückgreifen und dort entsprechende Informationen abrufen. (Inline hat dieses ›Mammutprojekt‹ ebenfalls umgesetzt und startete zum 1. 1. 1996 seine Datenbank.) Warum

»vernetzen« Sie Ihre Mitarbeiter nicht mit dem Ziel, möglichst wenig Papier im Betrieb fließen zu lassen?
Existiert in Ihrem Unternehmen eine Betriebsphilosophie? Gibt es diese auch in schriftlich aufbereiteter Form? Nun, bei der SAS-Fluggesellschaft erhielt jeder der 20 000 Mitarbeiter ein kleines rotes Büchlein mit dem Titel *Wir packen es gemeinsam an!* Diese Veröffentlichung vermittelte dem Personal in sehr knapper Form dieselben Informationen über Vision und Ziel des Unternehmens, an denen der Aufsichtsrat und die oberste Geschäftsleitung sich bereits orientierten. Dieses Büchlein war sehr simpel aufgemacht, mit Comic-Karikaturen, welche die verschiedenen Teilaspekte der Firmenphilosophie in recht anschaulicher und lustiger Form darstellten. Sie halten so etwas für überflüssig? Nun gut, wie soll Ihr Mitarbeiter in einem ›Moment der Wahrheit‹ richtig reagieren, wenn er vielleicht noch niemals in adäquater Form die Firmenphilosophie erklärt bekommen hat?
Wie steht es mit der persönlichen Kommunikation vom Top-Management zu den Mitarbeitern? Gibt es ab und zu mal Versammlungen aller Mitarbeiter, bei denen dann die Unternehmensleitung die Mitarbeiter zum einen informiert, zum anderen aber auch für die zukünftigen Aufgaben motiviert? Sie kennen doch die Ansteckungskraft der Gefühle: Je größer eine Menschenansammlung ist, desto leichter werden Gefühle übertragen, lassen sich Menschen von den Gefühlen anderer anstecken. Wenn Sie nur bei einigen wenigen Mitarbeitern einer solchen Versammlung den Funken der Begeisterung übertragen können, werden diese (das Ganze geht automatisch, geht über das Unterbewußtsein) die eigene Begeisterung weitergeben, bis schließlich alle Kollegen im Saal ›angesteckt‹ sind.
Sie glauben nicht an diese Theorie? Nun, als kleiner Junge war ich einmal bei einer Veranstaltung, bei der ein Blitz einschlug und es zu brennen anfing. Es war nur ein kleiner

Brand, örtlich begrenzt. Wenn sich nun alle Besucher kontrolliert und geordnet verhalten hätten, wäre das Zelt sehr schnell geräumt gewesen. So aber brach eine Panik aus, obwohl über Lautsprecher versucht wurde, die Menschen zu vernünftigem Verhalten anzuleiten. Die Ansteckungskraft der Gefühle war einfach zu groß: Die ›vernünftigsten‹ Leute gerieten in Panik und trampelten alles nieder, was ihnen im Wege stand. Damals hatte mein Vater geistesgegenwärtig reagiert und ist zusammen mit mir auf einen Tisch gestiegen, wartete ab, bis die Menschenmassen den Ort verlassen hatten, um dann in aller Ruhe mit mir hinauszugehen. Etwa zwei Dutzend Menschen hatte es dagegen schwerer getroffen: Sie wurden von der in Panik geratenen Menge einfach niedergetrampelt und verletzten sich teilweise schwer. Nutzen Sie doch diese psychologische Erkenntnis der ›Ansteckungskraft der Gefühle‹, und ergreifen Sie die Chance, Ihre Mitarbeiter ab und zu einmal zu versammeln, um ein neues ›Wir-Gefühl‹ zu vermitteln.

Über die Verpflichtung zur Aus- und Fortbildung habe ich bereits ausführlich in diesem Buch gesprochen. Noch einmal: Das Beratungsunternehmen Anderson Consulting empfiehlt, 6 Prozent des Umsatzes in die Aus- und Fortbildung zu investieren. Ganz so hoch würde ich nicht gehen, ist es doch abhängig von den einzelnen Branchen. Eines aber scheint gesichert: Die Etats für die Aus- und Fortbildung müssen noch stärker und schneller gesteigert werden. Einige der erfolgreichsten und bekanntesten Firmen haben dies bereits umgesetzt: Die Disney Company und McDonald's haben schon vor vielen Jahren eigene Ausbildungs-Universitäten gegründet. Heute besuchen dort im Jahr bis zu 40 000 Menschen die Kurse. In den Disneyland-Parks gibt es mit den besten Kundenservice weltweit (zumindest in den USA und in Japan). Wußten Sie aber auch, daß viele der an sich so selbstverständlichen Aufmerksamkeiten in diesen Universitäten gelernt werden? So gibt es Hunderte von

Standards, die jeder Disneyland-Mitarbeiter auswendig kennt. Läuft ein Disney-Mitarbeiter an einem Besucher vorbei, der gerade fotografiert, so wird er sich sofort anbieten, das Foto zu schießen, damit der Besucher gemeinsam mit dem Motiv auf dem Bild festgehalten wird. Oder die Luftballon-Verkäuferin kniet sich zu den Kindern hin, wenn sie den verkauften Ballon überreicht, um dadurch auf gleicher Augenhöhe wie die Kinder zu sein. Sie sehen also:

Können ist Üben!

Der erste Schritt ist die Sensibilisierung. Wenn die Mitarbeiter nicht wissen, was guter Kundenservice ist, wie sie sich in einem ›Moment der Wahrheit‹ zu verhalten haben – dann ist die Wahrscheinlichkeit einfach groß, daß sie einen Fehler begehen. Nach der Sensibilisierung aber kommt das Training, kommt die Wiederholung, bis alle Abläufe, alle vorgegebenen Standards auch wirklich sitzen. Eine richtige und gute Reklamationsbehandlung ist keine Zauberei, sie ist einfach die logische Konsequenz einer konsequenten Strategie. Zunächst einmal muß vom Top-Management die Entscheidung getroffen werden, wie auf Reklamationen reagiert werden soll. Wenn hier Kleinlichkeitsdenken und Pfennigfuchserei vorherrschen, kann nicht erwartet werden, daß der Mitarbeiter an der Kundenfront kundenfreundlich reagiert. Wenn hier also die Vision vorgegeben ist, wenn der Mitarbeiter entsprechende Verantwortung und Freiräume erhält, dann wird anschließend die Reklamationsbehandlung so lange geübt, bis der Mitarbeiter diese aus dem ›Effeff‹ beherrscht.

Ich könnte jetzt ein komplettes Buch über Mitarbeitermotivation schreiben – doch mir ging es in diesem Kapitel nur darum, Sie dafür zu sensibilisieren. Die Mitarbeiter sind

unser wichtigstes Gut. Sie besitzen vielleicht ein Einzelhandelsgeschäft. Sie haben gerade vor drei Jahren neu gebaut, und es ist das schönste Haus in Ihrem Einzugsgebiet. Wer gibt Ihnen eigentlich die Sicherheit, daß nicht in drei Monaten ein neuer Mitbewerber eröffnet, der noch schöner, noch größer, noch besser ist? Keiner! Die Software Ihres Unternehmens, das Know-how Ihrer Mitarbeiter jedoch wird er nicht so einfach übernehmen können. Für Geld läßt sich vieles kaufen, aber keine motivierten Mitarbeiter. Gerade im Sport erleben wir immer wieder, daß sich reiche Mannschaften Stars für teures Geld kaufen – aber Meister wird oftmals die Mannschaft mit den unbekannten Nobodys. Wenn Sie in Zukunft auch weiterhin erfolgreich sein wollen und Ihren Erfolg noch ausbauen möchten, dann müssen Sie lernen, Ihre Mitarbeiter zu lieben. Sie müssen lernen, daß die Mitarbeiter der Erfolgsfaktor Nummer eins sind – nicht das Top-Management! Denn die Mitarbeiter müssen das beim Kunden umsetzen, was sich die Manager ausdenken. Allerdings möchte ich Sie schon heute darauf hinweisen, daß dieser Prozeß sehr viel Geduld erfordert. Sie werden des öfteren Rückschläge erleben, und Sie werden des öfteren enttäuscht werden. Auch wird dieser Prozeß nie enden, Sie werden letztendlich nie zufrieden sein – aber ist es nicht gerade das, was dieses ganze ›Spiel‹ so interessant macht?
Ich bin beispielsweise stolz darauf, von meinen rund 35 INLINE-Beratern in den letzten sechs Jahren nur einen einzigen verloren zu haben. Dies ist im harten Beratungsgeschäft weltweit wahrscheinlich einmalig – eine Fluktuation unter 0,5 Prozent pro Jahr! Ich ›liebe‹ meine Mannschaft und weiß, ich könnte kein besseres Team haben. Doch glauben Sie auf der anderen Seite bitte nicht, daß es immer leicht ist. Ich habe sehr anspruchsvolle, sehr qualifizierte, ich habe einfach klasse Mitarbeiter. Klasse Mitarbeiter sind unbequem. Klasse Mitarbeiter machen ihren Mund auf. Klasse Mitarbeiter sind teilweise auch unverschämt. Klasse

Mitarbeiter gehen ihre eigenen Wege. Klasse Mitarbeiter sind anstrengend – aber ich garantiere Ihnen, es lohnt sich! Wenn Sie jedoch wirklich diesen konsequenten Weg der Mitarbeitermotivation gehen wollen, dann kalkulieren Sie auch ein, daß Sie sich selbst, Ihr eigenes Ego etwas zurücknehmen müssen. Denn klasse Mitarbeiter wollen auch im Blickpunkt der Öffentlichkeit stehen – und dies kollidiert oft mit dem Ego der Unternehmensspitze. Dafür arbeitet doch schließlich ein Manager, daß er sich irgendwann einmal im Glanz der Öffentlichkeit sonnen kann. Doch ein klasse Mitarbeiter hat ebenfalls dieses Bedürfnis. Und schon haben Sie einen Konflikt, der letztendlich dazu führt, daß entweder der Mitarbeiter freiwillig geht oder Sie ihm kündigen. Nein, Sie müssen schon akzeptieren, daß Sie sich selbst zurücknehmen. Der wirklich gute Manager gibt all sein Know-how weiter, macht sich überflüssig, wo es nur möglich ist, lehnt sich selbst zurück und wird gerade durch dieses Verhalten *unersetzlich*!

Es ist ein Irrglaube der meisten Manager, daß sie Wissen zurückhalten müßten, um dadurch unersetzbar zu sein. Denn ein ersetzlicher Manager hat Zeit, sich um neues Know-how zu kümmern. Ein ersetzbarer Manager hat die Möglichkeit, sich ganz ohne Zwang – ohne daß er sich ständig beweisen muß – um neue Visionen, um neue Ziele zu kümmern. Aber es ist natürlich ein harter Weg, es ist eine schwere Entscheidung. Ich kann es gut nachvollziehen, denn zum 1. Januar 1995 habe ich die komplette Struktur meines Unternehmens umgewandelt und alle Verantwortung weitergegeben und delegiert. Auch bei mir kam natürlich immer wieder die Stimme des Unterbewußtseins hoch, die mir angst machen wollte, die mir einredete, ich würde dadurch an Einfluß verlieren (seien wir ehrlich, auch ein bißchen an Macht). Doch aus meiner bisherigen Erfahrung kann ich nur sagen: Das Gegenteil ist der Fall! Durch Freiräume, die Sie sich schaffen (und schaffen können Sie sich diese Freiräume nur mit Hilfe Ihrer qualifizierten Mitarbeiter), haben Sie die einmalige Gelegenheit, wieder nach vorne zu blicken, wieder das zu sein, was ein Unternehmer sein sollte: *Ein Visionär, eine Lokomotive, der das Unternehmen mit sich zieht!*

Ihre großen Ziele erreichen Sie nur mit der Hilfe anderer Menschen!

Leitthesen zu Kapitel 10

① Die Denke Ihrer Mitarbeiter entscheidet über den zukünftigen Erfolg Ihres Unternehmens!
② Vermeiden Sie Demotivation!
③ Sorgen Sie für ein gutes Betriebsklima!
④ Lassen Sie einmal jährlich die Führungskräfte von den Mitarbeitern beurteilen!
⑤ Fördern Sie Ihre Mitarbeiter (manchmal auch durch Fordern)!
⑥ Investieren Sie verstärkt in die Aus- und Fortbildung Ihrer Mitarbeiter!
⑦ Kommunizieren Sie möglichst stark mit Ihren Mitarbeitern!
⑧ Ihre großen Ziele erreichen Sie nur mit Hilfe anderer Menschen!

11. Kapitel
Die Erdbeben-Strategie

> »Können Sie mir irgend etwas nennen, das
> funktioniert, wenn es der Staat macht?«
> *Milton Friedman*

Nachdem die bisherigen Kapitel dieses Buches Revolutionen im Bereich der privaten Unternehmen behandelten, müssen wir uns zukünftig auch Gedanken über einen Faktor machen, der in den letzten Jahren zunehmend die Entwicklung der Wirtschaft eher beschränkte denn förderte.

Gemeint ist der Staat!

Da es sich hier um ein Wirtschaftsbuch handelt, interessieren natürlich in erster Linie auch die wirtschaftlichen Maßnahmen, die der Staat ergreift. Selbstverständlich ist der Staat – und hier in erster Linie die amtierende Regierung – ständig dabei, in der Öffentlichkeit ihre Bemühungen im besten Licht darzustellen. Doch die Problematik beginnt bereits damit, daß von den 672 Abgeordneten des Deutschen Bundestages 46 Prozent Staatsdiener sind und nur 8 Unternehmer (Stand Oktober 1996). Damit will ich diesen Berufszweig nicht in irgendeiner Weise diskreditieren, doch ist es nun einmal eine Tatsache, daß – gerade in der Wirtschaftspolitik – Abgeordnete aus der Praxis, das heißt Unternehmer, ehemalige Manager, einfach über eine größere Erfahrung verfügen würden. An fähigen, geeigneten

Personen, die als Wirtschaftspolitiker sicherlich ausreichend Vorschläge für Verbesserungen hätten, würde es nicht fehlen.

Die meisten Wirtschaftsexperten ziehen es jedoch vor, im privatwirtschaftlichen Bereich zu verbleiben. Und so kommt es, daß ehemalige Lehrer in der Wirtschaftspolitik die Verantwortung tragen und Entscheidungen treffen, die Hunderttausende von Firmen und Millionen von Arbeitnehmern betreffen – Entscheidungen, die sich jedoch leider sehr oft eher als Hemmschuh denn als Förderung zum zukünftigen Wachstum erweisen. Ich möchte deshalb hier einmal einige – zugegebenermaßen provokante – Thesen veröffentlichen. Dabei handelt es sich nicht um meine rein private Meinung, sondern diese Thesen haben sich aus vielen Gesprächen mit Unternehmern und Führungskräften aus den verschiedensten Bereichen gebildet.

> **Die Hauptsache ist, es geht vorwärts –
> die Richtung ist egal!**

Was nützen alle Anstrengungen der Wirtschaft, wenn gleichzeitig der Staat in vielen Bereichen diese Anstrengungen wieder zunichte macht? Keine Sorge, ich möchte in diesem Buch nicht auf eine einzelne Partei oder auf bestimmte Politiker schimpfen, es geht mir um einen grundlegenden Strukturwandel unseres Staates. Dabei spielt es keine Rolle, ob nun eine andere Regierung die Macht hätte – geändert hätte sich zum Besseren wahrscheinlich nichts! Zum Zeitpunkt, als ich dieses Buch schreibe, wurde wieder eine Vielzahl von Steuern erhöht, unter anderem der Solidaritätszuschlag wieder neu eingeführt. Sehen wir uns doch einmal an, was ein Einzelhändler letztendlich eigentlich an Ertrag für sich übrig hat, wenn alle Steuern berücksichtigt werden...

Nehmen wir einmal an, so ein Einzelhändler erwirtschaftet innerhalb eines Jahres einen Einnahmenüberschuß in Höhe von 250 000 Mark. Als Einzelhändler führt er regelmäßig 15 Prozent Umsatzsteuer an den Staat ab. Von dem verbleibenden Ertrag wird dann die Gewerbesteuer berechnet. Der Restbetrag verkleinert sich dann nochmals recht deutlich, wenn nämlich das Finanzamt mit der Einkommensteuer zuschlägt. Ja, und jetzt, seit dem 1. Januar 1995, kommt dann natürlich noch der siebenprozentige Solidaritätszuschlag hinzu. Ach ja, die siebenprozentige Kirchensteuer auf die Einkommensteuer darf auch nicht vergessen werden. So, und von seinen Erträgen, die dann noch übrigbleiben, muß der Einzelhändler sich, seine Frau und seine beiden Kinder noch privat krankenversichern, er muß privat für seinen Lebensabend vorsorgen, und schließlich braucht er auch noch einen Versicherungsschutz, falls ihm ein Unfall zustoßen oder er Berufsinvalide werden sollte. Wenn all diese Steuern, Abgaben usw. abgezogen werden, verbleiben dem braven, fleißigen Einzelhändler letztlich gerade einmal ca. 80 000 Mark, also etwa ein Drittel seines ursprünglichen Überschusses.

Nun, bei diesem Beispiel könnte der Einzelhändler ja immer noch ganz gut leben. 80 000 Mark reines Nettojahreseinkommen ist mehr, als die allermeisten Arbeitnehmer verdienen. Doch der entscheidende Punkt ist der: Wie viele Klein- und Mittelunternehmer gibt es, die 250 000 Mark nach Abzug all ihrer sonstigen Unternehmenskosten übrigbehalten? Um so weit zu kommen, benötigt der Unternehmensgründer viele Jahre. Jahre der Entbehrung, Jahre der Sorgen, der Ängste und Nöte liegen möglicherweise hinter ihm. Außerdem kenne ich keinen Unternehmer, der nicht eine 70- oder 80-Stunden-Woche hätte. Während der vielen Jahre seiner Selbständigkeit mußte der Einzelhändler außerdem noch sehr viele Angriffe und Spott aus der Gesellschaft hinnehmen. Denn ein Unternehmer ist bei uns in

Deutschland ja nicht gerade gut angesehen – vielfach herrschen Neid und Mißgunst vor. Die Leistung in Deutschland lohnt sich oftmals nicht mehr. Aber das gilt nicht nur für die Selbständigen, sondern in gleichem Maße für die Arbeitnehmer. Die Kosten pro Arbeitsstunde in Deutschland liegen weltweit am höchsten – mit ca. 44 Mark im Industriebereich. Doch was bleibt den Arbeitnehmern davon letztendlich netto in der ›Lohntüte‹?

Subventions-Revolution

> **Subvention = Verschleierte Arbeitslosenunterstützung für unternehmens- und volkswirtschaftlich unnötige Arbeit**

Subventionen – immer wieder ein Thema, über das Politiker, Unternehmer und Bürger aus allen Lagern heiß und innigst diskutieren können. Solange es die eigene Person und den eigenen Bereich nicht betrifft, beklagen sich dabei alle über die immer stärker steigenden Subventionen. Kommt ein Politiker aber auf die Idee, auch nur ansatzweise einmal öffentlich über eine Kürzung der Subventionen in einem bestimmten Bereich nachzudenken, finden sofort Demonstrationen größeren Ausmaßes statt. Zwischen 1989 und 1993 erhöhten sich die Finanzhilfen von Bund und Treuhand sowie Steuervergünstigungen um 80 Prozent auf 150 Milliarden Mark (Quelle: Deutsches Institut für Wirtschaftsforschung DIW/Berlin). Bedenklich dabei ist, daß die Förderung zukunftsträchtiger Bereiche weiter an Bedeutung verloren hat. So sind 1993 in den alten Ländern 40 Prozent aller Subventionen in die Erhaltung unrentabler Produktionen geflossen. Immerhin die Hälfte aller Subventionen (1993: 51,4 Prozent) entfallen auf die Bereiche Agrar, Kohlebergbau, Wohnungsvermietung sowie Bahnen.

Gleichzeitig hat sich der Anteil von Fördermitteln für Forschung und Entwicklung in Unternehmen seit 1987 auf 4,7 Prozent stark verringert. Doch dies birgt natürlich eine große Gefahr für die wirtschaftliche Zukunft des Standortes Deutschland. Denn in den Zukunftstechnologiebereichen verliert Deutschland immer mehr den Anschluß. Und in den wenigen Bereichen, in denen Deutschland noch zu den führenden Nationen gehört, droht weitere Gefahr. Mit 90 Prozent Umsatzanteil ist Umwelttechnik ›Made in Germany‹ Weltmarktführer (Stand: 1994). Doch wenn wir das in Zukunft auch noch sein möchten, dann muß ein Umdenkungsprozeß stattfinden. Heute verkaufen wir in erster Linie klassische Reinigungs- und Filtertechniken, wie etwa für Klär- und Verbrennungsanlagen aller Art. Mittelfristig verlieren solche Technologien jedoch ihre heutige große Bedeutung. Das Münchner Ifo-Institut hat in einer Expertise festgestellt, daß die Zukunft Produkten und Produktionsverfahren gehört, bei denen Schadstoffe erst gar nicht entstehen. Der Umwelttechnologiemarkt boomt: Von ca. 560 Milliarden Mark weltweitem Umsatz (1993) wird der Umsatz im Jahr 2000 auf ca. 900 Milliarden ansteigen. Doch von den mittlerweile ca. 30 000 weltweiten Wettbewerbern werden in Deutschland maximal 2000 überleben können. Anstatt also in nicht überlebensfähige Bereiche (Agrar, Kohle, Stahl usw.) zu investieren, sollte, wenn überhaupt, eine Förderung der Zukunfts-Technologie-Märkte erfolgen.

In Deutschland hat sich im Laufe der Jahrzehnte ein Subventions-Dschungel entwickelt, den eigentlich niemand mehr – wahrscheinlich auch nicht die verantwortlichen Politiker und Beamten in den Ministerien – überschauen kann. Da es als Unternehmensberater meine Aufgabe und die meiner Mitarbeiter ist, für unsere Kunden die bestmöglichen Empfehlungen zu geben, haben wir einen kleinen Einblick darüber erhalten, welche Möglichkeiten der Subventionen existieren, doch ist es – obwohl es zum Nutzen vieler unserer Kunden ist – teilweise einfach nicht mehr nachvollziehbar, wie leichtfertig Steuergelder verschwendet werden. Aufgrund der vielen Lobbyisten haben aber die Politiker fast keine Handlungsfreiheit mehr darüber, einzelne Subventionen zu streichen oder zumindest zu kürzen. Als der FDP-Politiker und ehemalige Wirtschaftsminister Jürgen Möllemann seinerzeit forderte, pro Jahr 10 Milliarden Mark Subventionen einzusparen, so war dies eine ehrenvolle Absichtserklärung – sie wurde jedoch nicht einmal zu einem Bruchteil verwirklicht! Betrachten wir alleine die großen ›Subventionstöpfe‹ für die Landwirtschaft, für den Kohlebergbau und die stahlerzeugende Industrie, dann ergeben sich alleine in diesen Bereichen riesige Einsparungsmöglichkeiten. Denn das ist eine der Hauptforderungen an die Adresse der Wirtschaftspolitiker:

Kontinuierliche Kürzung der Subventionsmittel!

Natürlich schreien bei dieser Forderung die Lobbyisten der einzelnen Branchen auf und zeichnen ein düsteres ›Horror-Szenarium‹. So geistern dann stets mehrere hunderttausend Arbeitslose mehr durch den Raum. Doch auf der anderen Seite sei die Frage erlaubt, ob der Staat sich wirklich in die Entwicklung der Wirtschaft – vor allem in die einzelner Branchen – einmischen darf. Der Markt regelt sich von alleine – das ist eine der Grundfesten des Kapitalismus, und bei allen Schwächen, die dieser besitzen mag, hat er sich bisher als die einzig mögliche, auf Dauer für die Menschen zufriedenstellende Gesellschaftsform erwiesen.
Nehmen wir beispielsweise die Branche der Videotheken. Davon existieren zur Zeit ca. 6000 in Deutschland. Aufgrund der zunehmenden Konkurrenz durch die Kinos sowie die ständige Ausweitung der TV-Kanal-Anbieter könnte es sein, daß diese Branche in größere Schwierigkeiten gerät.

Könnten Sie sich vorstellen, daß der Staat hier mit Subventionsmitteln eingreift, um diese Videotheken zu retten? Sicherlich nicht, da die Anzahl der zu rettenden Arbeitsplätze zu gering ist und Videotheken einfach keine Lobby entsprechender Größenordnung besitzen. Doch in der Landwirtschaft, in der Kohle- und Stahlerzeugung wird dies mittlerweile als ganz selbstverständlich erachtet.

Es ist doch einfach nicht mehr nachvollziehbar, wenn die Produktion von Getreide in der Europäischen Union so stark subventioniert wird, daß der Verkaufspreis günstiger liegt als die Produktionskosten von Getreide aus Ländern der Dritten Welt. Es entsteht die paradoxe Situation, daß Dritte-Welt-Länder, deren einzige wettbewerbsfähige Produkte eigentlich landwirtschaftliche Erzeugnisse sind, ihren benötigten Eigenverbrauch an Getreide dann aus Ländern der Europäischen Union kaufen. Da dadurch die Wirtschaft dieser Länder nicht in Schwung kommt, werden dann wieder durch andere Kanäle (Entwicklungshilfe, günstige Darlehen usw.) Gelder in die Dritte Welt transferiert, um diese am Leben zu erhalten.

Noch unverständlicher wird die ganze Subventionsproblematik im Bereich des Bergbaus. Kohle- und Stahlsubventionen verschlingen jährlich viele Milliarden Mark. 1992 wurde für jeden Beschäftigten im Steinkohlebergbau ca. 8830 Mark monatlich (!) an Subventionen gezahlt. Würde der gesamte Bergbau eingestellt und die Bergleute würden jeden Monat 5000 Mark (netto!) an Arbeitslosenunterstützung erhalten, würde der Staat immer noch Milliardenbeträge einsparen. Und würde man die bis zum Jahr 2000 beschlossenen Hilfen unter die Bergleute verteilen, würde dies für die Mitarbeiter der Ruhrkohle (oder der Saarbergwerke) eine staatliche Abfindung von rund 450 000 Mark pro Kopf bedeuten – also ein schönes Häuschen für jeden Kumpel! Dabei finden die Subventionen – einmal damit begonnen – kein Ende. Im Steinkohlebergbau stiegen die Sub-

ventionen je Beschäftigten von ca. 70 000 Mark im Jahr
1987 über ca. 85 000 Mark im Jahr 1989 auf 106 000 Mark
im Jahr 1992. Sollte diese Kurve proportional so anhalten,
würde in zehn Jahren jeder Arbeitsplatz mit ca. 150 000
Mark gefördert werden.

Das Problem besteht jedoch darin, daß auf der einen Seite
Branchen gestützt werden, die in Deutschland so gut wie
keine Zukunft besitzen, während auf der anderen Seite
wichtige Zukunftsbranchen – aufgrund der fehlenden Mittel – vernachlässigt werden.

Mir ist bewußt, daß diese These in den betroffenen Bereichen große Entrüstung hervorrufen wird, dennoch ist es
notwendig, etwas vorausschauender zu handeln und die
Märkte generell globaler zu betrachten. Ohne die Subven-
tionspolitik hätten viele Länder der Dritten Welt eine Chance für eigenes Wirtschaftswachstum. Dieses Wirtschaftswachstum würde dann dazu führen, daß die erwerbstätige
Bevölkerung dieser Länder ihrerseits wieder Bedürfnisse
an westlichen Produkten hätten. Was sich wiederum positiv
auf unser Bruttosozialprodukt auswirken würde.

Es ist einfach notwendig, sich damit abzufinden, daß wir
uns in Deutschland noch weiter von der Landwirtschaft und
der Industrie wegbewegen werden – hin zur Informations-
und Dienstleistungsgesellschaft. Würden wir uns auf diese
und andere wichtige Zukunftsbereiche konzentrieren, dann
– davon bin ich fest überzeugt – müßten wir uns langfristig
auch keine Sorgen über eine ausreichende Beschäftigungs-
lage der Bevölkerung machen.

Allerdings würde dies voraussetzen, daß auch die Arbeitnehmer selber zu einer Revolution bereit sind:

- Jeder Arbeitnehmer muß die Bereitschaft aufbringen,
  seinen Arbeitsplatz zu wechseln – notfalls auch mehrmals im Laufe eines Arbeitslebens!

- Jeder Arbeitnehmer muß die Bereitschaft aufbringen – auch über seine Schul- und Ausbildungszeit hinaus –, sich ständig fortzubilden und eine bessere Qualifikation zu erwerben. Die meisten Arbeitslosen sind entweder ungelernte Arbeitnehmer und – dies hat sich in den letzten Jahren ergeben – Akademiker aus dem Mittelmanagement.

- Jeder Arbeitnehmer muß bereit sein, seinen erlernten Beruf zu wechseln. In meiner Heimatstadt Schweinfurt schnellte aufgrund größerer Schwierigkeiten bei den drei traditionellen Großbetrieben (FAG Kugelfischer, SKF, Fichtel & Sachs) die Arbeitslosenquote in der Stadt selbst auf fast 15 Prozent hoch – eine der höchsten Arbeitslosenquoten in Westdeutschland. Dennoch gab es zum Zeitpunkt, als ich dieses Buch schrieb, einen Mangel an Handwerkern jeglicher Art (Schreiner, Schlosser, Maurer) sowie an ausgebildeten Fachkräften für die Großindustrie (zum Beispiel Werkzeugmacher, Maschinenschlosser, CAD-Fräser). Einige entlassene Arbeitnehmer nahmen das Schulungsangebot des Arbeitsamtes wahr und bildeten sich im Bereich ›CAD‹ weiter – bereits drei Monate vor Ende der Ausbildung hatten alle Beteiligten bereits wieder einen festen Arbeitsplatz.

Versteuern von Lohn und Unternehmensgewinnen

In Deutschland haben wir die höchsten Lohnkosten der Welt – eine Arbeitsstunde kostet ca. 44 Mark. Trotz dieser hohen Bruttokosten verbleiben einem Arbeitnehmer, nachdem zum 1. Januar 1995 auch noch der Solidaritätszuschlag eingeführt wurde, wenig mehr als die Hälfte des Bruttolohns. In den letzten fünfzehn Jahren sind die Lohnnebenkosten (Krankenkassenbeiträge, Arbeitslosenversicherung, Rentenversicherung, Lohnsteuer) ständig erhöht

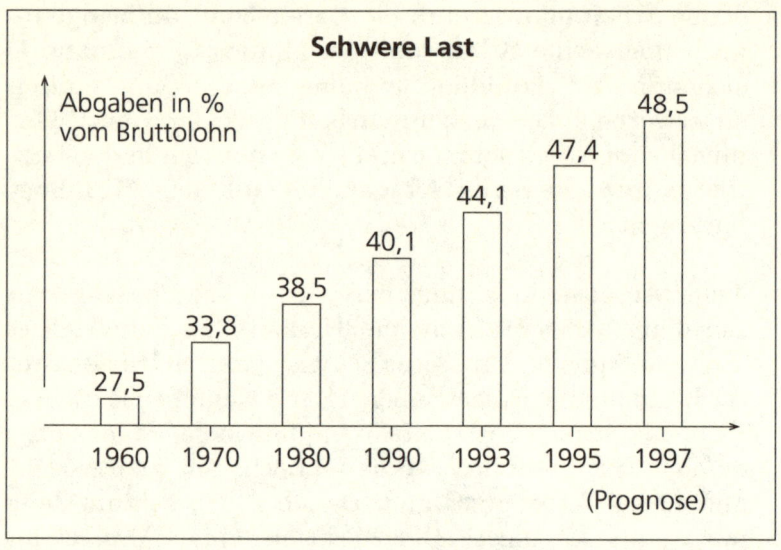

Schwere Last

Abgaben in %
vom Bruttolohn

27,5 — 1960
33,8 — 1970
38,5 — 1980
40,1 — 1990
44,1 — 1993
47,4 — 1995
48,5 — 1997
(Prognose)

worden. Dies ist natürlich kontraproduktiv, da sich dadurch die Produktionskosten spürbar verteuern, während den Arbeitnehmern trotzdem keine höheren Nettoerträge verbleiben. Auch hier hat der Staat eigentlich die Pflicht, dafür zu sorgen, daß die Besteuerung der Arbeit möglichst gering ausfällt.

Eine Möglichkeit wäre eine ›konzertierte Aktion‹, bei der Arbeitgeber, Gewerkschaften und Regierung zusammen ein Modell für die nächsten vier bis fünf Jahre entwickeln. Demzufolge müßten die Lohn- und Einkommensteuer deutlich gesenkt werden, müßte die Inflationsquote unter der Ein-Prozent-Marke liegen, müßten sich die Arbeitnehmer bereiterklären, dafür auf eine Lohnerhöhung innerhalb dieser Zeitdauer zu verzichten. Auf diese Weise würde sich innerhalb von vier Jahren allein eine Produktivitätssteigerung von bis zu 20 Prozent ergeben. Natürlich würden dem Staat auch entsprechende Einnahmen fehlen, jedoch könnte dies durch eine entsprechende Steigerung des Bruttosozialproduktes mehr als ausgeglichen werden. Wenn es dem Staat dann außerdem gelingen würde, die weiteren Lohnnebenkosten wie die Arbeitslosenversicherung und die Krankenkassenbeiträge zu senken, dann würde Deutschland in bezug auf die Personalkosten im Vergleich zum internationalen Wettbewerb bedeutend besser dastehen als heute. Doch unser Staat verhält sich genau gegenteilig: Er führt den Solidaritätszuschlag neu ein und demotiviert dadurch Arbeitgeber und Arbeitnehmer gleichermaßen.

Ich weiß, daß viele ›Experten‹ mir nun lang und ausführlich erklären könnten, daß diese von mir aufgestellte These so nicht funktionieren würde, ein riesiges Loch im Bundeshaushalt zur Folge hätte und sich die negativen Folgen insgesamt noch gar nicht einschätzen ließen. Doch vergleicht man erfolgreiche Beispiele aus anderen Ländern, dann könnte an dieser These doch einiges stimmen. Hongkong zum Beispiel bietet ideale Geschäftsbedingungen: Nur vier von zehn Bürgern müssen Einkommensteuern zahlen; der Spitzensteuersatz ist gerade eben auf 15 Prozent gesenkt worden; Kapital kann frei im- und exportiert werden; der Anteil der öffentlichen Ausgaben am Bruttoinlandsprodukt beträgt weniger als 20 Prozent – nicht einmal die Hälfte des deutschen Satzes. Gouverneur Chris Patten wird den Chinesen 1997, wenn Hongkong an das Reich der Mitte zurückgegeben wird, einen stattlichen Budgetüberschuß von 38 Milliarden Mark überlassen. Großbritannien hat in den letzten zehn Jahren konsequent an niedrigeren Lohnnebenkosten gearbeitet – im September 1995 gab Siemens bekannt, daß ein neues Milliarden-Werk wegen geringerer Lohnkosten in England gebaut wird.

Die Steuern auf Unternehmensgewinne müssen gesenkt werden.

Diese Forderung ist noch dringlicher als die Forderung nach Senkung der Lohn- und Einkommensteuer. Die Unternehmensgewinne werden zu hoch versteuert, so daß dadurch wesentlich geringere Investitionsmittel für die Unternehmen verbleiben. Doch gerade diese Investitionen wären notwendig, um im internationalen Wettbewerb auch zukünftig noch eine bedeutende Rolle spielen zu können. Schon heute gibt es Befürchtungen, daß Deutschland im Jahre 2020 nur noch an fünfzehnter Stelle der Industrienationen weltweit rangieren wird. Deshalb muß der Staat alles unternehmen, um die Firmen für den härter werdenden Wettbewerb der Zukunft zu unterstützen und sie entsprechend zu entlasten. Auch ausländische Firmen würden durch eine niedrigere Besteuerung der Unternehmensgewinne dazu animiert, stärker in Deutschland zu investieren.

Eine weitere Problematik ergibt sich aus den Bereichen ›Schwarzarbeit‹ und ›Schwarzgeld‹. Beides ist mittlerweile in Deutschland zu einem reinen Kavaliersdelikt verkommen. Es ist ›ganz normal‹ geworden, für den Hausbau einige Schwarzarbeiter zu beschäftigen und einen bestimmten Teil des Umsatzes direkt in die ›Schwarzkasse‹ wandern zu lassen – niemand stört sich an diesen Praktiken. Dem Staat – und damit jedem einzelnen Bürger – gehen auf diese Weise jährlich große Milliardenbeträge verloren. Und hier nun beginnt der negative Kettenkreislauf: Wenn ein bestimmter Prozentsatz des gesamten Umsatzes oder Einkommens nicht versteuert wird, gehen dem Fiskus entsprechend hohe Beträge verloren. Da der Staat sich die von ihm benötigten Mittel immer von den Steuerzahlern holen wird, erhöht er daraufhin verschiedene Steuern. Durch die weiter gestiegenen Steuern und Abgaben ist nun der Anreiz bei den einzel-

nen noch größer, ›schwarz‹ zu arbeiten oder ›Schwarzgeld‹
zu erwirtschaften. Je mehr nun der einzelne in diesen Bereichen tätig wird, desto geringer werden die Steuereinnahmen, desto höher werden die Belastungen für den ehrlichen,
›normalen‹ Bürger und Unternehmer.
Jeder Mitarbeiter bzw. jeder Unternehmer, der Schwarzgeld
erwirtschaftet, schädigt deshalb die Allgemeinheit. Doch
was tut der Staat dagegen? Hat er wirklich jemals intensive
Maßnahmen ergriffen, um Schwarzarbeit bzw. die Hinterzie-
hung von Steuergeldern einzudämmen? Warum werden hier
nicht intensive Maßnahmen getroffen, um diese Mißstände
zu beseitigen? Der Staat könnte – durch entsprechend harte
Maßnahmen – auch einen positiven Kettenkreislauf in Gang
setzen. In dem Moment, in dem eine größere Gerechtigkeit in
diesen Bereichen für steigende Steuereinnahmen sorgt,
könnte im Gegenzug die Abgabenbelastung für den einzelnen wieder etwas gesenkt werden. Der CDU-Abgeordnete
Gunnar Uldall verlangt, der Höchststeuersatz sollte maximal 30 Prozent betragen und erntete dafür stürmischen
Applaus, z. B. auch vom Präsidenten des BDI Olaf Henkel.
Wenn dafür im Gegenzug alle ›Schlupflöcher‹ vom Staat
dichtgemacht würden, würde sich das Gesamt-Steuerauf-
kommen kaum verringern. Oder hat der Staat etwa gar kein
Interesse daran, potentiellen Wählern hier weh zu tun?

Bessere Abschreibungsmöglichkeiten

Bei einer Abgabenlast von ca. 70 Prozent (Gewerbesteuer
und höchster Einkommensteuersatz) lohnt es sich für einen
Unternehmer fast gar nicht mehr, hohe Gewinne zu erwirtschaften. Deshalb hat der Staat irgendwann Anreize dafür
geschaffen, daß Unternehmensgewinne nicht ins Privatvermögen überführt, sondern im Betrieb reinvestiert werden. So wurde das Modell der Abschreibung geschaffen.
Ein Unternehmen erwirbt neue Maschinen, Büro- und

Geschäftsausstattung, Computer usw. und kann dafür einen bestimmten Prozentsatz pro Jahr als Abschreibung nutzen. Auch für Privatpersonen wurden steuerliche Sparmöglichkeiten eingeführt, wie etwa die Abschreibung für die Zurverfügungstellung von Mietobjekten (sowohl im gewerblichen als auch im privaten Wohnungsbau). Insgesamt also eine volkswirtschaftlich sehr sinnvolle Angelegenheit.

Was macht nun unsere Regierung? Sie senkt die Abschreibungsmöglichkeiten im gewerblichen Bereich! Anstatt also durch einen günstigeren Steuersatz bei investiver Verwendung des Gewinns die Kalkulationsgrundlagen für Investitionen nachhaltig zu verbessern, setzt die Regierung hier die genau gegenteiligen Maßnahmen um. Gerade in Zeiten einer angespannten Konjunkturlage müssen Anreize für Neuinvestitionen gesetzt werden. Wie wäre es zum Beispiel mit der Maßnahme, daß in der Phase einer beginnenden Rezession die Abschreibungsmöglichkeiten von gewerblichen Investitionen im Bereich Betriebs- und Geschäftsausstattung auf 50 Prozent des Anschaffungswertes im ersten Jahr erhöht werden? Natürlich senken sich dadurch die zu versteuernden Gewinne der Unternehmen. Natürlich senken sich dadurch die Einnahmen des Staates bei den eingenommenen Steuern. Doch gleichzeitig würde eine solche Maßnahme sicherlich dafür sorgen, daß viele Unternehmen ihre zunächst ›auf Eis‹ gelegten Investitionspläne vorziehen, um eine solche steuersenkende Maßnahme ergreifen zu können. Und wenn viele Unternehmen investieren, sorgt dies zwangsläufig für ein steigendes Bruttosozialprodukt, für steigende Beschäftigungszahlen – und letztlich dadurch wieder für deutlich steigende Steuereinnahmen!

Schlanker Staat

Die Überschrift ist natürlich der reine Hohn, gemessen an dem derzeitigen Ist-Zustand in Deutschland.

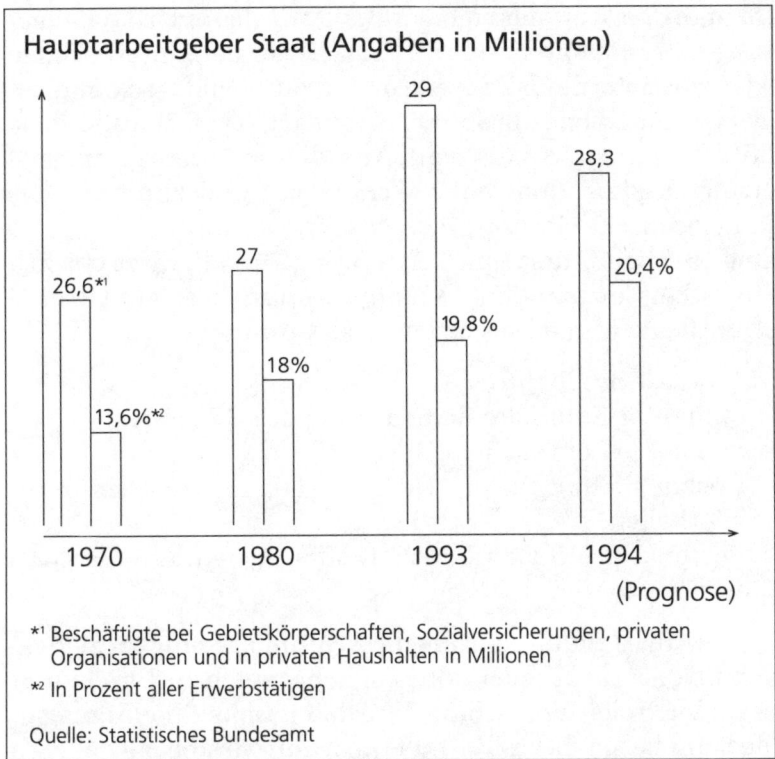

Hauptarbeitgeber Staat (Angaben in Millionen)

29

28,3

27

26,6*¹ → 26,6*1

20,4%

19,8%

18%

13,6%*²

1970   1980   1993   1994
(Prognose)

*¹ Beschäftigte bei Gebietskörperschaften, Sozialversicherungen, privaten
Organisationen und in privaten Haushalten in Millionen
*² In Prozent aller Erwerbstätigen

Quelle: Statistisches Bundesamt

Die Beschäftigtenzahlen in (West-)Deutschland sind also von 1970 bis 1994 um 1,7 Millionen gestiegen – während gleichzeitig die Staatsquote von 13,6 auf 20,4 Prozent angestiegen ist, also von ca. 3,6 Millionen auf ca. 5,8 Millionen Beschäftigte.

Allein in der landwirtschaftlichen Verwaltung von Bund und Ländern tummeln sich mehr als 70 000 Bürokraten. Sie verwalten noch gut 250 000 hauptberufliche Bauern, deren Zahl bis zum Jahr 2005 weiter sinken wird, da bis zu diesem Zeitpunkt voraussichtlich ca. 1500 Betriebe aufgeben werden. Geht die Entwicklung so weiter wie bisher, dann kommen auf zwei Landwirte ein Verwalter!

Da man den Wert der eigenen Position, also auch die Bedeutung eines Beamten, nur an der Zahl seiner Untergebenen oder der Höhe des Etats, den er verwaltet, ablesen kann, ist jeder Staatsdiener bestrebt, möglichst viel Geld und viele Mitarbeiter zu bekommen. Aus dieser Interessenlage – einem Organisationsfehler – ergab sich ja bekanntlich das Parkinsonsche Gesetz.

Und es scheint tatsächlich so zu sein: Überall, wo es objektivierte Leistungsindikatoren gibt, deuten diese auf Unwirtschaftlichkeit und Leistungsverfall hin:

- Prozesse pro Richter,
- umbauter Raum pro Bediensteten des Bauamtes,
- Schüler je Lehrkraft,
- Buchausleihungen pro Bediensteten in öffentlichen Bibliotheken,
- Personal pro Krankenbett in öffentlichen Krankenhäusern usw.

Nun wäre es unfair, daraus die Schlußfolgerung zu ziehen, daß Beamte fauler oder unbeweglicher seien als Beschäftigte in der freien Wirtschaft. Würden nämlich die Manager, die beim Lesen dieses Kapitels laut aufschreien, zu höheren Beamten gemacht, würden sie sich nach kurzer Zeit auch wie Beamte verhalten. Würden höhere Beamte zu Managern gemacht, würden sich diese nach kurzer Zeit wie Manager verhalten. Dafür gibt es auch ganz konkrete Beispiele, zu beobachten etwa bei der Postreform und bei der Privatisierung der Bahn. Ursache ist also nicht der ›Beamte‹ als Person, sondern die Organisationsform unserer modernen Staatsverwaltung. Es wird also höchste Zeit, darüber nachzudenken, wie eine grundlegende Reform der Staatsverwaltung durchgeführt werden könnte.

Der Staat mischt sich immer noch in viel zu vielen privaten Bereichen ein, und es ist nicht nachvollziehbar, warum zum Beispiel das Land Niedersachsen eine Beteiligung an der

Volkswagen AG hält. Natürlich wird von den Politikern angeführt, daß dadurch eine Sicherung der Arbeitsplätze gewährleistet ist – doch letztlich muß auch VW Gewinne erwirtschaften und deshalb entsprechend rationalisieren. Staatliche Beteiligungen haben jedoch noch niemals zu einer Steigerung betrieblicher Produktivität und Ertragskraft geführt. So könnte alleine die Privatisierung der örtlichen Sparkassen einen Verkaufserlös von über 100 Milliarden Mark erbringen – Mittel, die entweder zum Abbau des Staatsdefizits oder für Investitionen in Zukunftsbranchen verwendet werden könnten. Auch weitere Möglichkeiten, wie etwa die Privatisierung der Autobahnen, der Verkauf der in öffentlicher Hand befindlichen Gebäude, Grundstücke usw. sind bisher nur angedacht, aber nicht umgesetzt worden. Nehmen wir beispielsweise die Telekom. Es hat sich erwiesen, daß sich, volkswirtschaftlich gesehen, eine Privatisierung öffentlicher Unternehmen durchaus positiv auswirkt.

Wie das Ganze funktionieren kann, macht die Stadt Schloß Holte-Stukenbrock vor. Nach dem Motto »Privat-Stadt-Staat« hat Ulrich Eilebrecht, 37jähriger Verwaltungswirt und Stadtkämmerer, den schlanken Staat umgesetzt. Ähnlich wie in der Stadt Offenbach, in der Oberbürgermeister Grondke mit einer Extremkur 26 Millionen einsparte und die Stadt vor dem Offenbarungseid rettete, hat Schloß Holte-Stukenbrock konsequent Kosten reduziert. So wurden zahlreiche öffentliche Aufgaben an private Unternehmen delegiert. Von der Müllabfuhr über Friedhöfe bis hin zum Kindergarten, Straßenreinigung und der Wartung der Straßenlaternen ist alles an private Unternehmen ausgelagert. Sogar die Bebauungspläne der Kommune werden von freien Ingenieurbüros erstellt. Der Erfolg ließ nicht lange auf sich warten: Seit 1983 gab es in Schloß Holte-Stukenbrock keine Steuererhöhungen mehr. Der Gewerbesteuersatz wurde bei 260 Prozentpunkten eingefroren, dem niedrigsten in Nordrhein-Westfalen. Und das Tollste: Die Kommune ist praktisch schuldenfrei. Die Kostenreduzierungen in der Verwaltung machen sich vor allem bei den Personalkosten bemerkbar, die in der privatisierten Gemeinde bei 320 Mark pro Einwohner liegen, während in gleichgroßen Städten, zum Beispiel Herdecke, ca. 650 Mark anfallen. Vom Erfolg der ›Roßkur‹ profitieren die Einwohner von Schloß Holte-Stukenbrock durch niedrige Gebühren. Nur 921 Mark jährlich muß ein Vier-Personen-Haushalt für Straßenreinigung, Müllabfuhr und 200 Kubikmeter Abwasserentsorgung entrichten – wesentlich weniger als in anderen Kommunen.

Konsequent fragen die Gemeindeväter in Schloß Holte bei jeder Aufgabe, die auf die Gemeinde zukommt, ob diese von der Kommune wirklich übernommen werden muß oder ob sie nicht an Dritte besser und günstiger ausgelagert werden könnte. Jede einzelne Aufgabe, jede Aktivität wird gründlich geprüft. Ist eine Aufgabe von Privatunternehmen – wie etwa beim Gärtnerbetrieb auf dem Friedhof – billiger zu bekommen, wird der Auftrag konsequent ausgelagert und nach außen gegeben. Der Unternehmensberater Roland Berger hat ermittelt, daß auf diese Weise Einsparungen zwischen 20 und 50 Prozent möglich sind:

Sparschwein Privatisierung:	
Einsparpotentiale	Bisherige Kosten
Nahverkehr	ca. 50 Prozent
Schwimmbäder	bis zu 40 Prozent
Kläranlagen	rund 20 Prozent
Gefängnisse	rund 20 Prozent (bislang nur in den USA)
Bauhöfe	20 Prozent
Quelle: Roland Berger	

Laut einer Studie der Deutschen Bank Research sind rund 80 Prozent aller kommunalen Dienste grundsätzlich privatisierbar. Bei konsequenter Auslagerung könnten die Kommunen bundesweit über zehn Milliarden Mark jährlich einsparen. Trotz der positiven Erfahrungen in Offenbach und Schloß Holte sowie der riesigen Einsparungspotentiale, die möglich wären, tun sich viele Kommunen immer noch schwer, ihre Dienstleistungen auszulagern. Grund dafür ist die Angst der Stadtväter, Einfluß zu verlieren. Deshalb gehen viele Gemeinden trotz riesiger Pro-Kopf-Verschuldung nur halbherzig – wenn überhaupt – an diese Aufgabe heran. In Schloß Holte lag die Pro-Kopf-Verschuldung 1994 bei 87 Mark – in Radevormwald bei 3340 Mark (im Bundesdurchschnitt bei 1738 Mark). Möglichkeiten zu Einsparungen gibt es also viele, doch zunächst einmal müssen die Stadtväter überhaupt den Willen besitzen, strukturell wirklich etwas grundsätzlich zu ändern.

Doch auch der Bund besitzt noch große Potentiale für Einsparungsmöglichkeiten. 1980 warf Helmut Kohl dem ehemaligen SPD-Bundeskanzler Helmut Schmidt vor: »Obwohl die Bürger unter Ihrer Regierung steuerlich unzumutbar belastet wurden, hat die Bundesregierung einen nie zuvor gekannten Schuldenberg angehäuft.« Seit der Wende 1982 haben sich jedoch die Schulden des Bundes verdreifacht. Heute muß bereits jede fünfte Mark, die Bonn einnimmt, für den Schuldendienst aufgebracht werden. Vor allem die Personalkosten hat die Bundesregierung nicht mehr im Griff. Obwohl die Bundeswehr kräftig abgebaut wurde, gab der Bund 1995 ca. 54 Milliarden Mark für diesen Bereich aus – 1985 waren es gerade einmal 36 Milliarden Mark. Geht die Entwicklung proportional so weiter wie bisher, werden im Jahr 2025 ca. 60 Prozent aller Zahlungen an den Fiskus für Personalkosten benötigt werden. Ein Horrorszenario:

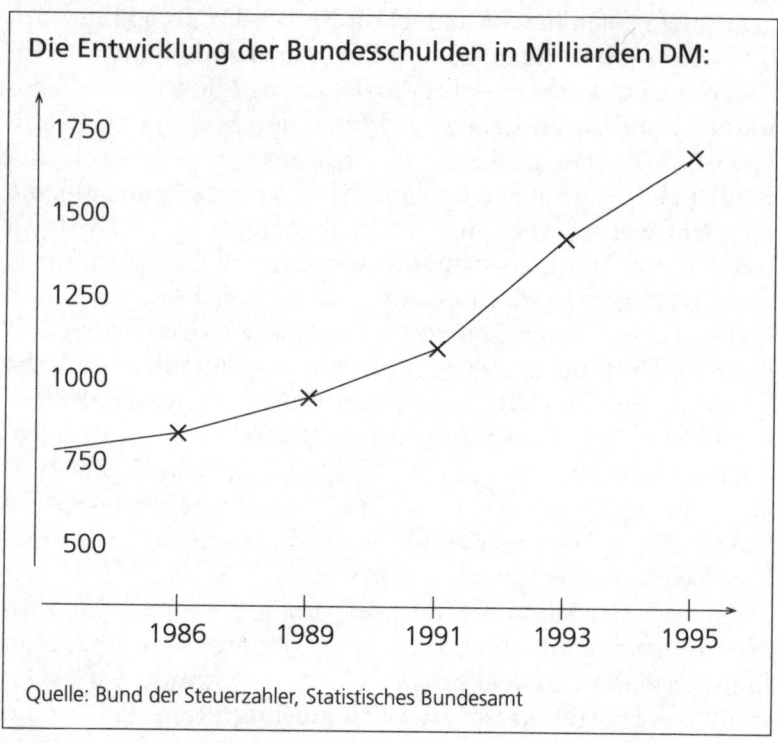

Die Entwicklung der Bundesschulden in Milliarden DM:

Quelle: Bund der Steuerzahler, Statistisches Bundesamt

Einsparungspotentiale gibt es jedoch genug. Hier einige Ideen für unsere Staatsvertreter:

- *Parlament:* Heute, fünf Jahre nach der Wiedervereinigung, leistet sich Deutschland das größte demokratisch gewählte Parlament der Welt. Eine Reduzierung der Abgeordnetenzahl auf maximal 500 Parlamentarier würde eine jährliche Einsparung von ca. 180 Millionen Mark bedeuten.

- *Ministerialbürokratie:* Laut Parkinsons Gesetz ist eine Regierung mit mehr als zehn Ministerien praktisch handlungsunfähig. Und laut Verwaltungsexperte Hermann

Hill ließe sich unsere Republik mit zehn Ministerien optimal regieren. Einsparung jährlich: vier Milliarden.

- *Bund der Vertriebenen:* Der politisch umstrittene ›Bund der Vertriebenen‹ wird mit jährlich ca. 115 Millionen Mark bezuschußt. Warum? Einsparungsmöglichkeiten: 114 Millionen.

- *Wahlgeschenke:* Etwa 30 Milliarden Mark gibt die Regierung jährlich für die verschiedensten Projekte und Institutionen aus, vom oben beschriebenen ›Bund der Vertriebenen‹ bis zur ›Stiftung für gutes Design‹ aus. Sind diese ›Wahlgeschenke‹ wirklich nötig? Einsparungspotential: sechs Milliarden.

- *Subventionen:* Gekürzte Subventionen, vom Agrarbereich über Kohle, sozialer Wohnungsbau, Tabakverarbeitung usw., würden jährlich ein Einsparpotential von ca. zehn Milliarden Mark bedeuten.

- *Etat für die Entwicklungshilfe:* beträgt ca. acht Milliarden Mark jährlich. Nach Rechnungen des ›Bundes der Selbständigen‹ kommen Entwicklungsprojekten maximal 40 Prozent zugute. Die restlichen 60 Prozent sind meist Subventionen für die Großindustrie. Einsparpotential jährlich: fünf Milliarden.

- *Zu teurer Einkauf:* Der Staat kauft viel zu teuer ein. Vergleicht man die freie Wirtschaft, bei der mit den Zulieferern bis zur Schmerzgrenze verhandelt wird, sind hier große Einsparungen möglich. Jährliches Einsparpotential mindestens zwei Milliarden Mark.

- *Parteienstiftungen:* Etwa 650 Millionen Mark wandern vom Bund jährlich an die parteinahen Stiftungen. Rund

30 Prozent der Zuschüsse gewähren sich die Politiker ohne Zweckbindung. Einsparpotential: 200 Millionen.

Die Liste ließe sich unbegrenzt fortführen. Die Zeitschrift *!Forbes* hat einmal berechnet, daß 52 Milliarden Mark eingespart werden könnten, womit der Solidaritätszuschlag abgeschafft sowie die Pflegeversicherung finanziert und darüber hinaus noch 450 000 Kindergartenplätze geschaffen werden könnten. Wie bereits in diesem Kapital beschrieben, ist gerade der Subventions-Dschungel mittlerweile ein undurchdringliches Dickicht geworden. So betreibt allein das Bundesgesundheitsministerium jährlich für über 20 Millionen Mark Tabakaufklärung und steckt Millionen in die Krebsforschung, während gleichzeitig das Landwirtschaftsministerium über die Europäische Union den Tabakanbau an Rhein und in der Pfalz mit 56 Millionen Mark subventioniert. Wer dem noch folgen kann, benötigt schon ein großes Maß an Phantasie!

Besteuerung von Erbschaften

Auch hier müssen sich die staatlichen Organe dringend Gedanken machen, wie die Probleme in der Zukunft behandelt werden. So gibt es auf der einen Seite zahlreiche Unternehmen, die an die Nachkommen vererbt werden. Hier fallen teilweise immense Erbschaftsteuern an, die so manches Unternehmen an den Rand des Ruins bringen könnte. Andererseits werden riesige Privatvermögen vererbt – bei denen nur ›Peanuts‹ an Erbschaftsteuer zu entrichten sind. Dies vor allem dann, wenn die Vererber das Vermögen rechtzeitig in Immobilienwerten angelegt haben, bei denen durch die Zugrundelegung des Einheitswertes nur ganz geringe Erbschaftsteuern fällig werden.
Nach dem Zweiten Weltkrieg haben nur sehr wenige Menschen überhaupt Erbschaften angetreten, da durch Krieg

und Inflation fast alle Vermögenswerte zerstört waren. Deshalb waren große Teile der Bevölkerung darauf angewiesen, sich ihren Wohlstand und Lebensstandard durch Fleiß zu erarbeiten. Nunmehr gibt es Generationen, die durch Erbschaften zu riesigen Vermögen kommen, was sich in der Regel leistungsmindernd auswirkt. Mehrere Billionen Mark werden in den nächsten Jahren vererbt, so daß heute bereits viele, teilweise junge, Menschen wissen, daß sie durch Erbschaft zu Millionären werden. Diese Erbschaftsproblematik wird zwangsläufig zu einer Verschärfung der Zweiklassengesellschaft in Deutschland führen – auf der einen Seite die reichen Erben, auf der anderen Seite die ›Unterklasse‹.

Natürlich geht es nicht darum, generell die Erbschaftsteuern so zu erhöhen, daß möglicherweise ein Großteil der vererbten Unternehmen Konkurs anmelden muß, um die Erbschaftsteuern zu bezahlen. Aber es geht darum, daß wir uns andererseits, wenn die Entwicklung in den nächsten fünfzig Jahren so weitergeht, klar in Richtung einer Zweiklassengesellschaft bewegen und der Leistungsanreiz für viele junge Menschen immer geringer wird.

Förderung der Dienstleistung

Wir befinden uns immer mehr auf dem Weg in die Dienstleistungsgesellschaft. Während im vorigen Jahrhundert noch fast die Hälfte der Beschäftigten ihre ›Brötchen‹ in der Landwirtschaft verdiente, sind es heute in der Bundesrepublik Deutschland gerade einmal etwas mehr als 3 Prozent (allerdings erwirtschaften diese 3 Prozent durch modernere Maschinen und bessere Arbeitsmethoden erheblich mehr Agrarprodukte als früher). Jener Strukturwandel setzte natürlich in der Landwirtschaft eine große Zahl an Arbeitskräften frei. Es gab große Befürchtungen, als Folge würde eine Massenarbeitslosigkeit entstehen. Doch nach dem

Agrarzeitalter entstanden neue Arbeitsplätze im Bergbau und in vielen weiteren Industrien, wie etwa der Textilindustrie, der Bekleidungsindustrie, der elektronischen Industrie, in den Chemiekonzernen, in Maschinenbaubetrieben und im Automobilbereich.

Nach diesem Industriezeitalter sieht es nun so aus, als bewegten wir uns auf das Dienstleistungszeitalter zu. So arbeiten heute in Deutschland ca. 58 Prozent aller Berufstätigen im Dienstleistungsbereich (tertiärer Sektor). Dies mag sich zwar gewaltig anhören, doch vergleicht man dazu etwa die Niederlande (68 Prozent) oder gar die USA (72 Prozent Berufstätige im Dienstleistungssektor), dann hinkt hier Deutschland noch nach. Die riesige Chance liegt also darin, den Dienstleistungsbereich als Arbeitsplatz-Wachstumssektor Nummer 1 zu begreifen. Doch die Dienstleistung zählt in Deutschland eher zu den ›niederen‹ Arbeitsplätzen. Sehr leicht ist da das Wort vom ›Pizzabäcker‹ oder vom ›Hamburger-Brater‹ zu vernehmen – eine Fehleinschätzung, haben doch anscheinend viele nicht verstanden, daß zum Beispiel im Raum Frankfurt der Rhein-Main-Flughafen mit knapp 80 000 Arbeitsplätzen ein größerer Arbeitgeber ist als viele andere Großunternehmen (wie etwa Hoechst und Opel).

Würde es gelingen, den Anteil der im Dienstleistungssektor Beschäftigten auf die gleiche Stufe wie in den USA anzuheben, könnten auf diese Weise leicht drei bis vier Millionen neue Arbeitsplätze geschaffen werden. Doch der Staat selber sieht Dienstleistungsarbeitsplätze als nachrangig an. So wurden dem Problemgebiet Schweinfurt zahlreiche Fördermittel zur Verfügung gestellt. Diese Fördermittel hatten jedoch ein Förderraster, das auf das produzierende Gewerbe zugeschnitten war. Deshalb wurde nur ein Bruchteil der Fördermittel tatsächlich von den Unternehmen abgerufen. Außerdem laufen die Förderinstrumente oft an den aktuellen Entwicklungen vorbei. Auch Dienstleistungen haben große Marktchancen und können exportiert werden. Doch dies haben anscheinend unsere staatlichen Lenker bisher noch nicht kapiert. Noch immer wird der Versuch gestartet, die Industrie zu fördern, da hier größtenteils die Hoffnung auf Schaffung neuer Arbeitsplätze besteht – genau das Gegenteil ist jedoch in den 90er Jahren der Fall: Im Industriebereich werden mehr Arbeitsplätze ab- als aufgebaut.

Eine Möglichkeit wäre zum Beispiel, die Abschreibemöglichkeit von privaten Angestellten einzuführen (Koch, Hauswirtschafterin, Gärtner, Chauffeur, Hausmeister usw.). Eine weitere Möglichkeit ist die Schaffung außertariflicher Arbeitsplätze. Doch hier beginnt bereits das ›Wehgeschrei‹ von vielen Politikern und Gewerkschaftern. Die Menschen würden »ausgebeutet«, erhielten nur einen »Hungerlohn«, es würden keine Zukunftsarbeitsplätze auf Dauer geschaffen. Doch wenn gerade Unternehmen wie McDonald's hier als negativ dargestellt werden, sei darauf verwiesen, daß nicht nur Teilzeitarbeitsplätze und billige Vollzeitarbeitsplätze geschaffen wurden, sondern darüber hinaus auch zahlreiche Führungspositionen, die relativ gut vergütet werden.

Wagniskapital für Existenzgründer

Deutschland wurde groß durch seinen Mittelstand. Doch Mittelstand entsteht in der Regel durch die Gründung von Kleinbetrieben, durch einen erfolgreichen Aufbau, durch Expandieren, durch Schaffung neuer Arbeitsplätze. Auf diese Weise ist der Mittelstand ein Garant für die Zukunft des Unternehmensstandortes Deutschland. Doch ›findigen‹ Köpfen wird es in Deutschland immer schwieriger gemacht, ein Unternehmen zu gründen. Die Banken sind einfach nicht mehr bereit, auch nur eine einzige Mark ohne Sicherheiten in Form eines Darlehens an Existenzgründer zu verleihen. Ich habe sogar Fälle erlebt, bei denen Jungunternehmern die Gründung eines Girokontos verwehrt wurde mit dem Hinweis darauf, das Unternehmen sei noch zu neu. Als ich daraufhin bemerkte, die Unternehmer wollten nicht einmal einen Kontokorrentkredit in Anspruch nehmen, ihnen ging es lediglich um die Unterhaltung eines Kontos für Überweisungen usw., wurde auch dies abgelehnt mit der Begründung, sie müßten sich erst einmal einige Monate als Unternehmen im Markt bewiesen haben. Doch wo sollen junge Menschen mit Ideen Kapital erhalten, um ihren Traum, ihre Vision in die Tat umzusetzen? Die Banken können dazu nicht gezwungen werden. Es ist zum einen ihre Pflicht, zum anderen auch ihr gutes Recht, Kredite und Darlehen zu gewähren – oder zu verweigern. Hier müßte der Staat entsprechende Mittel bereitstellen, um eine Gründungswelle von Unternehmen auszulösen. Natürlich müßten dabei Kriterien beachtet werden, damit nicht weitere Steuermilliarden ›zum Fenster hinausgeworfen werden‹, doch viele der heutigen Mittel- und Großbetriebe haben einmal ganz klein als Ein-Mann-Unternehmen begonnen – und wurden Weltkonzerne, die Hunderten oder Tausenden von Mitarbeitern einen Arbeitsplatz verschafften.

Bei ca. vier Millionen Arbeitslosen sei die Frage sowieso erlaubt, ob es wirklich ein großes Risiko ist, den Existenzgründern finanzielle Möglichkeiten zu verschaffen. Dabei ist es noch nicht einmal unbedingt notwendig, den Existenzgründern besonders zinsgünstige oder zunächst tilgungsfreie Darlehen zu gewähren. Wichtig ist, ihnen überhaupt die Möglichkeit zu verschaffen, ein eigenes Unternehmen zu gründen. Und nicht alle Neugründungen werden schließlich in Konkurs gehen, sondern nur ein bestimmter Prozentsatz. Es handelt sich also durchaus nicht um verlorenes Kapital, das der Staat investieren würde, sondern lediglich um die Bereitstellung von entsprechenden Mitteln.

Das Bundesforschungsministerium hat einen Modellversuch gestartet, bei dem 354 Zusagen für Beteiligungen an jungen, technologieorientierten Unternehmen im Umfang von über 225 Millionen Mark bewilligt wurden. Ergebnis: Die Ausfallquote lag lediglich bei 11,9 Prozent – einer Quote, über die sich nicht zu lamentieren lohnt. Grund dafür war, weil die Jungunternehmer, laut Forschungsminister Rüttgers, von Anfang an gut beraten und begleitet wurden. Was könnte die bessere Zukunfts-Investition sein: die Finanzierung von Arbeitslosigkeit oder die Finanzierung neuer Unternehmer?

Bürokratie abbauen

Die Bürokratie in Deutschland ist weltweit fast schon einmalig. Es grenzt deshalb beinahe an ein Wunder, daß Deutschland immer (noch) zu den führenden Wirtschaftsnationen der Welt gehört. Jeder Politiker spricht zwar davon, den Bürokratie-Dschungel zu entwirren – doch in der Praxis werden eher neue Hürden auf- denn abgebaut. Hier nur einige Vorschläge:

- *Aufheben der Ladenschlußgesetze:* Mit welcher Begründung greift hier eigentlich der Staat in das Recht des freien Unternehmers ein, wann er sein Unternehmen öffnet oder schließt? Was in anderen Ländern, unter anderem im Dienstleistungs-Vorzeigeland USA, die Regel ist, nämlich unbegrenzte Ladenöffnungszeiten, sollte auch in Deutschland eingeführt werden. Auch hierüber gibt es zwar unterschiedliche Ansichten, doch ich bin der Meinung, daß diese Maßnahme nicht nur zu einem besseren Service für die Bevölkerung, sondern auch zu mehr Arbeitsplätzen führen würde.

- *Mäßigung des Wettbewerbsgesetzes:* Hierzu zählt unter anderem auch das in Deutschland immer noch bestehende Rabattgesetz. Auch hier argumentieren viele ›Experten‹ mit den obskursten Begründungen, weshalb eine Aufhebung des Rabattgesetzes eher zum Nachteil der Unternehmen wirken würde. Das Rabattgesetz mag offiziell noch Bestand haben – doch wer kauft sich schon heute einen Neuwagen mit nur maximal 3 Prozent Rabatt? Warum muß denn der Staat immer in alles, unter anderem auch in die Preis- und Rabattgestaltung, regulierend eingreifen? Natürlich wird es zu einigen Auswüchsen kommen, werden die Preise von einigen unseriösen Unternehmen stark erhöht, um anschließend in der Werbung große Prozentrabatte einzuräumen – doch warum hält man den Verbraucher eigentlich immer für ›unzurechnungsfähig‹? Der Verbraucher wird sehr wohl in Zukunft die seriösen von den unseriösen Unternehmen erkennen und trennen können, und deshalb wird sich auch hier der Markt von selbst regulieren.

• *Überprüfung von begrenzenden Vorschriften:* Warum beispielsweise muß ein Friseur seine Meisterprüfung ablegen, ehe ihm gestattet wird, ein eigenes Geschäft zu eröffnen? Soll die Meisterprüfung Garant dafür sein, daß ein Friseur die Haare gut und richtig schneidet? Kein Verbraucher wird letztlich aufgrund eines Meisterdiploms an der Wand einen Friseur beurteilen, sondern einzig und allein nach der Leistung, das heißt: Wie werden meine Haare geschnitten, wie werde ich bedient, wie ist das Ambiente des Salons? Und so weiter. Hier sollte ebenfalls eine ›Entrümpelungs-Revolution‹ stattfinden, mit dem Ziel, die Gründung von Unternehmen zu erleichtern. Warum ist es beispielsweise einem Architekten oder einem Rechtsanwalt verboten, Werbung für sein Büro zu betreiben? Warum ufern die Bebauungsvorschriften immer mehr aus, anstatt die bauwilligen Bürger und Unternehmen durch eine Vereinfachung zu unterstützen? – Experten haben ausgerechnet, daß Neubauten um bis zu 20 Prozent billiger ausfielen, wenn die bürokratischen Hürden abgebaut würden.

Beispiele von unsinniger und nicht nachvollziehbarer Bürokratie könnten hier Dutzende aufgeführt werden, aber es geht lediglich darum, zum Nachdenken anzuregen ...

Mittelbeschaffung

Bei all diesen ›klugen‹ Vorschlägen muß natürlich die Frage gestattet sein, wo sollen denn die dafür erforderlichen Mittel herkommen? Hier einige Vorschläge:

- Drastische Einschränkung von Subventionen.
- Weitere Einschränkung der Sozialleistungen (es kann hier natürlich nicht pauschaliert werden, doch es gibt immer noch zu viele Personen, die lieber arbeitslos bleiben als einen Acht-Stunden-Job anzunehmen, bei dem sie netto gerade einmal 200 Mark mehr im Monat verdienen).
- Weitere Kürzungen im Verteidigungsetat. Natürlich werden nun Generäle einen Aufschrei der Entrüstung von sich geben, doch wer heute seinen Dienst bei der Bundeswehr absolviert, wundert sich immer noch über solch unsinnige Befehle wie etwa dem ›Leerfahren von Panzertanks‹ – damit die vorher kalkulierte Menge Treibstoff auch verbraucht und im nächsten Jahr wieder gewährt wird ...
- Kürzung der Zuschüsse für Städte, Gemeinden, Kommunen usw. Die Forderung wird natürlich auch einen Aufschrei der Empörung mit sich bringen – doch auch heute ist es in vielen Verwaltungen noch üblich, im November und Dezember neue Büromittel und Einrichtungsgegenstände zu bestellen, da der zur Verfügung gestellte Etat

in dem betreffenden Jahr noch nicht ausgenutzt wurde und bei Nichtausnutzung eine Kürzung im nächsten Jahr zu befürchten ist. – Auch hier könnten Dutzende von Beispielen aufgeführt werden, und ich bin mir absolut sicher, daß hier ebenfalls noch große Sparpotentiale existieren.

- Besteuerung der Energie erhöhen. Wenn es denn schon notwendig ist, höhere Abgaben und Steuern zu erheben, dann erscheint es noch am sinnvollsten, den Verbrauch von Energie höher zu besteuern als zum Beispiel die Arbeitskosten zu verteuern. Denn eine Verteuerung von Energie würde zwangsläufig weitere Einsparungsmöglichkeiten nach sich ziehen. Wenn in zehn Jahren ein Liter Benzin nicht mehr 1,59, sondern 2,49 Mark kostete, würde sicherlich das 3-Liter-Auto wesentlich schneller entwickelt und auf den Markt gebracht. (Man muß ja nicht gleich so drastische Erhöhungen umsetzen, wie das die Grünen fordern!)

- Bürokratiekosten abbauen. Ist es denn wirklich notwendig, derartig viele Beamte und Angestellte im öffentlichen Dienst zu beschäftigen? Natürlich sind Beamte notwendig, natürlich sind Beamte nicht ›faul‹ – aber es gibt Berechnungen, denen zufolge 15 bis 20 Prozent der Beamten und der im öffentlichen Dienst beschäftigten Angestellten eingespart werden könnten, wenn diese Bereiche genauso geführt werden würden wie die privaten Unternehmen. Diese Rationalisierungsmaßnahmen würden jedoch alleine eine jährliche Ersparnis für den Staat in Höhe von 50 bis 100 Milliarden Mark nach sich ziehen. Es werden sich jetzt natürlich wieder Stimmen bilden, die der Meinung sind, dadurch würde ja die Arbeitslosenzahl noch stärker ansteigen – doch ich bin nun einmal Anhänger des freien Marktes und deshalb der Meinung, daß sich im Laufe der Zeit auch hier die Balance zwischen Angebot und Nachfrage von selbst wieder einpendeln würde. Je weniger sich der Staat in diese Bereiche einmischt, desto schneller würde sich der Arbeitsmarkt von alleine wieder regulieren. Ich bin mir absolut sicher, daß diese Einsparungen, in neue Zukunftsbereiche investiert, eine wesentlich höhere Beschäftigung nach sich ziehen würden.

• Stärkeres Wachstum. Warum gibt sich Deutschland eigentlich mit jährlichen Wachstumsquoten des Bruttosozialproduktes in Höhe von 2 bis 3 Prozent zufrieden und feiert ein Wachstum von 3 bis 3,5 Prozent bereits als ›Sensation‹? Warum wird nicht die Vision verfolgt, ein jährliches Wachstum in Höhe von 5 bis 6 Prozent anzustreben? Doch manchmal habe ich das Gefühl, Deutschland befinde sich in einer negativen Kettenreaktion. Die Gewinne der Unternehmen sinken, daraus resultieren geringere Steuereinnahmen, geringere Steuereinnahmen bedingen geringere öffentliche Investitionen, dies erbringt ein weiteres Absenken des Wachstums, daraus resultieren erhöhte Arbeitslosenzahlen usw. Und die regierenden Politiker haben nicht die Überzeugungsfähigkeit, Deutschland eine neue Vision, einen neuen Zukunftsglauben zu geben. Ganz im Gegenteil: Da wird der Industriestandort Deutschland gänzlich in Frage gestellt.

Gesundheits-Revolution

Die Belastungen, welche die Gemeinschaft der Bürger für das Gesundheitswesen übernehmen müssen, werden ständig größer. Zwar wurden mittlerweile von Minister Horst Seehofer einige Gesundheitsreformen (gegen den erbitterten Widerstand von Ärzteschaft und Pharmaindustrie) umgesetzt – doch mehr als ein Stillstand im Wachsen der Gesundheitskosten konnte auch dadurch nicht erreicht werden. Vielleicht sollte auch hier wieder einmal über eine Revolution nachgedacht werden.

Im alten China war es beispielsweise üblich, daß die Ärzte

dann bezahlt wurden, wenn die Bürger gesund waren. In unserem Gesellschaftssystem ist es umgekehrt: Die gesamte Gesundheitsindustrie (Arzt, pharmazeutische Betriebe usw.) verdient dann am besten, wenn möglichst viele Patienten möglichst oft und lange krank sind. Ich weiß, daß ich mit dieser These wieder vielen Beteiligten ›auf die Füße trete‹, aber auch hier möchte ich einfach provozieren. Wie kann es zum Beispiel sein, daß die AOK jährlich ca. 100 bis 150 Millionen Mark in den gesamten Bereich Werbung und Öffentlichkeitsarbeit investiert, was letztendlich dem einzelnen Mitglied der AOK keine Verbesserung bringt, sondern, ganz im Gegenteil, was letztlich die Beiträge jedes einzelnen Versicherten erhöht. (Dies ist meine persönliche Meinung und basiert auf internen Berechnungen. Mir ist bewußt, daß die AOK sicherlich andere Zahlen veröffentlicht, doch ist die Frage, welche Kosten unter welcher Kostenbezeichnung auch tatsächlich verbucht werden.)

Ist Ihnen eigentlich schon einmal aufgefallen, in welchen ›Palästen‹ teilweise die Krankenkassen residieren? Ist Ihnen schon einmal bewußt geworden, daß viele Krankenkassen ihre regionalen Ortsstellen in den besten (und teuersten!) Geschäftslagen besitzen und die dort anfallenden Kosten natürlich wieder für eine Erhöhung der einzelnen Beiträge sorgen?

Generell soll es auch kein Tabu sein, daß die Krankenversicherten stärker an den verursachten Kosten beteiligt werden. Natürlich soll die Krankenversicherung eine Absicherung für jedermann sein und sich als Solidargemeinschaft verstehen – dennoch kann es nicht angehen, daß durch den sorglosen Umgang einiger Versicherter die Kosten für die Allgemeinheit ständig ansteigen. Es würde sicherlich keinen Arbeitnehmer ins ›Armenhaus‹ bringen, wenn zum Beispiel die ersten ein oder zwei Krankheitstage nicht mehr vom Arbeitgeber bezahlt werden müßten. Es ist ja nichts dagegen einzuwenden, wenn ein Arbeitnehmer krank ist und in Ruhe seine Krankheit auskuriert – doch warum soll er nicht einen kleinen Beitrag dazu leisten? Bei den Privatversicherten ist eine Selbstbeteiligung in Höhe von ca. 20 Prozent an verschiedenen Leistungen der Krankenversicherung heute schon die Regel. Warum ist dies nicht auch im Bereich der Ersatzkassen und Pflichtversicherten möglich? Man könnte den Versicherten ja auch mehrere Möglichkeiten anbieten: Wer eine Selbstbeteiligung ablehnt, muß aus seiner privaten Tasche einen entsprechenden Prozentsatz als Aufschlag an die Krankenversicherung zahlen. Auf diese Weise wird das gesamte System der Krankenversicherung gerechter, und schließlich würden dadurch die Kosten für Arbeitgeber und Arbeitnehmer sicherlich nicht mehr ansteigen, sondern vielleicht sogar gesenkt werden.

Auch eine stärkere Belohnung prophylaktischer Maßnahmen könnte sich positiv auswirken:

- Tabakkonsum,
- Alkoholkonsum,
- Sport und Bewegung,
- Vorsorgeuntersuchungen usw.

Leitthesen zu Kapital 11

① Die Hauptsache ist, es geht vorwärts – die Richtung ist egal! Wirklich?

② Können Sie mir irgend etwas nennen, das funktioniert, wenn es der Staat macht?

③ Subventionen = Verschleierte Arbeitslosenunterstützung für unternehmens- und volkswirtschaftlich unnötige Arbeit!

④ Jährliche kontinuierliche Kürzung der Subventionsmittel!

⑤ Senkung der Steuern auf Einkommen und Unternehmensgewinne!

⑥ In Rezessionszeiten höhere Anreize für Investitionen schaffen!

⑦ Höhere Besteuerung der privaten Erbschaften!

⑧ Dienstleistungsarbeitsplätze fördern!

⑨ Mehr Wagniskapital für Existenzgründer!

⑩ Bürokratie abbauen, Wettbewerb stärken!

Schlußwort

Dieses Buch ist wahrlich kein bequemes Buch, sondern es will provozieren, zum Nachdenken anregen, es will Veränderungen in Gang bringen. Die Herausforderungen für die Wirtschaftswelt der Zukunft sind groß. Die Probleme, denen wir uns stellen müssen, sind noch größer und in allen Bereichen unseres Lebens gegenwärtig.

Dennoch gibt es keinen Grund, Trübsal zu blasen und mit Pessimismus die Zukunft anzugehen. Denn jede Krise hält gleichzeitig viele Chancen bereit – es liegt an Ihnen, sie zu nutzen und an Ihren zukünftigen Erfolg zu glauben. Der Druck durch die Mitbewerber wird größer werden, aber er kann sie auch antreiben. Denken wir beispielsweise an die Firmen Puma und adidas. Diese haben über viele Jahre hinweg weltweit die führende Rolle unter den Sportartikelherstellern gespielt – ehe Nike und Reebok ins Geschehen eingriffen. Dadurch wurden Puma und adidas gezwungen, sich dem veränderten Markt anzupassen und neue Ideen umzusetzen. Dies ist ihnen gelungen, und heute erwirtschaften beide Firmen wieder Gewinne und arbeiten an einer weiteren Expansion. Oder denken wir beispielsweise an die Automobilindustrie in den USA. Anfang der achtziger Jahre wurden die USA von den japanischen Autofirmen förmlich ›überrollt‹, und die großen Drei (General Motors, Ford und Chrysler) gerieten in arge Bedrängnis. Doch der Druck hat dazu geführt, daß die amerikanischen Autofirmen ihre Qualität stark verbesserten, daß sie produktiver produzierten und diese Kostenvorteile in Form billigerer Verkaufspreise an die Konsumenten weitergaben – und heute werden amerikanische Autos in gleicher Qualität wie die japanischen, jedoch zu einem günstigeren Preis verkauft. Die amerikanischen Automobilhersteller bauen ihren Marktanteil wieder aus und erwirtschaften enorme Gewinne.

Die Zeit der Monopole ist vorbei. Ideen und Innovationen werden von den Mitbewerbern in kürzester Zeit kopiert und verbessert, so daß es keine Sicherheit mehr für dauernden Erfolg gibt. Sie müssen lernen, den Druck zu akzeptieren und den ständigen Wandel zu ›lieben‹. Sie müssen in der Lage sein, die zunehmende Geschwindigkeit in Ihr Unternehmen zu integrieren und die Herausforderungen der Zukunft anzunehmen – dann werden Sie auch in Zukunft erfolgreich sein. All das ist jedoch nur möglich, wenn Sie den Menschen, ob nun Mitarbeiter oder Kunde, in den Mittelpunkt Ihres Denkens und Handels stellen. Hüten sollten Sie sich jedoch vor Selbstzufriedenheit, vor Bequemlichkeit, vor Arroganz und vor allem vor der Angst, den Herausforderungen der Zukunft nicht gewachsen zu sein. Ich wünsche Ihnen viel Erfolg!

Literaturliste

Allen, Frederic, Die Coca-Cola-Story, Köln 1994

Ammelburg, Gerd, Die Unternehmenszukunft, Freiburg im Breisgau 1987

Ammelburg, Gerd, Organismus Unternehmen, Düsseldorf 1993

Autohaus; Hotzenblitz, Smarties, Mäxchen & Co, 17/1995.

Berth, Rolf, Visionäres Management, Düsseldorf 1992

Beyer, Günther, und Beyer, Metta, Innovations- und Ideenmanagement, Düsseldorf 1994

Capra, Fritjof, Wendezeit, München 1982

Carlzon, Jan, Alles für den Kunden, Frankfurt o. J.

Carnegie, Dale, Wie man Freunde gewinnt, München 1992

Club of Rome, Die Herausforderung des Wachstums, München 1990

Collins, James C., und Ponas, Jerry I., Visionen im Management, München 1995

De Pree, Max, Die Kunst des Führens, Frankfurt 1992

Drucker, Peter F., Neue Realitäten, Düsseldorf 1989

!Forbes, Fremdwort Kundendienst, 5/95

!Forbes, Geiziger als die Schotten, 2/95

Friedrich, Kerstin und Seiwert, J. Lothar, Das 1 x 1 der Erfolgs-Strategie, Bremen 1993

Geoffroy, Edgar K., Clienting – Kundenerfolge auf Abruf, Landsberg 1995

Geoffroy, Edgar K., Das einzige was stört ist der Kunde, Landsberg 1994

Gerken, Gerd, Management by Love, Düsseldorf 1990

Hamel, Gary und Prahalad, C. K., Wettlauf um die Zukunft, Wien 1995

Hammer, Michael, und Champy, James: Business Reengeneering, Frankfurt 1994

Handy, Charles, Im Bauch der Organisation, 1993

Henzler, Herbert A., und Späth, Lothar: Sind die Deutschen noch zu retten, Gütersloh 1993

Henzler, Herbert A., Handbuch Strategische Führung, Wiesbaden 1988

Höhler, Gertrud, Spielregeln für Sieger, Düsseldorf⁶1992

Höhler, Gertrud, Wettspiele der Macht, Düsseldorf 1994

Höller, Jürgen, Alles ist möglich, Düsseldorf 1995

Höller, Jürgen, Sicher zum Spitzenerfolg, Düsseldorf 1994

Horrmann, Heinz, Amerikanische Traumkarrieren, Frankfurt 1994

Horx, Mathias, Trendbuch, Düsseldorf 1993

Imai, Masaaki, Kaizen – der Schlüssel zum Erfolg der Japaner im Wettbewerb, München 1992

Kotter, John, Abschied vom Erbsenzähler, Düsseldorf 1991

Lay, Rupert, Ethik für Manager, Düsseldorf 1989

Lay, Rupert, Über die Kultur des Unternehmens, Düsseldorf 1992

Lois, George, Die zündende Idee, Frankfurt 1993

Love, John F., Die McDonald's Story, München 1990

Manager Magazin, Jäger und Gejagter, Oktober 1995

Manager Magazin, Kleiner – Feiner, Prof. Hermann Simon, Oktober 1995.

Manager Magazin, Kundenorientierung, Hamburg 9/1993

Manager Magazin, Trend + Signale Hongkong, Hamburg 2/1995

Manager Magazin, Unternehmensprofil, Oktober 1995

Mann, Rudolf, Das ganzheitliche Unternehmen, München 1988

Mann, Rudolf, Der ganzheitliche Mensch, Düsseldorf 1991

Mewes, Wolfgang, EKS-Strategie, Frankfurt/Main 1990–1991

Mohn, Reinhard, Erfolg durch Partnerschaft, Berlin 1986

Molzberger, Peter, Synergetische Zusammenarbeit, München 1993

Naisbitt, John, und Aberdene, Patricia, Megatrends 2000, Düsseldorf 1992

Oetinger, Bolko von, Das Boston Consulting Group Strategiebuch, Düsseldorf 1994

Ogger, Günter, Nieten in Nadelstreifen, München 1992

Parkinson, Cyril N., Parkinsons Gesetz, Neuauflage, Düsseldorf 1992

Parkinson, Cyril N., und Rustomji, M. U., Perfektes Management, München 1993

Peters, Tom, und Waterman, Robert, Auf der Suche nach Spitzen-
leistungen, Lech ⁶1986
Peters, Tom, Das Tom Peters Seminar, Frankfurt 1995
Peters, Tom, Jenseits der Hierarchien, Düsseldorf 1993
Peters, Tom, Kreatives Chaos, Hamburg 1988
Ries, Al, und Trout, Jack, Die 22 unumstößlichen Gebote im Mar-
keting, Düsseldorf 1993
Russel, Peter, Die erwachende Erde, München 1984
Schuller, Robert, Erfolg kennt keine Grenzen, 1993
Sewell, Carl, Kunden fürs Leben, Ottobrunn 1993
Sprenger, Reinhard U., Das Prinzip Selbstverantwortung, Frank-
furt 1995
Sprenger, Reinhard U., Mythos Motivation, Frankfurt 1992
Tango, American ohne Express, 1994
Toffler, Alvin, Der Zukunfts-Schock, München 1983
Toffler, Alvin, Machtbeben, Düsseldorf 1992
Wirtschaftswoche, Druck hautnah, Nr. 7, Hamburg, 9. 2. 1995
Wirtschaftswoche, Test in England, Nr. 37, Hamburg, 7. 9. 1995
Wirtschaftswoche, Verbaute Chancen, Nr. 37, Hamburg, 16. 9. 1994
Wirtschaftswoche, Wie die Japaner, Nr. 41, Hamburg, 5. 10. 1995
Wirtschaftswoche, Wie sauer Bier, Nr. 18, Hamburg, 27. 4. 1995
Wyss, Werner, New Marketing, Adlegenswil, 1989
Ziegler, Armin, Deutschland 2000, Düsseldorf 1992

Bereits bei ECON erschienene Bücher des Autors:

Jürgen Höller

Sicher zum Spitzenerfolg

Strategien und Praxis-Tips
352 Seiten
13,7 x 21,5 cm, geb./SU
DM 49,80
ISBN 3-430-18371-5

Sicher zum Spitzenerfolg – in diesem Buch zeigt **Jürgen Höller,** wie jeder Mensch seinen eigenen Motor zum beruflichen Erfolg in Gang setzen kann.
Ausgehend von der These, daß jedermann erfolgreich sein und seinen persönlichen Erfolg sogar steigern kann, entwickelt der Autor Strategien, die zum Spitzenerfolg führen. Wie man dabei durch sein eigenes Denken seinen Erfolg positiv beeinflussen kann, zieht sich wie ein roter Faden durch alle Kapitel des Buches. **Schwerpunktthemen:** Vermittlung strategischer Management-Techniken. Darstellung anhand praktischer Fallbeispiele und Problemlösungsmodelle. Übungen und Anleitungen zum Aufbau des Erfolgs. **Hintergrund:** alle wichtigen Fragen des modernen Managements werden angesprochen.
Dieses Buch ist ein Ratgeber zur persönlichen Erfolgssteigerung. Praxisbezogen und systematisch stellt es dar, wie Erfolg aufgebaut und gesteigert werden kann.

Jürgen Höller

Alles ist möglich

Strategien zum Erfolg
208 Seiten
13,5 x 21,5 cm, geb./SU
DM 49,80
ISBN 3-430-14761-1

Alles ist möglich – dieser wohl positivste aller Gedanken wird von **Jürgen Höller** konsequent vertreten. Und mehr noch: das Buch zeigt, wie dieser Leitgedanke in jeder Situation des täglichen Lebens auch in die Tat umgesetzt werden kann.

Da die Ursache für den Erfolg – den privaten wie auch den beruflichen – in der eigenen Persönlichkeit liegt, setzt der Autor genau an dieser Stelle an. In Form eines Arbeitsbuches entwickelt er Persönlichkeitsstrategien und stellt einen mehrstufigen Erfolgsplan auf, der mit Hilfe des Unterbewußtseins verwirklicht wird. **Das Ziel:** die Ent-Faltung und Ent-Wicklung des Bewußtseins und der persönlichen Gesamtausstrahlung. **Erfolgsfaktoren, die zum Ziel führen:** ein Ziel setzen; an das Ziel glauben; auf das Ziel konzentrieren; das Beste geben, ins Handeln kommen.

Anhand zahlreicher Fallbeispiele und nicht zuletzt an seinem eigenen Erfolg beweist der Autor, daß es tatsächlich möglich ist, durch die Arbeit und den Glauben an sich selbst, große Ziele auch zu erreichen.

ERLEBEN SIE JÜRGEN HÖLLER PERSÖNLICH BEI EINEM LIVE-SEMINAR

Sicher zum Spitzenerfolg

Aufbauend auf das erste Buch erfahren Sie in diesem viertägigen Seminar die Management- und Persönlichkeitsstrategien, die bereits tausenden von Menschen zu mehr beruflichem und persönlichem Erfolg verholfen haben.

Alles ist möglich (Voraussetzung: Vorherige Teilnahme bei "Sicher zum Spitzenerfolg")

Dieses viertägige Persönlichkeits-Seminar baut auf Jürgen Höllers zweitem Buch auf und vertieft die Erkenntnisse. Hemmungen abbauen, selbstbewußt sein, die Persönlichkeit wie eine wunderschöne Rose entfalten - lassen auch Sie sich von Jürgen Höller motivieren, begeistern und "laden Sie Ihre Batterien neu auf".

Verkauf durch Vertrauen

Das beste Produkt, der größte Kundennutzen, die stärkste Persönlichkeit, all diese wichtigen Voraussetzungen verlieren an Bedeutung, wenn Sie Ihr Produkt, Ihre Dienstleistung nicht verkaufen können. Erfahren Sie in diesen zwei Tagen das Jürgen-Höller-Verkaufssystem, das sich an den Bedürfnissen des Kunden orientiert.

Kongresse (auf Anfrage)

Firmeninterne Seminare (auf Anfrage)

INLINE Unternehmensberatung GmbH
Lucas-Cranach-Weg 6, 97469 Gochsheim
Tel. 0 97 21/6 20 37, Fax 0 97 21/6 39 86

VERTRAUENS-GARANTIE
Bei allen Jürgen Höller Seminaren erhalten Sie Ihre Teilnahmegebühr (bei Nichtgefallen bis zur Mitte des Seminars) wieder zurückerstattet!